Gletscher und
Landschaften des
Elbrusgebietes

Ergänzungsheft 288   Petermanns Geographische Mitteilungen

Herausgeber: Otmar Seuffert (Bensheim)

Gletscher und Landschaften des Elbrusgebietes

Beiträge zur glazialen, periglazialen und kryogenen
Morphogenese im zentralen Kaukasus

Herausgegeben von
Otfried Baume und Joachim Marcinek

102 Abbildungen
21 Tabellen

Justus Perthes Verlag Gotha

Die Deutsche Bibliothek – CIP-Einheitsaufnahme

[Petermanns geographische Mitteilungen / Ergänzungsheft]
Ergänzungsheft zu Petermanns geographischen Mitteilungen. –
Gotha : Perthes.
  Früher Schriftenreihe
  Reihe Erg.-Heft zu: Petermanns geographische Mitteilungen

288. Gletscher und Landschaften des Elbrusgebietes. – 1. Aufl. – 1998

Gletscher und Landschaften des Elbrusgebietes : Beiträge zur glazialen,
periglazialen und kryogenen Morphogenese im zentralen Kaukasus ;
21 Tabellen / hrsg. von Otfried Baume und Joachim Marcinek. – 1. Aufl. –
Gotha : Perthes, 1998
  (Ergänzungsheft zu Petermanns geographischen Mitteilungen ; 288)
  ISBN 3-623-00759-5
NE: Baume, Otfried [Hrsg.]

Anschriften der Herausgeber:
Prof. Dr. Otfried Baume, Ludwig-Maximilians-Universität München, Institut für Geographie,
Luisenstraße 37, D-80333 München
Prof. Dr. Joachim Marcinek, Humboldt-Universität zu Berlin, Geographisches Institut
(Sitz: Chausseestraße 86), Unter den Linden 6, D-10099 Berlin

Titelbild: „Das Hochland von Betschassin und der Elbrus von der Höhe Bermamut"
(aus Abich 1878–1887; Staatsbibliothek zu Berlin, Fotostelle)

ISSN 0138-3094
ISBN 3-623-00759-5

1. Auflage
© Justus Perthes Verlag Gotha GmbH, Gotha 1998
Alle Rechte vorbehalten.
Lektor: Dr. Eberhard Benser, Gotha
Hersteller, Satz und Layout: KartoGraFix Hengelhaupt, Suhl
Einband: Dr.-Ing. Ulrich Hengelhaupt, Suhl
Druck und Buchbinderei: Salzland Druck & Verlag, Staßfurt

Inhaltsverzeichnis

Vorwort	7	
Autoren	9	
Einführung (O. Baume u. J. Marcinek)	11	
1. Zur Geschichte der Gletscherforschung im zentralen Kaukasus (N. A. Volodičeva u. J. Marcinek)	15	
2. Allgemeine Naturbedingungen (N. A. Volodičeva, A. D. Olejnikov, S. Bussemer, A. V. Korsun, I. Schulz, O. Baume, J. Marcinek u. M. N. Petrušina)	25	
2.1. Orographie, Tektonik, Geologie (N. A. Volodičeva)	25	
2.2. Der Vulkan Elbrus (A. D. Olejnikov)	28	
2.3. Relief (N. A. Volodičeva)	31	
2.4. Böden (S. Bussemer)	33	
2.4.1. Höhengliederung der Böden im zentralen Kaukasus	33	
2.4.2. Ausgangsgestein der Bodenbildung	34	
2.4.3. Bodenentwicklung in der alpinen und subalpinen Stufe	35	
2.4.4. Bodenentwicklung im Waldgürtel	35	
2.5. Klima und Hydrologie (A. V. Korsun u. I. Schulz)	36	
2.5.1. Klima	36	
2.5.2. Hydrologie	39	

2.6. Die Schneedecke (N. A. Volodičeva)	40	
2.7. Die Gletscher (O. Baume u. J. Marcinek)	42	
2.8. Landschaftsgliederung (O. Baume u. M. N. Petrušina)	48	
2.8.1. Problemstellung	48	
2.8.2. Landschaftsgliederung der Täler	51	
2.8.3. Landschaftsgliederung der Gebirgshänge	55	
3. Die Gletscherwelt im Elbrusgebiet (N. A. Volodičeva, O. Baume, K. F. Vojtkovskij, V. V. Popovnin u. E. A. Zolotarëv)	61	
3.1. Das Elbrus-Gletschersystem (N. A. Volodičeva, O. Baume u. K. F. Vojtkovskij)	61	
3.2. Die Gletscher im Einzugsgebiet des oberen Baksantals (V. V. Popovnin)	71	
3.2.1. Die Gletscher in den Tälern der linken Zuflüsse des Baksans: Kubasanty und Kyrtyk	73	
3.2.2. Die Gletscher im Oberlaufgebiet des Baksans bis zur Adylsu-Mündung	73	
3.2.3. Die Gletscher im Adylsu-Tal	74	
3.2.4. Die Gletscher im Adyrsu-Tal	75	
3.2.5. Die Gletscher im Tjutjusu-Tal	76	

3.2.6.	Die Gletscher in den kleinen Tälern der rechten Zuflüsse des Baksans	76	4.1.	Die Lawinentätigkeit (A. D. Olejnikov)	101
3.3.	Gletscherschwankungen im Elbrusgebiet seit dem Spätpleistozän (E. A. Zolotarëv, O. Baume u. J. Marcinek)	77	4.2.	Seli – verheerende Schlammströme (V. F. Perov)	107
			4.3.	Die Steingletscher und ihre Beziehung zur rezenten Vergletscherung (N. A. Volodičeva u. I. A. Labutina)	113
3.3.1.	Vergletscherungsphasen des Spätpleistozäns und Holozäns	77			
3.3.2.	Schwankungen der Elbrusgletscher seit 1887	80	4.4.	Kryogene Phänomene (N. A. Volodičeva)	118
3.4.	Der Gletscher Dshankuat – ein repräsentatives Objekt des glaziologischen Monitorings (V. V. Popovnin u. O. Baume)	85	**5.**	**Glazialmorphologische Beschreibung der Täler im Elbrusgebiet** (N. A. Volodičeva u. O. Baume)	121
			5.1.	Großer und Kleiner Asau	121
3.4.1.	Allgemeine Charakteristik des Dshankuat-Beckens	85	5.2.	Garabaschi	127
3.4.2.	Morphologisch-tektonische Struktur des Dshankuat-Gletschers	86	5.3.	Terskol	130
			5.4.	Irik und Iriktschat	133
3.4.3.	Gletschermächtigkeit und Untereisrelief	88	5.5.	Dongusorun	137
			5.6.	Jusengi	141
3.4.4.	Oberflächenbewegung und Temperaturregime	89	5.7.	Adylsu	143
			5.8.	Schchelda	147
3.4.5.	Rezente Massenbilanz des Dshankuat-Gletschers	91	**6.**	**Der Nationalpark „Elbrusgebiet"** (O. N. Volodičeva)	153
3.4.6.	Dynamik des Dshankuat-Gletschers seit dem 17. Jh.	95			
3.4.7.	Prognostische Aussagen zur Entwicklung des Dshankuat-Gletschers in den nächsten Jahrzehnten	98	**Literaturverzeichnis**		159
			Abbildungsverzeichnis		166
			Tabellenverzeichnis		170
4.	**Kryogene und periglaziale Prozesse im Elbrusgebiet** (A. D. Olejnikov, V. F. Perov, N. A. Volodičeva u. I. A. Labutina)	101	**Register**		171
			Anhang		181

Vorwort

Тебе, Кавказ, суровый царь земли,
Я посвящаю снова стих небрежный.
Как сына ты его благослови
И осени вершиной белоснежной;
От юных лет к тебе мечты мои
Прикованы судьбою неизбежной,
На севере – в стране тебе чужой
Я сердцем твой – всегда и всюду твой.

(М. Ю. ЛЕРМОНТОВ)

Dir, wilder Herr der Erde, Kaukasus,
dir widm' ich wieder schwärmende Gesänge.
O segne mich mit deinem Vaterkuß!
Umschattet meinen Schritt, verschneite Hänge!
Im trüben Norden lebe ich mit Verdruß
und sehne mich nach deinem Felsgedränge.
Seit Kindertagen schließt mein Traum dich ein;
und überall und immer bin ich dein!

(M. Ju. LERMONTOW)

Nicht nur Literaten wie M. Ju. LERMONTOW oder A. S. PUSCHKIN schwärmten für den Kaukasus. Während sie ihre Begeisterung in Poesie ausdrückten, bleibt dem Geographen die nüchterne Prosa – die fachliche Beschreibung der Naturschönheiten.

Viele Jahre reichen unsere wissenschaftlichen Kontakte zu den Geographen der Moskauer Universität zurück, deren Begeisterung für den Kaukasus sich auf uns übertrug. In der Tradition deutscher Geographen des 19. und beginnenden 20. Jahrhunderts gibt es gemeinsame Forschungsarbeiten mit den russischen Autoren seit 1986. Besonders danken wir Frau Doz. Dr. NATAL'JA A. VOLODIČEVA, die seit 1957 im Elbrusgebiet wissenschaftlich tätig ist und in unzähligen Geländebegehungen ihren reichen Erfahrungsschatz mitteilte, so daß letztlich der Gedanke einer Monographie über dieses Gebiet reifte. Die geographischen Arbeiten über das Elbrusgebiet dokumentieren sich in der russischen Literatur in einer Anzahl von Einzelbeiträgen, die ihre Impulse speziell durch das Internationale Geophysikalische Jahr (IGY) und die Internationale Hydrologische Dekade (IHD) erhielten. In Deutschland sind die geographischen Informationen über den gesamten Kaukasus aus den letzten Jahrzehnten sehr spärlich. Die Zusammenstellung der Erkenntnisse vor allem aus den letzten 15 Jahren über die glaziale, periglaziale und kryogene Morphogenese des Elbrusgebietes war eine der Hauptaufgaben der Autoren.

Ziel des Buches ist es, den Lesern die Landschaften des Elbrusgebietes vorzustellen, die in ihrer geographischen Vielfalt und Schönheit ihresgleichen suchen. Beherrscht vom mächtigen Elbrusvulkanmassiv, sind sie in ihrer Genese vor allem glazial, periglazial und kryogen geprägt. In diesen physisch-geographischen Prozeßgruppen liegen auch die Hauptinhalte des Buches. Vorangestellt sind eine allgemeine Charakteristik der Naturbedingungen und die daraus resultierende Landschaftsgliederung. Eine glazialmorphologische Beschreibung der Täler des Elbrusgebietes soll dem Bergwanderer und Alpinisten den geographischen Einstieg erleichtern. Außerdem erfährt der Leser einiges über die wissenschaftliche Erschließung dieses Raumes, an der deutsche Geographen maßgeblich beteiligt waren. Den Abschluß bildet ein Überblick über die Gliederung und Aufgaben des Nationalparks „Elbrusgebiet", der sich weit über das Untersuchungsgebiet hinaus erstreckt.

Das Buch ist von Geographen für alle geographisch interessierten Leser geschrieben, soll aber auch speziell für Lehrende und Studierende eine Grundlage zum Verständnis der regionalen physisch-geographischen Besonderheiten des zentralen Kaukasus bieten und den potentiellen Bergtouristen einen Eindruck von der sie erwartenden Landschaft verschaffen.

Die Beiträge der russischen Autoren wurden in aufwendiger Kleinarbeit von Herrn PROF. DR. GERHARD MARKUSE übersetzt, dem dafür ein herzlicher Dank gilt. Bei der Abfassung des Textes waren wir bemüht, die russischen Fachbegriffe in adäquate deutsche zu übertragen, was nicht immer möglich, oft auch nicht sinnvoll war. In diesen Fällen wurde der russische Begriff beibehalten.

Bedanken möchten wir uns für die Bereitstellung des umfangreichen Bildmaterials aus dem Fundus der Geographischen Fakultät an der Moskauer Universität, das sehr zur Illustration der einzelnen Abschnitte beigetragen hat. Unser Dank gilt auch dem Justus Perthes Verlag Gotha und dem Büro KartoGraFix Hengelhaupt in Suhl für die verständnisvolle und konstruktive Zusammenarbeit bei der Fertigstellung des Buches. In gleicher Weise danken wir der Deutschen Forschungsgemeinschaft für ihre Unterstützung.

München und Berlin, Oktober 1996

OTFRIED BAUME　　　JOACHIM MARCINEK

Autoren

BAUME, PROF. DR. OTFRIED
  Ludwig-Maximilians-Universität München, Institut für Geographie, Luisenstraße 37, D-80333 München

BUSSEMER, DR. SIXTEN
  Ludwig-Maximilians-Universität München, Institut für Geographie, Luisenstraße 37, D-80333 München

KORSUN, DOZ. DR. ALEXEJ V.
  Moskovskij gosudarstvennyj universitet imeni M. V. Lomonosova, Geografičeskij fakul'tet, Kafedra kriolitologii i gljaciologii, Vorob'ëvy gory, 117899-Moskva

LABUTINA, DR. IRINA A.
  Moskovskij gosudarstvennyj universitet imeni M. V. Lomonosova, Geografičeskij fakul'tet, Laboratorija aèrokosmičeskich metodov, Vorob'ëvy gory, 117899-Moskva

MARCINEK, PROF. DR. JOACHIM
  Humboldt-Universität zu Berlin, Geographisches Institut (Sitz : Chausseestraße 86), Unter den Linden 6, D-10099 Berlin

OLEJNIKOV, DR. ALEKSANDR D.
  Moskovskij gosudarstvennyj universitet imeni M. V. Lomonosova, Geografičeskij fakul'tet, Kafedra kriolitologii i gljaciologii, Vorob'ëvy gory, 117899-Moskva

PEROV, DR. VENIAMIN F.
  Moskovskij gosudarstvennyj universitet imeni M. V. Lomonosova, Geografičeskij fakul'tet, Laboratorija snežnych lavin i selej, Vorob'ëvy gory, 117899-Moskva

PETRUŠINA, DR. MARINA N.
  Moskovskij gosudarstvennyj universitet imeni M. V. Lomonosova, Geografičeskij fakul'tet, Kafedra fizičeskoj geografii i landšaftovedenija, Vorob'ëvy gory, 117899-Moskva

POPOVNIN, DR. VIKTOR V.
  Moskovskij gosudarstvennyj universitet imeni M. V. Lomonosova, Geografičeskij fakul'tet, Kafedra kriolitologii i gljaciologii, Vorob'ëvy gory, 117899-Moskva

SCHULZ, DR. INES
  Humboldt-Universität zu Berlin, Geographisches Institut (Sitz: Chausseestraße 86), Unter den Linden 6, D-10099 Berlin

VOJTKOVSKIJ, PROF. DR. KIRILL F.
  Moskovskij gosudarstvennyj universitet imeni M. V. Lomonosova, Geografičeskij fakul'tet, Kafedra kriolitologii i gljaciologii, Vorob'ëvy gory, 117899-Moskva

VOLODIČEVA, DOZ. DR. NATAL'JA A.
  Moskovskij gosudarstvennyj universitet imeni M. V. Lomonosova, Geografičeskij fakul'tet, Kafedra kriolitologii i gljaciologii, Vorob'ëvy gory, 117899-Moskva

VOLODIČEVA, OL'GA N.
  Moskovskij gosudarstvennyj universitet imeni M. V. Lomonosova, Geografičeskij fakul'tet, Kafedra geografii zarubežnych stran, Vorob'ëvy gory, 117899-Moskva

ZOLOTARËV, DR. EVGENIJ A.
  Moskovskij gosudarstvennyj universitet imeni M. V. Lomonosova, Geografičeskij fakul'tet, Laboratorija aèrokosmičeskich metodov, Vorob'ëvy gory, 117899-Moskva

Übersetzung:
MARKUSE, PROF. DR. GERHARD
  Strausberger Platz 9, D-10243 Berlin

Einführung

Otfried Baume u. Joachim Marcinek

Das Wort „Elbrusgebiet" (russ. Priėl'brus'e) ruft bei jedem, der diese Gegend besucht, eigene alpinistische, touristische oder wissenschaftliche Assoziationen hervor. Bei vielen ist es jedoch mit dem Elbrus verbunden, mit dem Versuch, diesen Berg zu bezwingen, an seinen Hängen auf Ski hinabzuschießen oder seine Geheimnisse für die Wissenschaft zu erschließen.

Geographisch werden mit dem Begriff „Elbrusgebiet" das oberste Einzugsgebiet des Flusses Baksan und die Südhänge des Elbrus beschrieben. Es befindet sich im zentralen Kaukasus, der sich vom Elbrus bis zum Kasbek erstreckt (Abb. 1). Direkt am Elbrus wird die Verbindung zwischen Haupt- und Seitenkette des Gebirges hergestellt. Die Grenzen des Elbrusgebietes verlaufen von den Gletschern Großer Asau und Tschiper-Asau im Westen bis hin zur Siedlung Werchni Baksan im Osten, von den Gipfeln des Elbrus und seinen Gletschern Irik und Iriktschat im Norden bis zur Wasserscheide auf der Hauptkette im Süden (Abb. 2).

Der Elbrus, jener doppelgipflige Vulkankegel, liegt in der Seitenkette des zentralen Kaukasus. Sein Massiv hat, wie auf Luftbildern und Satellitenfotos sehr gut zu erkennen ist, eine rundliche Form mit einem Durchmesser von etwa 18 km an der Basis und etwa 1,5 km in 5300 m Höhe[1]. Hoch hinaus recken sich die zwei Vulkankegel: der Westgipfel mit 5642,7 m und der Ostgipfel mit 5621 m. Die Entfernung zwischen beiden beträgt 1450 m. Der sie verbindende Sattel liegt in einer Höhe von 5376 m. Der Vulkan Elbrus, dessen letzter großer Ausbruch vor etwa 1100 Jahren stattfand, hat seine Aktivität keinesfalls aufgegeben. Erhalten hat sich die Fumarolentätigkeit am Ostgipfel und an den Hängen treten nicht wenige Mineralquellen aus.

Und noch eine geographische Frage stellt sich: Liegt der Elbrus in Europa? Verliefe die Grenze zwischen Europa und Asien über den Hauptkamm des Kaukasus, dann wäre der Elbrus die höchste Erhebung Europas. Gehört er jedoch zu Asien, verliert er sich unter den Gipfelriesen des Himalajas und anderer asiatischer Gebirge. In der Vergangenheit wurde die Grenze zwischen Europa und Asien sehr unterschiedlich gezogen. Der griechische Historiker Hekataios von Milet hielt im 6. Jh. v. u. Z. den Hauptkamm für diese Grenze. Ein Jahrhundert später legte Herodot die Grenze entlang des Flusses Kolchis, des heutigen Rioni. Bis ins 18. Jh. hielt man den Fluß Tanais (Don) für die Grenze der Erdteile und im 19. Jh. wieder den Hauptkamm. In der Gegenwart wird die Kuma-Manytsch-Senke, die einst das Schwarze Meer mit dem Kaspisee verband, als die Grenze zwischen Europa und Asien angesehen. Die wissenschaftlichen Erörterungen zu diesem Thema sind sicherlich noch nicht abgeschlossen. Man sollte Elbrus und Mont Blanc in diesem Sinne auch nicht als Konkurrenten betrachten, sondern einfach als die jeweils höchsten Erhebungen ihrer Gebirge.

Der Elbrus hat schon immer Verstand und Gemüt der Völker, die in seiner Umgebung wohnten, erregt. Deshalb erhielt er auch eine Vielzahl von Namen und Deutungen. „El", der Wind, und „brus", wirbeln, bezwingen (aus dem Arabi-

---

[1] Alle Höhenangaben beziehen sich auf HN = Höhennull des Pegels Kronstadt.

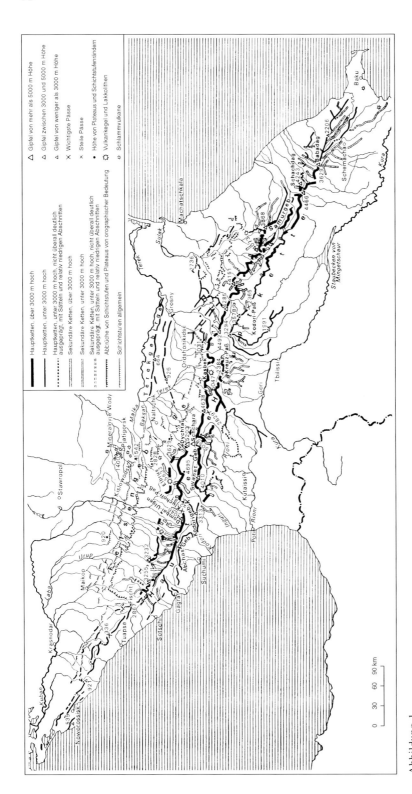

Abbildung 1
Orographische Gliederung des Kaukasus (aus FRANZ 1973)

Einführung

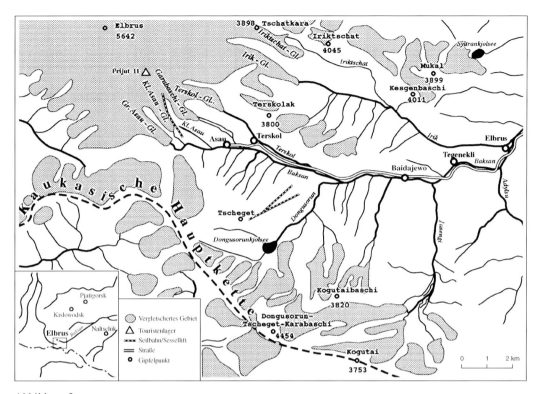

Abbildung 2
Schematische Darstellung des Elbrusgebietes (oberes Baksantal)

schen), ist die offizielle Auslegung der Linguisten Kabardino-Balkariens. Bei den Kabardinern ist der „Oschchomacho" der „Berg des Glücks" oder der „Berg des Tages". Die Balkarier nennen ihn „Mingi-Tau", was „Berg der tausend Berge" heißt. Die Iraner sagen einfach „hoher Berg", „glänzender Berg" oder „weißer Berg". „Dschin-Padischach" bedeutet auf türkisch „Herrscher der Berggeister", und als „Orbi-Tub" oder „Berg des Aufenthalts der Seligen" wird er von den Abchasen bezeichnet. „Jalbus" heißen ihn die Georgier, und „Schat-Gora" wurde er früher von den Russen genannt. Die vielen Namen interessieren den Bergsteiger, der sich zur Bezwingung des Elbrus aufmacht, sicherlich weniger als die Faszination und die Anziehungskraft, die von diesem weißen Berg ausgehen.

Auch die Geowissenschaftler interessierten sich schon frühzeitig für diesen imposanten Berg und dessen Umgebung. Die wissenschaftlichen Untersuchungen zu glazialen, periglazialen und kryogenen Prozessen, die gegenwärtig im Elbrusgebiet durchgeführt werden, stellen die Fortsetzung und Weiterentwicklung der Arbeiten russischer und deutscher Wissenschaftler dar, deren Beginn in das 19. Jh. zu legen ist. Im Kaukasus arbeiteten so bekannte deutsche Forscher wie ABICH, BURMESTER, DÉCHY, DISTEL, MERZBACHER u. a. Seit Mitte des 19. Jh. wurden von deutschen Geographen Beobachtungen, Messungen und Kartierungen an Gletschern des Elbrusgebietes durchgeführt, die bis zum Zweiten Weltkrieg weiterliefen. Noch früher begannen Wissenschaftler der Kaiserlich-Russischen Akademie mit der Erforschung der Elbrusgletscher (PALLAS, Ende des 18. Jh.).

Nach 1945 wurden die Untersuchungen vor allem von Moskauer Geographen und Glaziologen fortgeführt, denen sich in den letzten Jahren Geographen der Humboldt-Universität zu Berlin und der Ludwig-Maximilians-Universität München anschlossen. Die gegenwärtigen Arbeiten basieren auf Beobachtungen, Kartierungen und Messungen der Gletscherdynamik und anderer nival-glazialer Erscheinungen der letzten 150 Jahre. Speziell die Daten geographischer und glaziologischer Erkundungen während des Internationalen Geophysikalischen Jahres (1957 bis 1959) und des Internationalen Hydrologischen Dezenniums (1965–1974) bildeten eine ausgezeichnete Grundlage für die Feldforschungen der Autoren in den Jahren 1979 bis 1994, die vom Elbrusgipfel bis weit in das Baksantal bzw. seine Nebentäler reichten. An den Untersuchungen, deren Ergebnisse hier vorgestellt werden sollen, nahmen von russischer Seite N. A. VOLODIČEVA, A. V. KORSUN, V. V. POPOVNIN und A. D. OLEJNIKOV sowie von deutscher Seite O. BAUME, J. MARCINEK, I. SCHULZ und S. BUSSEMER teil. An den Geländearbeiten war außerdem eine Reihe von Studenten beteiligt. Für einige Themen wurde wissenschaftliches Material weiterer Geowissenschaftler der Moskauer Universität verwendet, die als Koautoren der entsprechenden Abschnitte auftreten. Als Basis für die Feldarbeiten im Untersuchungsgebiet diente die Lehr- und Forschungsstation Asau der Geographischen Fakultät an der Moskauer Staatlichen Universität, die sich direkt unterhalb des Elbrus in einer Höhe von 2326 m befindet.

Das vorliegende Buch soll nicht nur das Interesse der Spezialisten, wie Geographen oder Glaziologen, wecken, sondern alle geowissenschaftlich interessierten Personen sowie Bergtouristen und Bergsteiger ansprechen, die mit nicht erlahmendem Enthusiasmus die Gletscher und Landschaften des Elbrusgebietes und vor allem seine Perle, den Elbrus, besuchen.

1.
Zur Geschichte der Gletscherforschung im zentralen Kaukasus

NATAL'JA A. VOLODIČEVA u. JOACHIM MARCINEK

Die ersten Berichte über den Kaukasus brachten die Griechen von ihren Reisen in diese Gebiete während des 7. Jh. v. u. Z. mit. Sie hielten den Elbrus für den höchsten Berg der Welt. Bis zum Mittelalter waren die Kenntnisse über den Kaukasus eher bescheiden. Im 12.–13. Jh., mit den ersten Kontakten zwischen Russen und Georgiern, kamen auch russische Reisende über die Pässe Dongusorun und Betscho ins Elbrusgebiet. Die erste kurze Notiz über den Elbrus findet man in der „Kosmographie" des SEBASTIAN MÜNSTER aus dem 16. Jh. Die Routen russischer und georgischer Gesandtschaften im 16.–17. Jh. durch den Kaukasus beschrieb I. A. ASLANIŠVILI (1946).

Den Beginn geographischer Erkundungen im Kaukasus kann man in den Arbeiten des gebürtigen Deutschen P. S. PALLAS, Mitglied der russischen Akademie, in den Jahren 1793–1794 sowie der beiden Deutschen M. v. ENGELHARDT und G. F. PARROT 1811–1812 sehen. 1807 und 1808 bereiste der Ethnograph H. J. KLAPPROTH im Auftrag der Petersburger Akademie den Kaukasus. Seine Schwester, JOHANNE WILHELMINE, ist die Mutter des berühmten Kaukasusforschers HERMANN ABICH. Diese ersten Beschreibungen der Hochgebirgsnatur des zentralen Kaukasus und speziell der Elbrusregion wurden Anfang des 19. Jh. fortgesetzt. V. VIŠNEVSKIJ, ebenfalls Akademiemitglied, hat 1815 als erster die geographischen Lageverhältnisse des Elbrus bestimmt (DEMČENKO 1957).

Im Jahre 1829 organisierte die Kaiserlich-Russische Akademie der Wissenschaften unter Leitung von A. TH. KUPFFER eine Expedition in den zentralen Kaukasus, die als Teil einer Gruppe von russischen Militärs unter dem Kommando des Generals G. A. EMANUEL arbeitete. Zu dieser Expedition gehörten auch der Physiker H. F. E. LENZ, der Botaniker A. MAIER und andere Wissenschaftler. A. TH. KUPFFER kam bei seinen Untersuchungen über den geologischen Bau zu dem Schluß, daß der Elbrus vulkanischen Ursprungs ist. Die Forscher arbeiteten an den nördlichen Elbrushängen, am Oberlauf des Flusses Malka und versuchten auch, den Berg zu besteigen. Für die Wissenschaftler war der Versuch in einer Höhe von 4800 m zu Ende. Dem Bergführer der Expedition, KILLAR CHAŠIROV, gelang es jedoch als erstem Menschen, den Elbrus zu bezwingen.

Die Höhe des Berges wurde erstmals im Jahre 1837 mit 5650 m vermessen. In den Jahren 1860 und 1887 wurde diese Zahl auf 5647 m bzw. 5633 m korrigiert, bevor 1957 die genaue Vermessung des höheren Westgipfels die heute gültige Höhe von 5642,7 m ergab.

Eine Reihe weiterer deutscher Forscher, wie K. KOCH, G. ROSEN, M. WAGNER, F. A. KOLENATI und A. v. HAXTHAUSEN, bereisten im frühen 19. Jh. den Kaukasus. K. KOCHS zweite Reise, die er mit G. ROSEN 1842–1844 unternahm, wurde von der Berliner Akademie unterstützt.

Einen bedeutenden Beitrag für die geographische Erforschung der Gletscher des Elbrusgebietes leistete HERMANN ABICH, zeitweilig Student an der Berliner Universität, ein Schüler A. v. HUMBOLDTS und C. RITTERS, 1842–1847 Professor an der Universität Dorpat (Tartu) und Mitglied der Kaiserlich-Russischen Akademie der Wissenschaften sowie Mitarbeiter des Kaukasischen Bergmann-Korps. Die Ergebnisse seiner Arbeiten sind u. a. in dem dreibändigen Werk „Geologische Forschungen in den Kaukasi-

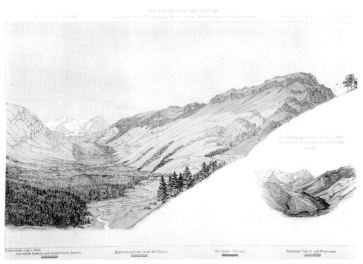

Abbildung 3
„Der Gletscher des Baksan"
(aus ABICH 1887)

schen Ländern" enthalten (ABICH 1878–1887). Bereits 1849 führte H. ABICH Beobachtungen im Elbrusgebiet durch und beschrieb die Lage und den Zustand der Gletscher. Mit großem Talent fertigte er Landschaftszeichnungen an, denen sowohl exakte Beobachtungen als auch Winkelmessungen zugrunde lagen (Abb. 3). Er selbst äußerte sich zu seinen Zeichnungen wie folgt: „Ich werde eine Anzahl von solchen Panoramen zusammen bringen. Sie erläutern mehr, als jede Beschreibung vermag" (ABICH 1896, Bd. 1, S. 77). Den Großen Asau-Gletscher zeichnete und beschrieb H. ABICH bei seinem ersten Aufenthalt im Elbrusgebiet als vorstoßenden Gletscher, der eine Endmoräne vor sich herschob, auf der jahrhundertealte Kiefern wachsen. Die Höhenlage der Gletscherzunge gab er mit 2243 m an. ABICH konstatierte Mitte des 19. Jh. auch an anderen Gletschern des zentralen Kaukasus ein Vorrücken und unterstrich die Analogie zu den Alpengletschern. Beim wiederholten Besuch dieser Region 1874 präzisierte H. ABICH die Höhenlage der Zunge des Großen Asau und vermaß dessen Rückverlagerung mit annähernd 180 m (Abb. 3).

Er berechnete auch die Schnee- und Eisflächen im Elbrusgebiet und kam auf 130,7 km². H. ABICH machte auch Angaben über die Lage und absolute Höhe der Schneegrenze zu dieser Zeit. Diese Untersuchungen verband er mit dem Ziel, den Gletschervorschub und das Rückschmelzen genau zu vermessen, eine Aufgabe, die er selbst als physikalisch-geographisch bezeichnete. Nach H. ABICHS Daten war die Schneegrenze am Elbrus nicht überall gleich hoch. Sie lag 1873 am Westhang bei 3300 m, am Osthang bei 3200 m und am südlichen, ins Elbrusgebiet hineinziehenden Hang bei 3440 m (ABICH 1875). H. ABICH arbeitete zunächst etwa 9 Jahre (1844–1853) und dann noch einmal rund 17 Jahre (1859–1876) im Kaukasus.

40 Jahre (1863–1903) war für den Geographen und Biologen G. RADDE Kaukasien Arbeits- und Forschungsgebiet. Weitere Forscher, Diplomaten, aber auch Verwaltungsbeamte, wie beispielsweise H. BRUGSCH (1860/61 und 1885/86), durchquerten mit Gesandtschaften auf dem Weg nach Persien Kaukasien, forschten, reisten und arbeiteten dort. Auf der Rückreise von China hielt sich der Berliner Geograph und Ethnologe A. BASTIAN 1865 fast zwei Monate in Kaukasien auf. 1881 unternahm sogar RUDOLF VIRCHOW eine Reise nach Kaukasien. Ab 1887 weilten immer wieder auch deutsche Alpinisten im Hochkaukasus (z. B. 1887: O. WINKELMANN, K. BOECK; 1894: W. R. RICKMERS; 1903: L. DISTEL u. a., W. R. RICKMERS mit elf deutschen Alpinisten sowie weitere alpinistische Expeditionen bis zum Kriegsausbruch 1914).

Schließlich nahm im Anschluß an den VII. Geologenkongreß 1897 eine Reihe deutscher Geowissenschaftler an einer Exkursion nach Kaukasien teil, unter ihnen H. CREDNER, J. WALTHER und F. V. RICHTHOFEN.

Abbildung 4
Blick zum Gletscher Großer
Asau von den Hängen des
Terskol-Tales 1886
(aus Déchy 1905, Bd. I, S. 104)

Abbildung 5
Stirn des Großen Asau-
Gletschers 1884
(aus Déchy 1905, Bd. I, S. 180)

Besonders zwei berühmte Reisende und Forscher, G. Merzbacher und M. Déchy v. Marosdésce, kurz auch M. v. Déchy, haben überaus eindrucksvolle Bücher über den Kaukasus publiziert. Diese Werke erschienen reich illustriert in Leipzig und Berlin. G. Merzbachers „Aus den Hochregionen des Kaukasus", veröffentlicht in zwei Bänden, Leipzig 1901, basiert auf zwei ergebnisreichen Hochgebirgsreisen im Kaukasus 1891 und 1892. Der am 9. 12. 1848 in Bayersdorf geborene G. Merzbacher beschäftigte sich auch weiterhin mit dem Kaukasus. M. v. Déchy, am 4. 11. 1851 in Budapest geboren, studierte Jura, ging jedoch bald geologischen Fragen nach und bereiste etliche Hochgebirge. Seit 1884 führten ihn sieben Reisen in den Kaukasus. Dabei bestieg er auch eine Reihe von Gipfeln. Sein Werk „Kaukasus" erschien in drei reich ausgestalteten Bänden in Berlin. M. v. Déchy und V. Sella, ein Italiener, entwickelten die Hochgebirgsfotografie zur Meisterschaft. Deshalb sind etliche Fotos samt ihrem wertvollen Inhalt hier übernommen worden (Abb. 4–8). W. R. Rickmers, M. v. Déchy und G. Merzbacher leisteten insgesamt sehr beachtliche Beiträge zur geowissenschaftlichen Erfor-

Abbildung 6
Forschergruppe auf dem
Gletscher Großer Asau 1884
(aus DÉCHY 1905, Bd. I, S. 184)

Abbildung 7
Blick zum Elbrus von den
Hängen des Terskol-Tales 1884
(aus DÉCHY 1905, Bd. I, S. 107)

schung des Kaukasus. So schrieb G. MERZBACHER 1901: „Als eine Ehrenpflicht erachtete ich es auch, hier zu gedenken, wieviel Wohlwollen, Unterstützung und wirksame Förderung ich bei meinen Vorbereitungen zur Reise sowohl, als in deren Verlaufe bei den hohen Kaiserlich Russischen Behörden gefunden habe" (MERZBACHER, 1901, Bd. I, S. 14).

Im Jahre 1868 stiegen die Engländer FRESHFIELD, HOOKER, MOORE und GROVE auf den Ostgipfel des Elbrus und bemerkten, daß ein Rückzug der Gletscher begann. FRESHFIELD hielt sich mehrmals im Kaukasus auf und gab eine Karte vom Kasbek bis zum Elbrus, „Gipfel, Pässe und Gletscher des zentralen Kaukasus", heraus. In den Jahren 1881–1883 arbeiteten die russischen Forscher I. V. MUŠKETOV und K. N. ROSSIKOV am Elbrus und hinterließen ebenfalls Beschreibungen einer Reihe sich zurückziehender Gletscher. 11 Jahre später besuchte ROSSIKOV wieder den Großen Asau-Gletscher und stellte fest, daß dieser um 200 m zurückgewichen war. 1884 untersuchte D. L. IVANOV den Terskol-Gletscher am Südhang des Elbrus und vermaß dessen Zungenende in einer Höhe von 2587,75 m. Bei seiner Elbrusbesteigung im selben Jahr beobachtete er, daß das Eis im mittleren Teil des Elbrushanges eine bedeutende Stärke besitzt und die Gletscherzungen eine hohe Bewegungsgeschwindigkeit aufweisen.

Eine recht genaue Beschreibung der Elbrusgletscher hinterließ N. JA. DINNIK, der sich mehrfach im Elbrusgebiet aufhielt (1881, 1884, 1887). Er gab ebenfalls eine Charakteristik der

Abbildung 8
Dongusorun-Massiv (4454 m)
von oberhalb Asau 1884
(aus DÉCHY 1905, Bd. I, S. 115)

geologischen Besonderheiten am Elbrushang und versuchte, ein Bild der pleistozänen Vergletscherungen zu erstellen. Nach Meinung DINNIKS „...ermöglichen die sanften Hangformen des Elbrus eine große Anhäufung von Schnee ..., und deshalb existiert hier eine große Vergletscherung" (DINNIK 1890, S. 29). Der Gletscher Großer Asau endete nach der Beschreibung von DINNIK im Jahre 1881 mit einer schmalen, aber steilen Stirn im Wald „etwa 1600 m von der pleistozänen Endmoräne entfernt". Sehr genau sah er sich den Gletscher Großer Asau an. „Das Nährgebiet des Gletschers besteht aus vier Gletscherströmen, von denen zwei links ihren Anfang an den Hängen des Elbrus nehmen, während die beiden rechten vom Chotju-Tau-Rücken bzw. von der Hauptkette kommen. Obwohl einer der Ströme, die vom Elbrusgipfel herunter kommen, länger als die übrigen ist, kann man eher das große Eisfeld unterhalb des Chotju-Taus als Anfang des Gletschers halten. Nach oben geht es ohne auffällige Grenze in ein großes Schneefeld über, das einige Werst[1] in der Breite und Länge besitzt. Von der rechten Seite schließt sich ein kurzer, krummer Zustrom mit weniger als anderthalb Werst Länge und unbedeutend ausgebildeten Moränen dem Hauptgletscher an. Er vereinigt sich mit dem Hauptgletscher drei Werst oberhalb von dessen Ende. Die Teilströme der linken Seite sind bedeutend größer. Beide ziehen vom Elbrus herab" (DINNIK 1890, S. 36). In dieser Beschreibung gibt DINNIK ein genaues Bild des Großen Asau-Gletschers, seines Hauptnährgebietes auf dem Chotju-Tau-Plateau sowie seiner Nebengletscher Kleiner Asau und Tschiper-Asau.

In diesen Jahren schob sich nach Angaben von DINNIK (1890) ein anderer Elbrusgletscher, der Garabaschi, mit einer Breite von 50–60 Sashen[2] in eine tiefe Schlucht hinab. Der benachbarte Terskol-Gletscher wurde von DINNIK als fast regelmäßiges, vom Elbrus herunterziehendes Gletscherdreieck mit weichen Rändern beschrieben (DINNIK 1884).

Etwa zur gleichen Zeit, nämlich 1881, begannen die topographischen Aufnahmen im Kaukasus, die von der militärtopographischen Abteilung des Kaukasischen Militärbezirks durchgeführt wurden. Sie spielen heute eine bedeutende Rolle bei der Charakteristik der Gletscherdynamik in den letzten 100 Jahren. Von 1887 bis 1890 wurde von A. V. PASTUCHOV eine Meßtischblattkartierung der Elbrusgletscher ausgeführt, auf deren Grundlage eine topographische Karte im Maßstab 1 : 42 000 erstellt wurde. Von PASTUCHOV wurden die absolute Höhe des Elbruswestgipfels mit 5633 m gemessen, die Rückzugsstadien fast aller Gletscher fixiert und ihre Zungenenden fotografiert. Im Zusammenhang mit seinen Kartierungen erklomm PASTUCHOV zweimal den Elbrus. Dabei nahm er Messungen der Lufttemperatur vor und stellte

---

[1] Werst: altes russisches Längenmaß; 1 W = 1066,78 m.
[2] Sashen: altes russisches Längenmaß; 1 S = 2,13 m.

Abbildung 9
Zunge des Großen Asau-Gletschers 1911
(aus BURMESTER 1913, S. 33)

fest, daß ab 4500 m Höhe keine thermischen Tauprozesse mehr stattfinden und daß die starken Winde an den Elbrushängen große Schneemassen transportieren (PASTUCHOV 1899). Die Herstellung erster Karten zur Vergletscherung des Elbrus gestattete es der nächsten Forschergeneration, verläßliche quantitative Angaben zur Gletscherdynamik zu gewinnen. In der Literatur wird die Karte PASTUCHOVS oft als „Russische Karte" des Elbrusgebietes angegeben. Sie diente beispielsweise auch H. BURMESTER 1911 als Grundlage bei der Durchführung erster fototheodolitischer Aufnahmen der Gletscher des Elbrussüdhanges (Abb. 9 aus BURMESTER 1913).

1888 versuchten F. T. UNGERN-STERNBERG und der Topograph M. K. GOLOMBIEVSKIJ gemeinsam mit 5 Kosaken, den Elbrusgipfel über den Gletscher Irik und den Osthang zu erreichen. Beim Aufstieg entdeckten sie einen bis dahin unbekannten Nebenkrater unterhalb des Ostgipfels, aus dem sich ein erstarrter Lavastrom ergoß (DEMČENKO 1957).

In den letzten Jahren des ausgehenden 19. und zu Beginn des 20. Jh. blieb das Elbrusgebiet für Forschungsreisende sehr anziehend. Die Mehrzahl der Wissenschaftler unternahm große Anstrengungen, den Elbrus zu besteigen, und viele von ihnen besuchten den Gletscher Großer Asau. Im Jahre 1896 bestieg V. O. NOVICKIJ den Ostgipfel. Er beschrieb dabei den Zustand der Gletscher am Nordhang und bemerkte, daß sie nicht einfach zurückweichen, sondern „eintrocknen". Am Elbrus schied er zwei geologische Gürtel aus: einen unteren Gürtel oder die Basis, die vom Massiv der Seitenkette gebildet wird, und einen oberen Gürtel, den Vulkankegel, von dem die erstarrten Lavaströme zur Fußregion hinunterreichen. Über den Großen Asau-Gletscher bemerkte NOVICKIJ, daß er bis zu dem Wald reicht, der die Endmoräne des „Abich"-Stadiums bedeckt, und daß aus der 22 m hohen Gletscherstirn der Baksanfluß herausdrängt. Den Rückzug des Großen Asaus gab NOVICKIJ mit 3,38 m pro Jahr an (nach NEFEDOVA 1958).

N. V. POGGENPOL' stieg 1898 fast bis zum Sattel des Elbrus, um die Möglichkeit zur Anlage einer meteorologischen Station zu erkunden. POGGENPOL beschrieb auch, daß der untere rechte Zustrom vom Großen Asau durch einen hohen Moränenwall getrennt war. Noch 1881 war dieser Tschiper-Asau-Gletscher nach DINNIKS Beschreibung mit dem Hauptgletscher verbunden (s. o.).

1900 führte A. A. DOLGUŠIN Vermessungen am Großen Asau durch. Das Gletscherende lag danach in einer Höhe von 2133,6 m und erreichte den Wald. Die Höhe der Seitenmoräne betrug 8 Sashen (17 m), während die Gletscherzunge insgesamt mit einer Länge von 6 Werst (6,4 km) angegeben wurde (DOLGUŠIN 1900).

Von 1900 bis 1910 arbeitete V. V. DUBJANSKIJ am Elbrus. Im August 1908 bestieg er den Westgipfel, führte Lufttemperaturmessungen durch und beschrieb die Fumarolentätigkeit. Aus dem Fehlen von Schnee auf den Felspartien der beiden Gipfel zog er die Schlußfolgerung, daß der Herd vulkanischer Tätigkeit noch nicht erloschen ist. Bei seiner Erforschung der Gletscher des oberen Baksantales kam DUBJANSKIJ zu dem Ergebnis, der Große Asau sei das Relikt eines älteren Baksangletschers, dessen Zuflüsse die Gletscher Garabaschi, Terskol, Jusengi, Irik, Adyl und andere waren (DUBJANSKIJ 1912). Auch dem Bau und Zustand der Lava widmete DUBJANSKIJ seine Aufmerksamkeit. Er verwies darauf, daß die beiden jüngsten Lavaschichten nicht durch Moränenmaterial voneinander getrennt sind, also nach der großen pleistozänen Vergletscherung entstanden sein müßten (DUBJANSKIJ 1914). Auch V. M. SYSOEV untersuchte die Gletscher des Nord- und Südhanges am Elbrus. Er lieferte eine morphologische Beschreibung der Gletscher und wies auf die günstigen Bedingungen ihrer Existenz und Lagerung parallel zu den Lavaströmen hin (SYSOEV 1900).

Umfassende geologische Untersuchungen fanden im Elbrusgebiet unter der Leitung von A. P. GERASIMOV in den Jahren 1909–1915 statt. K. N. PAFFENGOL'C führte als einer der Teilnehmer Meßtischblattaufnahmen am Gletscher Irik durch und erarbeitete eine Karte des Gebietes im Maßstab 1 : 84 000. Dabei konstatierte er einen Gletscherhalt für etwa 5–6 Jahre. Ein weiterer Teilnehmer dieser Forschungen, das Mitglied der Kaukasischen Abteilung der Russischen Geographischen Gesellschaft, der Offizier K. I. PODOZËRSKIJ, stellte 1911 nach eigenen und vorliegenden Kartierungsunterlagen einen Katalog der Kaukasusgletscher zusammen (PODOZËRSKIJ 1911).

Im Jahre 1911 nahmen an den glaziologischen Untersuchungen und fotogrammetrischen Aufnahmen die deutschen Forscher L. DISTEL, G. MERZBACHER und H. BURMESTER teil. BURMESTER arbeitete zur Talmorphologie und untersuchte glaziale Ablagerungen im Baksantal. Seine fotogrammetrischen Aufnahmen im Adylsu-Tal sowie am Elbrus stellen bis heute wichtige Informationsquellen dar. Er führte auch Berechnungen der Vergletscherungsfläche des Elbrus durch, kam dabei jedoch auf einen wenig realistischen Wert von 400 km². Genauer und bedeutsamer waren BURMESTERS Kartierungen und Beschreibungen der Gletscher Großer Asau, Kleiner Asau und Schchelda, die er mit den Karten PASTUCHOVS aus den Jahren 1887–1890 verglich. Von der festgestellten Verkleinerung der Gletscher seit dieser Zeit war besonders der Große Asau betroffen, der dann aber im Zeitraum 1911–1914 in einen stationären Zustand überging (BURMESTER 1913).

Nach den richtungsweisenden Erfolgen bei der Erforschung der pleistozänen Vergletscherungen in den Alpen vor allem durch A. PENCK und E. BRÜCKNER („Die Alpen im Eiszeitalter", 3 Bände, Leipzig 1901–1909) lag eine vorzügliche Ausgangsbasis vor, solche Untersuchungen auch in anderen Hochgebirgen durchzuführen. Noch war der Kaukasus am Beginn unseres Jahrhunderts Neuland für glazialmorphologische und glaziologische Detailuntersuchungen.

Die Impulse der entsprechenden Forschungen in den Alpen wurden von Berlin und von München aus in den Kaukasus getragen. ANATOL V. REINHARD (ANATOL' LUDVIGOVIČ REJNGARD), Schüler A. PENCKS und Privatdozent, später Professor an der Universität in Charkow, sowie der Münchener Geograph LUDWIG DISTEL arbeiteten völlig unabhängig voneinander im Kaukasus. Ihre Daten wichen allerdings weit voneinander ab. Beide Arbeiten von 1913/16 bzw. 1914 bildeten für Jahrzehnte die Grundlage der Kaukasusdarstellung in dem „Handbuch der Gletscherkunde und Glazialgeologie", II. Band, Wien 1949, von R. v. KLEBELSBERG.

L. DISTEL und H. BURMESTER untersuchten von Juli bis Ende September 1911 vor allem das obere Baksantal und seine Nebentäler unterhalb des Elbrus, das durch einige Expeditionen bereits gut bekannt war. L. DISTEL ging mit dem Dipl.-Ing. E. WAGNER glazialmorphologischen Problemen nach, während H. BURMESTER unter Mitarbeit des cand. med. R. BUSCH fotogrammetrisch etliche Gletscherzungen aufnahm. Die instrumentelle Ausrüstung entsprach dem neuesten wissenschaftlichen Niveau der damaligen Zeit. Der Große Asau wie auch der Schchelda- und der südliche Adyrsu-Gletscher wurden erstmals im Maßstab 1 : 20 000 mit 25-m-Isohypsen dargestellt (Anhang, Faksimile 1 u. 2). Die Stereofotogrammetrie, gerade zehn Jahre alt, erfuhr erstmals eine Anwendung außerhalb der Alpen. Im Vergleich mit russischen Karten, aber auch mit der Karte von G. MERZBACHER erwiesen sich diese Karten als exakter. Erstmals konnte auch der firnfeldlose Gletschertyp (Lawinenkessel-Gletschertyp) am Beispiel des Dongusorun- und Jusengi-Gletschers beschrieben werden. Rezente Gletschervorschübe waren ein weiteres Untersuchungsobjekt. Die Elbrusvergletscherung verglich H. BURMESTER mit dem norwegischen Typ und nannte sie ein „inlandeisartiges Gebilde" (BURMESTER 1913, S. 15). Bis jetzt sind die Karten von H. BURMESTER eine wesentliche Grundlage für die Forschung.

L. DISTELS Ergebnissen ist nur partiell zu folgen. Als seine Hauptresultate ließen sich folgende auflisten: Im Vergleich zu ähnlichen Positionen in den Alpen war die Vergletscherung im Bereich des Baksantals geringer. Weiterhin sind glaziäre Kleinformen nicht so häufig anzutreffen. Karlinge sollen kaum vorkommen. Nach L. DISTEL soll der alpine Taltrog völlig fehlen. Weiterhin konnte er keine Anzeichen pleistozäner Gletscherausdehnung ausmachen, während er rezente Gletscherschwankungen als gut belegt ansah und sie zeitlich mit denen der Alpen verglich. Seiner Ansicht nach liegt die rezente Schneegrenze höher als zuvor vermutet und steigt zum Elbrus hin an. Die pleistozäne Schneegrenzdepression (vermutlich zur Würmkaltzeit) lag nur etwa 600–700 m unter der heutigen, wobei die rezente Waldgrenze ungefähr 900 m unter der rezenten Schneegrenze liegt. L. DISTELS Resultate markierten teilweise eine Überleitung zu genaueren Untersuchungen und regten die weitere Forschung an.

Zur gleichen Zeit arbeitete auch N. A. BUŠ im Elbrusgebiet, der ebenfalls eine Zustandsbeschreibung der Gletscher am Elbrussüdhang lieferte und zu ähnlichen Ergebnissen wie H. BURMESTER kam (BUŠ 1914).

Nach Geländearbeiten in den Jahren 1913 bis 1914 publizierte V. P. RENGARTEN eine tektonische Übersichtskarte des Kaukasus.

Einen umfangreichen Beitrag zur Untersuchung der geomorphologischen Verhältnisse des Kaukasus und speziell der Elbrusregion haben A. V. REINHARD, S. P. SOLOV'ËV, L. A. VARDANJANC und I. S. ŠČUKIN geleistet.

1925 wurden von der Kaukasischen Montan-Gesellschaft und dem Staatlichen Hydrologischen Institut Expeditionen zum Elbrus organisiert. V. JA. AL'TBERG stellte in Auswertung dessen einen Sammelbericht über die Untersuchungen der Gletscher am Elbrus zusammen. Im Vergleich mit den Ergebnissen und Karten von PASTUCHOV, BUŠ und BURMESTER wurde dabei auf die bedeutende Schrumpfung der Gletscher hingewiesen. Besonders genau charakterisierte AL'TBERG den Großen Asau, für den er eine Rückzugsgeschwindigkeit von 9–10 m im Jahr angab, bei einer gleichzeitig beachtlichen Abnahme der Mächtigkeit. Der untere Teil der Gletscherzunge war mit Moränenmaterial bedeckt, und es begann eine Phase der Toteisbildung (AL'TBERG 1928). Auch die Gletscher des Ost- und Nordhanges des Elbrus wurden von AL'TBERG beschrieben.

S. P. SOLOV'ËV untersuchte von 1929 bis 1932 den Zustand der Elbrusgletscher und kam zu dem Ergebnis, daß alle Gletscher seit etwa 1925 ein Rückzugsverhalten zeigen, wobei jedoch das Tempo des Gletscherabbaus recht unterschiedlich angegeben wurde. An den Südhängen ging der Rückzug mit bis zu 16,5 m/Jahr schneller vonstatten als nördlich des Elbrus (6 m/Jahr). SOLOV'ËV rekonstruierte für die 90er Jahre des vergangenen Jahrhunderts einen Gletscherrückgang, der in den Jahren 1907–1910 in ein stationäres Stadium überging. Dieses setzte sich nach seinen Ergebnissen mit geringen Veränderungen bis 1920 fort (SOLOV'ËV 1933).

Im Zeitraum 1932–1933, während des 2. Internationalen Polarjahres, führten V. JA. AL'TBERG, E. I. OREŠNIKOVA, JA. I. FROLOV, S. P. SOLOV'ËV, M. N. POPOV und andere die Untersuchungen zur Vergletscherung im Elbrusgebiet fort. Unter anderem wurden Berechnungen zur vergletscherten Fläche durchgeführt, eine Fotodokumentation angelegt sowie meteorologische und hydrologische Untersuchungen angestellt. Zu dieser Zeit entstand auch die erste Touristenkarte des Elbrusgebietes im Maßstab 1 : 50 000. Durch Vergleich mit den Karten und Daten PASTUCHOVS gelang es, die Gletscherdynamik in den vorangegangenen 50 Jahren nachzuvollziehen (SOLOV'ËV 1935, FROLOV 1950). Nach Angaben von OREŠNIKOVA (1936) betrug die Gesamtgletscherfläche 1933 noch 143,9 km². Der Große Asau wies eine Maximalbreite von 490 m auf. Am Gletscherbruch, an der schmalsten Stelle des Tales, betrug die Breite damals nur 245 m. Neben diesem Hauptgletscher wurden auch andere Elbrusgletscher, wie Kleiner Asau, Garabaschi, Terskol und Irik, vermessen, und auch dort zeigte sich das Zurückweichen seit etwa dem Jahre 1890.

Für die Entwicklung von Tourismus und Alpinismus in der Region wurde 1932 am südlichen Elbrushang in 4050 m Höhe eine Hochgebirgsherberge („Prijut-11") gebaut, die für damalige Verhältnisse mit Heizung, Warmwasser und Parkettfußboden erstaunlichen Komfort aufwies. Der Kaukasische Hochgebirgswetterdienst „überwinterte" 1933/34 erstmalig in der Station „Stary krugosor" (Alter Rundblick), die sich in einer Höhe von 2900 m befand.

Nach langer Pause von deutscher Seite führte W. HEYBROCK im Sommer 1933 eine Studienreise in den zentralen Kaukasus, vor allem in das Elbrus- und Kasbekgebiet, durch. Eine Reihe von Gletschern konnten dabei fotografisch und hypsometrisch aufgenommen werden. Im

Gegensatz zu L. DISTEL, der das Ende des Kleinen Asau-Gletschers 1911 in 3020 m Höhe bestimmte, legte es W. HEYBROCK mit 2984 m fest. Den Westgipfel des Elbrus gab er mit 5592 m und den Ostgipfel mit 5633 m Höhe an. Die Höhe der Station „Stary Krugosor" bestimmte W. HEYBROCK mit 2830 m Höhe (26. Juli 1933). Großer Asau, Tschiper-Asau und Asau-Tscheget-Kara waren weitere Gletscher in seiner Beschreibung. Gegenstand weiterer Erörterung war der auffallende Querwall im Baksantal (Wal Tjubele), ungefähr 5 km oberhalb von Urusbijewo, dem heutigen Werchni Baksan (Abb. 28). M. V. DÉCHY (1905) und L. DISTEL (1914) hielten den Querwall für die Reste eines riesigen Bergsturzes, während G. MERZBACHER (1901) und A. V. REINHARD (1925/26) ihn als Moränenablagerung ansahen. W. HEYBROCK tendierte dazu, für das Entstehen des Querwalls ebenfalls einen Bergsturz anzunehmen. Außerdem ging er in seinen Beschreibungen auf den Baschkara-, den Dshantugan-Tschiran- (Dshankuat-) Gletscher und auf weitere Gletscher ein. Zum Dshankuat-Gletscher äußerte sich W. HEYBROCK 1935 (S. 295) folgendermaßen: „Der Befund an den Moränen weist auf langsamen, aber stetigen Rückzug des Gletschers während der letzten Jahre hin." Dieser Gletscher wurde durch ständige Beobachtungen seit 1968 für die Forschung besonders wichtig. In der Nähe der Gletscherzunge befindet sich eine kleine Station, die seit Beginn des „Internationalen Hydrologischen Dezenniums" dieses internationale Testgebiet untersucht (vgl. Kap. 3.4).

Im Jahre 1935 errichtete die Sowjetische Akademie der Wissenschaften im Ort Terskol das erste stationäre Wissenschaftslaboratorium im Elbrusgebiet, das sich mit geophysikalischen und meteorologischen Untersuchungen beschäftigte. Etwa 50 Vertreter verschiedener Geowissenschaften arbeiteten bis zum Zweiten Weltkrieg in dieser Station. Nach dem Krieg wurden diese Arbeiten von dem bekannten Polarforscher E. K. FËDOROV geleitet. 1961 ist das Labor in ein geophysikalisches Hochgebirgsinstitut umgewandelt worden, mit dessen Leitung seit den 70er Jahren das Akademiemitglied M. C. SALICHANOV beauftragt ist.

Die Gletscheruntersuchungen führte 1946 bis 1948 P. V. KOVALËV weiter. Er konstatierte eine sich weiter fortsetzende Verkürzung der Gletscher. Nach seinen Beobachtungen zog sich der Große Asau-Gletscher bis 1948 in 7 Jahren um 270 m zurück (KOVALËV 1954, 1955). Der sich im Jahre 1933 noch mit ihm vereinigende Gletscher Asauski hatte sich von ihm getrennt. Zum Studium des geologischen Baus, der Oberflächenformung und der Vergletscherung des Elbrusgebietes trugen in den Nachkriegsjahren in erster Linie die Arbeiten von B. F. KOSOV, V. N. OLJUNIN, S. L. KUŠEV und N. A. GVOZDECKIJ bei. In den 50er Jahren begann man im Baksantal auch mit der Schnee- und Lawinenforschung (L. CITADZE, G. K. TUŠINSKIJ).

Eine besondere Rolle in der Erforschung der Gletscher im Elbrusgebiet während der letzten Jahrzehnte spielte die glaziologische Schule der Moskauer Universität, die von G. K. TUŠINSKIJ (1909–1979) begründet wurde. Unter seiner Leitung wurden seit 1956 von Wissenschaftlern der Geographischen Fakultät glaziologische und geomorphologische Untersuchungen durchgeführt. In der Ortschaft Terskol schuf man zunächst eine glaziologische Station. 1969 wurde die Lehr- und Forschungsstation Asau auf der gleichnamigen Lichtung in 2326 m Höhe in Betrieb genommen. Während des Internationalen Geophysikalischen Jahres (1957 bis 1959) wurden am Elbrus unter Leitung TUŠINSKIJS komplexe Arbeiten nach einem internationalen Programm durchgeführt. Die Hauptaufgabe bestand in der Zustandsbeschreibung der rezenten Vergletscherung. Außerdem wurden Untersuchungen zu klimatologischen Besonderheiten und zum hydrologischen Regime der Region organisiert. Die Arbeiten fanden auf dem gesamten Elbrusmassiv einschließlich der beiden Gipfel und des Sattels statt. Fototheodolitische Aufnahmen und Daten der Aerofotokartierung gestatteten die Anfertigung einer detaillierten Karte (11 Blätter) der Elbrusvergletscherung im Maßstab 1 : 10 000. Auf der Grundlage der Ergebnisse dieser komplexen Forschungen sowie der Auswertung früher gesammelter Erkenntnisse konnten ein Gletscheratlas des Elbrusgebietes (nur teilweise veröffentlicht) sowie eine Reihe von Publikationen herausgegeben werden (TUŠINSKIJ 1962, 1968). Diese Arbeiten charakterisieren den geologischen Bau und das Relief, die klimatischen Verhältnisse, die Schneedecke und Lawinen und die Vergletscherung des Gebietes. Vor allem die glaziologischen Untersuchungen zu Mächtigkeit, Bewegungsgeschwindigkeit und -richtung,

Eisbildung und Eisstruktur brachten einen großen Erkenntnisgewinn. Erstmalig wurde auch der Versuch unternommen, die glazialmorphologischen Erscheinungen in der Periglazialzone zu kartieren. Die geologischen Untersuchungen führten E. E. MILANOVSKIJ und N. V. KORONOVSKIJ aus.

Nach dem Internationalen Geophysikalischen Jahr wurden die Forschungen an den Gletschern des Elbrusgebietes weiterhin intensiv von Glaziologen und Geographen der Moskauer Universität fortgesetzt. Fototheodolit- und Luftbildkartierungen standen dabei im Vordergrund. Leiter dieser Arbeiten war JU. F. KNIŽNIKOV.

Im Zusammenhang mit dem Programm des Internationalen Hydrologischen Dezenniums (1965–1974) begannen am Gletscher Dshankuat Untersuchungen zur Massenbilanz. Der Dshankuat wurde von Glaziologen der Moskauer Universität auf Grund seiner Merkmale als Repräsentativgletscher für den gesamten Kaukasus ausgewählt. Er befindet sich im Oberlauf des Adylsu-Flusses, einem Nebental des Baksans, auf der Nordabdachung des zentralen Kaukasus (Kap. 3. 4.). Diese Beobachtungen und Messungen werden bis heute fortgesetzt. Sie sind von großer internationaler Bedeutung, da der Dshankuat einer der wenigen Gletscher der Erde ist, an denen glaziologische Untersuchungen nach einem einheitlichen Programm durchgeführt werden. Die gewonnenen Daten gehen in ein globales Gletschermonitoringsystem ein.

Seitdem sich das Elbrusgebiet in den 60er Jahren zu einem bedeutenderen Erholungsgebiet entwickelte, trat die Notwendigkeit einer wissenschaftlichen Erforschung von Lawinen und Schlammströmen (Seli) mehr und mehr in den Vordergrund. Bereits 1965 wurden von den Mitarbeitern der Moskauer Universität Karten im Maßstab 1 : 25 000 zur Bewertung der Lawinen- und Schlammstromgefährdung im zentralen Kaukasus erstellt. Die Basis dazu lieferten terrestrische Beobachtungen sowie Luftbildauswertungen. Inzwischen konnte an der Lehr- und Forschungsstation Asau ein Lawinen- und Selikatalog für das gesamte Baksantal erarbeitet werden.

Diese Elbrusstation der Geographischen Fakultät an der Moskauer Universität bildet heute das Zentrum aller glaziologischen und geographischen Forschungen im Elbrusgebiet. Hier werden auch studentische Praktika und Exkursionen durchgeführt. Seit mehr als 10 Jahren nehmen an diesen Arbeiten auch wieder deutsche Geographen teil. Die Ergebnisse dieser gemeinsamen Untersuchungen bilden eine wesentliche Grundlage für die vorliegende Publikation.

2.
Allgemeine Naturbedingungen

Natal'ja A. Volodičeva, Aleksandr D. Olejnikov, Sixten Bussemer,
Aleksej V. Korsun, Ines Schulz, Otfried Baume, Joachim Marcinek
u. Marina N. Petrušina

2.1.
Orographie, Tektonik, Geologie
(Natal'ja. A. Volodičeva)

Das Elbrusgebiet liegt auf der Nordabdachung des Kaukasus. Hier entstand ein Komplex von Gebirgsketten, die sich fast parallel zueinander erstrecken. Die Gebirgsachse wird durch die Hauptkette (Glawny chrebet) gebildet. Sie repräsentiert zusammen mit der nahe gelegenen Seitenkette (Bokowoi chrebet) die zentrale Hochgebirgsregion. Der Chotju-Tau-Rücken verbindet diese beiden Ketten durch den Vulkankomplex des Elbrusmassivs. Weiter nach Norden schließen sich drei Vorketten an, die bis zu einer Höhe von 2000–2400 m aus der nördlich des Kaukasus gelegenen Tafelebene aufragen. Intensive Erosions- und Denudationsprozesse haben hier aus tektonisch vorgeprägten Stufen klassische Schichtstufenlandschaften herauspräpariert. Es sind dies die Felsenkette (Skalisty chrebet), die Kreide- oder Weidekette (Melowy oder Pastbischtschny chrebet) und die Waldkette (Lesisty chrebet), auch Schwarze Berge (Tschornyje gory) genannt (Abb. 10 und 11).

Der Baksan, der seinen Anfang an der Zunge des Gletschers Großer Asau zwischen Haupt- und Seitenkette nimmt, durchfließt in teilweise engen Durchbruchstälern die einzelnen Vorketten. Er ist ein linker Zufluß des Terek, der sich in das Kaspische Meer ergießt. Die von der Haupt- und Seitenkette kommenden Flüsse haben im oberen Baksantal diese Gebirgsmassive kammzinkenartig in Querketten zerschnitten, die gleichzeitig die Wasserscheiden der einzelnen Zuflüsse des Baksans bilden. Im Elbrusgebiet nimmt der Baksan von den Elbrushängen die Zuflüsse Kleiner Asau, Garabaschi, Terskol und Irik auf. Im weiteren Verlauf der Seitenkette fließen ihm noch Kubasantytschsu und Kyrtyk zu. Von der Hauptwasserscheide, der Kaukasushauptkette, gelangen die Wässer von Tschiper-Asau, Dongusorun, Jusengi, Adylsu, Adyrsu und einer Reihe kleinerer Bäche in den Baksan. Bis zur Mündung des Adyrsu-Flusses hat der Baksan auf einer Entfernung von 20 km einen Höhenunterschied von etwa 1000 m überwunden.

Die Seitenkette weist, abgesehen vom Elbrus, im Elbrusgebiet nur zwei Gipfel von mehr als 4000 m Höhe auf: den Irik (4045 m) und den Kesgenbaschi (4011 m). Im Bereich der Hauptkette dagegen reckt sich eine Vielzahl von Viertausendern empor, von denen hier nur Dongusorun (4454 m), Schchelda (4370 m), Pik Kawkas (4270 m), Adyrsubaschi (4340 m), Orubaschi (4350 m), Dshailykbaschi (4415 m) und vor allem die Uschba (4700 m) genannt werden sollen (Abb. 19).

Im Vergleich zu den Alpen ist der tektonische Bau des Kaukasus weniger kompliziert. Insgesamt läßt er sich, wie durch die breitere schichtstufenartige Abfolge am Nordrand und durch die schmalere, gefaltete Südabdachung markiert, als eine asymmetrische Großsattelstruktur (Megaantiklinorium) deuten. Im zentralen Kaukasus, wo alte, proterozoische Gesteine und Strukturen anzutreffen sind, ragen die hochgehobenen Partien horstartig auf. Im Proterozoikum legte sich die Eugeosynklinale der Tethys auf die intrakontinentale Zone am südlichen Rand der Skytischen Platte. Dieses alte, kaledonisch konsolidierte Fundament wurde noch-

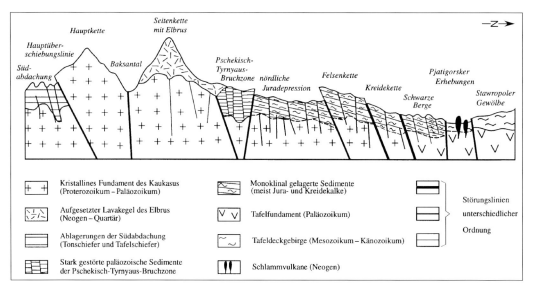

Abbildung 10
Geologisches Profil der Nordabdachung des zentralen Kaukasus (nach BAŠENINA 1974)

mals in variskischer Zeit (vorwiegend im Karbon) gefaltet. Große, in dieser Zeit angelegte Bruchzonen sind bis in die Gegenwart bedeutsam.

Nach der Einebnung und dem Absinken des variskisch gefalteten Bereichs begann eine neuerliche Geosynklinalentwicklung. Noch im Jura erfolgten im Geosynklinaltrog Hebungen, so daß das Senkungsgebiet zweigeteilt wurde. Im nördlichen Absenkungsbereich bildeten sich vor allem karbonatische Gesteine, im südlichen Sedimente mit Flyschcharakter. Während der unteren Kreide setzten sich die Absenkungsbewegungen fort. Nur die inneren Partien im Streichen des heutigen Gebirges hoben sich weiterhin und bildeten zunächst eine Inselkette. Am Ende der Kreide- und zu Beginn der Tertiärzeit erfolgten Faltungen und Bruchbildung, und es kam zu weiteren Hebungen. Im mittleren Tertiär erhielt das Gebirge seine Gestalt, die sich im ausgehenden Tertiär immer deutlicher den gegenwärtigen Konturen annäherte. Die Gebirgskämme senkten sich von der Hauptkette in der Art gigantischer monoklinaler Stufen von Süd nach Nord. Im zentralen Kaukasus wurden während des Jungtertiärs und sogar noch im Quartär nicht nur beträchtliche Hebungsbeträge erreicht, sondern es setzte auch eine lebhafte vulkanische Tätigkeit ein. Durch diese Vorgänge wurden dem kristallinen Massiv Vulkanberge aufgesetzt.

Die Elbrusregion liegt, tektonisch gesehen, im Gebiet des Horst-Antiklinoriums der Hauptkette. Haupt- und Seitenkette sind große Faltenmorphostrukturen, die durch Quer- und Längsverwerfungen einen komplizierten Bau aufweisen. Alle Seitentäler, die die Hänge der Ketten zerschneiden, sind an tektonische Querklüfte gebunden. Die Tektonik der Längsklüfte kommt dagegen in den Hangstufen des Baksantales zum Ausdruck. Das zeigt sich besonders an den Nordhängen der Hauptkette, wo in Höhen von 2400–2500 m und 2700–2800 m Felsstufen ausgebildet sind. An den Elbrushängen ist die Stufung durch verschiedene Lavaablagerungen bedingt, weshalb das Querprofil des obersten Baksantales insgesamt asymmetrisch aufgebaut ist (Abb. 29).

Die älteste, proterozoische Serie von Gneisen und kristallinen Schiefern mit Zwischenlagerungen von Marmor und Amphiboliten ist sowohl in der Haupt- als auch in der Seitenkette bis zur Mündung des Flusses Kyrtyk in den Baksan zu verfolgen. Schon während der kaledonischen und variskischen Faltungen drangen große Intrusivkörper in diese Gesteinspartien ein. Zu dieser Zeit entwickelte sich auch die Pschekisch-Tyrnyaus-Bruchzone am Nordrand

Orographie, Tektonik, Geologie

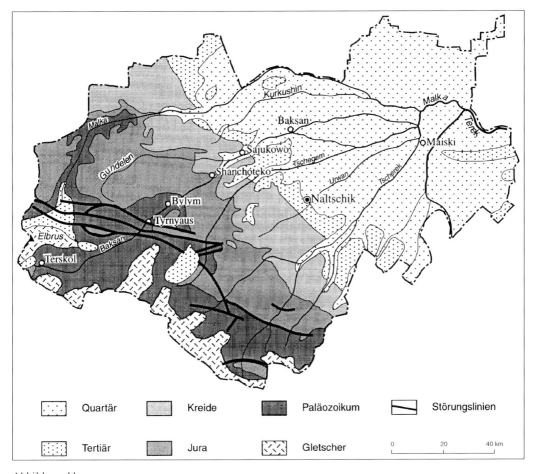

Abbildung 11
Kabardino-Balkarien: Geologie

des Gebirgskörpers (Abb. 10). Im oberen Paläozoikum wurden dann die Faltenformen der kristallinen Gesteine ausgewaschen, und es bildeten sich Molassen.

Mit dem unteren Jura beginnt eine neue Phase der geotektonischen Entwicklung des zentralen Kaukasus. Eine neue geosynklinale Vortiefe entstand, in der sich Schiefer, Sandsteine und später Kalke und Gipse absetzten. Die Orogenese trug einen wechselnden Charakter und war durch submarinen Vulkanismus geprägt. Am Ende der Kreide vergrößerte sich die Festlandfläche im Ergebnis der kimmerischen Faltung beträchtlich. Im Paläogen und im unteren Neogen hielt sich das Meeresbecken nur im nördlichen Teil, in dem sich die Bildung der terrigenen Karbonatserie fortsetzte. Im Sarmat vollzog sich dann die Bildung der Faltenstruktur des zentralen Kaukasus als Ergebnis der alpidischen Orogenese.

Für jede Etappe der geologischen Geschichte des Kaukasus ist das Auftreten von Magmatismus typisch. Die proterozoischen Serien werden durch granitoide Intrusionen mittel- und jungpaläozoischen Alters gestört, was durch das Eindringen von großen, ultrabasischen Körpern entlang der Verwerfungen begleitet wurde. Im Neogen erfolgten weitere Granitintrusionen, und es formierte sich die Vulkanstruktur des Elbrus. Seit dieser Zeit begann das Emporsteigen der Gebirgsketten mit der gleichzeitigen Bildung von Vorsenken, die mit Molasse gefüllt wurden. Die rezenten Hebungsraten liegen zwischen 5–7 und 10–13 mm/Jahr.

Das Baksantal folgt einer Zone von Längs- und Querverwerfungen, welche die Nordabdachung des zentralen Kaukasus zerstückeln. Etwa bei der Stadt Tyrnyaus quert eine Verwerfung die Seitenkette, und unterhalb der Siedlung Bylym zerschneiden weitere Verwerfungen die Felsen- und Kreidekette. Letztere erhielten dadurch eine monoklinale Lagerung der Gesteine, was für die Ausbildung von Schichtstufen mit einem südlichen Steilrelief und einem flachen Nordhang von Bedeutung war (Abb. 10). Während die Felsenkette aus Sandsteinen und Tonschiefern des unteren und mittleren Juras sowie aus Kalksteinschichten des oberen Juras aufgebaut wird, besteht die Kreidekette aus kretazischen Sand- und Kalksteinen. Tertiärer Vulkanismus in diesem Gebiet führte zur Ablagerung von Tuffen, die einzelne Gipfel der Kreidekette bilden. Die nördlichste Stufe, Schwarze Berge oder Waldkette genannt, besteht aus Muschelkalken, Konglomeraten, Tonen und Sandsteinen aus dem Paläogen und Neogen.

Der Elbrusvulkan erhebt sich 1500–2000 m über die umgebenden Berge. Sein kristallines Fundament reicht bis zu einer absoluten Höhe von 3700 m und wird ungleichmäßig von jungen Laven überdeckt. Die größte Fläche nehmen im Elbrusgebiet die Andesit-Dazit-Lava sowie die Tuffbrekzien aus dem mittleren Pleistozän ein. Darüber lagern teilweise andesitische und dazitische Tuffbrekzien und Dazite aus dem Holozän.

2.2.
Der Vulkan Elbrus
(ALEKSANDR D. OLEJNIKOV)

Das Massiv des Elbrusvulkans befindet sich im System der Seitenkette des zentralen Kaukasus, 12–15 km nördlich des Hauptkammes, der als Hauptwasserscheide fungiert. In tektonischer Hinsicht liegt der Elbrus an der Kreuzungsstelle tiefer Längs- und Querbrüche, die in der Entwicklung des Vulkans eine wichtige Rolle spielten. Der Durchmesser des Gesamtkegels beträgt an der Basis etwa 18 km. Das alte kristalline Fundament, das hier bis in eine Höhe von 3000 bis 3700 m reicht, wird von vulkanischen Ablagerungen um ca. 2000 m in Form eines Doppelgipfels überragt. Der östliche Gipfel (5621 m) ist als regelmäßiger, abgestumpfter Kegel mit steilen Hängen bis zu 30° ausgeprägt. Auf dem Gipfel ist ein ungleichmäßiger Krater von etwa 20–80 m Durchmesser zu erkennen. Die größere Gestalt des Westgipfels, der mit 5642,7 m vermessen wurde, ist weniger gut ausgebildet. Seine zerstörte Kraterschüssel hat einen Durchmesser von rund 600 m und eine Tiefe von ca. 300 m. Innerhalb des Westkraters liegt ein Firnfeld, das den Gletscher Kjukjurtlju speist. Seine Schmelzwässer bilden die Quellen des Kubans.

Die Untersuchungen zum geologischen Bau des Elbrus begannen bereits in der ersten Hälfte des vorigen Jahrhunderts. Die langjährigen geologischen Erkundungen am Elbruskomplex ermöglichen ein detailliertes Bild von der Verbreitung und petrographischen Zusammensetzung der Laven und somit eine Rekonstruktion der Entwicklungsgeschichte des Vulkans (Abb. 12 u. 13).

In der Entwicklung des Vulkans Elbrus lassen sich vier große Ausbruchsetappen ausgliedern, denen vier Typen vulkanischer Gesteine verschiedener Zusammensetzung, Erstarrungszustände und Lagerungsbedingungen entsprechen (Abb. 13). Die Spuren der ältesten Etappe vulkanischer Tätigkeit haben ein Alter von 2 bis 3 Mio. Jahren (oberpliozäner Komplex). Sie sind oberflächig nur fragmentarisch in den höchsten Reliefeinheiten erhalten. Man findet sie auf dem östlichen Elbrushang am Iriktschat-Paß sowie in der Kjukjurtlju-Wand am Westkegel. Dort sind in den Steilabschnitten geschichtete Tuffserien (Ignimbrite), Lavabrekzien und Laven bis zu 1 km Mächtigkeit aufgeschlossen. Diese Schichten sind so stark von Schwefel durchdrungen, daß an einigen Stellen die Lava von einem Streichholz entzündet werden kann. Diese erste, oberpliozäne Etappe der Vulkantätigkeit war durch drei Ausbrüche gekennzeichnet, die zähflüssige, rhyolitisch-dazitische Lava förderten. Die Ausbrüche waren von kräftigen Explosionen begleitet. Danach trat eine Periode langer Ruhe ein.

Die folgende Serie von Ausbrüchen, an die die zweite Entwicklungsetappe des Vulkans gebunden ist, erfolgte vor etwa 400 000 Jahren im mittleren Pleistozän. Der Lavaausstoß ging in

Abbildung 12
Geologie des Elbrusmassivs
(nach KORONOVSKIJ 1985)

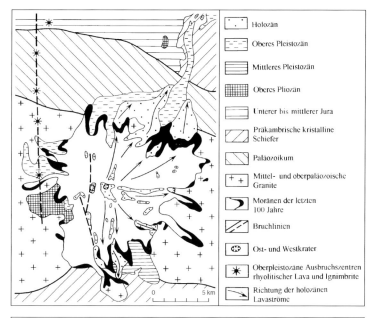

Abbildung 13
Geologisches Profil durch das
Elbrusmassiv
(nach KORONOVSKIJ 1985)

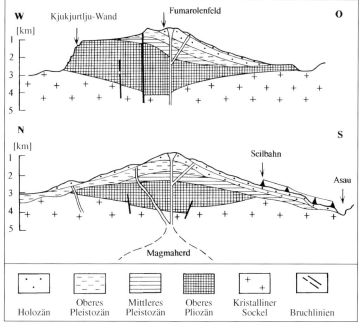

Richtung der Täler von Asau, Garabaschi, Terskol, also direkt ins Elbrusgebiet. Die Sohle dieser Laven befindet sich 200–300 m höher als der rezente Talboden des Asau-Flusses auf dessen linker Talflanke. Es handelt sich hauptsächlich um Liparit-Dazit-Lava (Abb. 14).

Der nächste Lavakomplex bildete sich vor 70 000 Jahren im jüngeren Pleistozän. Diese dritte Etappe vulkanischer Tätigkeit trug zunächst einen starken Explosionscharakter. Eine gewaltige Menge vulkanischer Bomben aus Bimsstein und Tuffen sowie Aschen wurde zu-

Abbildung 14
Erstarrungsformen mittelpleistozäner Lava im oberen Garabaschi-Tal
(Foto: SCHULZ, 1992)

tage gefördert und über den gesamten Hang verteilt. Das damit verbundene aktive Abtauen großer Teile der Elbrusgletscher verursachte vermutlich die Bildung verheerender Schlammströme, die sich talabwärts bewegten. Nach Beendigung der explosiven Tätigkeit kam es zum Ausfluß andesitisch-dazitischer Lava. Die Lavaströme wendeten sich nach Norden, 15 bis 20 km hinein in das Tal der Malka. Die Mächtigkeit dieser Ströme erreichte 250 m. Zu den charakteristischen Besonderheiten der jungpleistozänen Laven gehören die verschiedenartigen Nuancen ihrer roten Färbung, die im Ergebnis wiederholter Erhitzung entstanden. Die chemische Analyse zeigte, daß die Eisenoxidation für die Farbe verantwortlich war – je stärker die Oxidation, desto intensiver die Rotfärbung (nach KORONOVSKIJ u. RUDAKOV 1962). Eine weitere Ausbruchphase im jüngeren Pleistozän vollzog sich vor etwa 30 000 Jahren mit weiterem Ausstoßen von Andesit-Dazit-Lava. Bis zu diesem Zeitpunkt hatte der Elbrus noch die Gestalt eines eingipfeligen Kegels.

Erst das Wiederaufleben des aktiven Vulkanismus im Holozän (4. Etappe) führte zur Ausbildung seiner heutigen Gestalt als Doppelgipfel. Zu Beginn dieser Etappe kam es während eines gewaltigen explosionsartigen Ausbruches zum Wegsprengen großer Teile des Kraters, und es öffnete sich östlich davon ein neuer, der durch die nachträglich ausfließende Lava rasch zu einem zweiten Gipfel aufgebaut wurde. Unter den holozänen Laven werden drei Generationen nach ihren morphologischen Merkmalen unterschieden. Die ältesten Lavaströme dieser Etappe befinden sich am Elbrusnordhang. Ihre Mächtigkeit beträgt 100–120 m. Wahrscheinlich ergossen sich die Lavaströme auf die sich zurückziehenden Gletscher, was ihre starke Spaltenbildung hervorrief. Ähnliche Phänomene sind beispielsweise auch auf Island zu beobachten.

Die zweite Generation holozäner Lavaströme ist vor allem am Südhang des Elbrus anzutreffen. Auch hier diente der Ostkrater als Ausbruchstelle, der die Laven in die Täler des Asaus und Terskols schickte. Die ungewöhnliche Form dieser Lavaströme in der Art asymmetrischer Felskämme mit einer Höhe von 100 bis 150 m ist bedingt durch die Zähflüssigkeit der andesitisch-dazitischen Lava bei diesem Ausbruch, die nicht seitwärts auseinanderfloß, sondern sich zu schmalen hohen Wällen aufschob (Abb. 15). In der Höhe der heutigen oberen Seilbahnstation „Stary krugosor" (Alter Rundblick), bei 2900–3000 m, flossen die Lavaströme in alle Richtungen auseinander. Dabei überströmten sie auch die Wasserscheiden zwischen den Bächen Großer Asau, Kleiner Asau, Garabaschi und Terskol, die aus mittelpleistozänen Laven bestanden. Das Ausstreichen dieser Laven auf der Gletscheroberfläche ist heute in Form von Nunatakkern im Gletscher Kleiner Asau bei der Herberge „Prijut-11" und am Pastuchov-Felsen in 4050 bzw. in 4610 m Höhe zu beobachten.

Abbildung 15
Holozäne Lavaströme am
Gletscher Kleiner Asau
(Elbrussüdhang)
(Foto: BAUME, 1994)

Ein großer Teil der dritten und letzten holozänen Lavageneration ergoß sich aus isolierten Ausbruchszentren und Spalten auf den Osthängen des entstandenen Ostkegels. Sie haben eine vorwiegend dazitische Zusammensetzung. Aus ihrer Lage zu den Moränen im rezenten Relief wurde das Alter dieser Laven zunächst auf 2000 bis 2500 Jahre festgesetzt. Genaue Radiokarbondatierungen begrabener Böden auf Moränenmaterial an der Basis jüngster Aschen und Tuffe ergaben jedoch ein Alter von 1100 bis 1150 Jahren (nach KORONOVSKIJ 1985). Diese Altersbestimmungen dienten auch der zeitlichen Einordnung der davorliegenden Vergletscherung, des sogenannten historischen Stadiums.

Wie mag nun der gegenwärtige Zustand des von Gletschern bedeckten Vulkans sein? Ist er endgültig erloschen, zeitweilig zur Ruhe gekommen, oder bereitet er sich im Innern auf einen neuen Ausbruch vor? Aufgrund petrologischer und geochemischer Analysen (KORONOVSKIJ 1985) wird vermutet, daß der Magmaherd des Elbrus in einer Tiefe von 20–25 km liegt, wo die Gesteine bis zu 900 °C erhitzt sind und sich im oder nahe dem Schmelzzustand befinden (Abb. 13). Das heißt, unter dem Berg liegt ein anomal erhitzter Magmakörper, der sich durch den Austritt mineralischer Wässer mit höherer Temperatur bemerkbar macht.

Die Elbrusregion ist auch geophysikalisch untersucht worden (KORONOVSKIJ 1985). Im Ergebnis der gravimetrischen Messungen konnte festgestellt werden, daß sich das Elbrusmassiv durch eine intensive Gravitationsanomalie auszeichnet, die von einem Massenverlust oder einer Stoffausdünnung zeugt. Derartige Anomalien treten bei Vorhandensein eines magmatischen Herdes auf. Dieser beginnt am Elbrus bereits in Form eines Schlotes in einer Tiefe von 3 km. Der gesamte Magmaherd hat einen Durchmesser von etwa 10 km (Abb. 13). Die geophysikalischen Daten lassen vermuten, daß sich die Anhäufung magmatischen Materials unter dem Elbrus im Stadium der Kristallisation befindet. Von der Lebensfähigkeit des Herdes zeugen heute die postvulkanischen Austritte von Fumarolen am Ostgipfel, das Auftreten einer Vielzahl mineralischer und heißer Quellen im gesamten Elbrusgebiet und die hydrochemische Zonalität kohlensaurer Mineralwässer.

Somit läßt sich beim Elbrus von einem Vulkan im Ruhestadium sprechen, der jedoch nicht vollständig erloschen ist und in Zukunft durchaus seine Tätigkeit wieder aufnehmen kann.

2.3.
Relief
(NATAL'JA A. VOLODIČEVA)

Das Hochgebirgsrelief des Elbrusgebietes ist das Ergebnis primärer, gebirgsbildender Faltungs- und Hebungsprozesse sowie einer Vielzahl verschiedener exogener Prozesse. Im Pliozän begann mit der allgemeinen Aufwölbung das Aufsteigen des Kaukasus, das sich bis in die Gegenwart fortsetzt. Das Stufenrelief der Hänge auf der Haupt- und der Seitenkette ist bedingt durch den Blockbau des Megaantiklinoriums und die Tektonik der Längsklüfte. An den Elbrushängen kommt die mehrmalige Lavaüberschüttung hinzu, die ebenfalls zur Stufenbildung beitrug. Diese endogene Grundanlage des Reliefs geriet parallel dazu unter den Einfluß intensiver exogener Prozesse.

Die Hangquerprofile haben oft einen asymmetrischen Bau. So kann man im obersten Baksantal auf der rechten Talflanke, am Tscheget-Hang, drei Trogstufen deutlich ausgliedern. Darüber erheben sich Gipfel mit typischen Karlingsformen. Linkerhand, an den Elbrushängen dagegen ist die Stufung durch Lavaergüsse hervorgerufen. Die verschiedenen Lavaströme haben plateauartige Flächen mit Abbruchshöhen von 100–150 m oder steilen Hängen geschaffen. Ein mittelpleistozäner Lavastrom hat in 2800–3000 m Höhe einen solchen Steilabfall gebildet. Jüngere holozäne Lavaablagerungen schufen eine ähnliche Stufe in einer Höhe von 3300–3400 m (Abb. 29). Dort, wo diese Stufen der Einwirkung eines Gletschers ausgesetzt waren, entwickelten sich typische Formen ähnlich Rundhöckern, die im Russischen „Hammelstirn" oder „Elefantenhintern" genannt werden. Beispiele dafür sind in den Tälern Kleiner Asau, Garabaschi und Terskol zu finden. Kleinere Spuren glazialer Überarbeitung zeigen sich als Gekritze, Gletscherschliffe, Gletscherschrammen, Rillen und Schmiermoränen an oder auf kristallinen und Lavawänden, beispielsweise im Tal des Großen Asau, im Garabaschi- und Terskol-Tal.

Die führende Rolle in der Reliefgestaltung im oberen Baksantal kommt den pleistozänen und rezenten Gletschern sowie den glazial-nivalen und kryogenen Faktoren zu. Glazialmorphologische Untersuchungen der Autoren ergaben, daß sich im Elbrusgebiet während des Jungpleistozäns eine bedeutende fluviale Eintiefung der Täler um 250–300 m vollzog und sich eine mächtige Gebirgsvergletscherung entwickelte, die der im Mittelpleistozän nicht nachstand. Wahrscheinlich gehört in diese Zeit die Bildung der hohen Konfluenzstufen der Täler Adyrsu, Jusengi, Irik und anderer. Geschiebe eines pleistozänen Gletschers wurden in mehr als 2500 m Höhe an den Hängen des Baksantales, oberhalb der Ortschaft Tegenekli, gegenüber der Jusengi-Mündung, unterhalb der Ortschaft Elbrus, d. h. zwischen den Mündungen des Iriks und des Kubasantytschsus, sowie nahe der Mündung des Kyrtyks gefunden. Es ist möglich, daß die Endmoräne dieses Gletschers bei der Stadt Tyrnyaus, etwa 25–30 km entfernt, lag. Jedoch ist sie durch Hang- und Flußbettablagerungen überprägt und bisher nicht lokalisiert worden. Im Pleistozän bedeckten die Gletscher sicherlich weite Teile der Gebirgsoberfläche. Die Rekonstruktion der Vergletscherungsgrenzen wird aber dadurch erschwert, daß der tektonische Faktor unbedingt zu berücksichtigen ist. Es dürfte klar sein, daß der Kaukasus ebenso wie die Alpen und andere Hochgebirge während des unteren und mittleren Pleistozäns niedriger als heute und seine Oberflächengestalt auch anders war. Durch die Aufwärtsbewegung in den letzten Millionen Jahren sind die Alpen etwa um 2000 m, der Himalaja etwa um 3000 m und der Kaukasus gar um 3500 m emporgestiegen. Eine solche Anhebung stimulierte natürlich die Vergletscherung zusätzlich. An den Steilabfällen und Hängen der Hauptkette im obersten Baksantal kann man Lockerserien vulkanischen Materials erkennen. Sie zeugen von der breiten Streuung der vom Elbrus stammenden pleistozänen Geschiebe. Sie können zur Datierung und Kartierung herangezogen werden.

Im Holozän hatte die Vergletscherung wesentlich kleinere Ausmaße. Mehrere Eisoszillationen hinterließen Moränenablagerungen. Nach dem heutigen Forschungsstand kann festgestellt werden, daß im Elbrusgebiet im Holozän vor dem Hintergrund des allgemeinen Eisabbaus mindestens drei Vergletscherungsstadien mit mehreren Eisvorstößen auszugliedern sind. Von ihnen sind die jüngsten, das historische Stadium (vor etwa 2000 Jahren) und das Fernau-Stadium (14.–19. Jh.), im heutigen Relief noch gut zu erkennen (vgl. Kap. 3.3.). Vor allem die Moränenkomplexe des jüngsten Stadiums sind in fast allen Tälern zu finden.

Spuren der Exarationstätigkeit der pleistozänen Gletscher stellen die Trogstufen an den Hängen des Baksantales und seiner Nebentäler Terskol, Adyrsu, Adylsu, Schchelda u. a. dar. Vor allem in den Quertälern der Seitenkette, aber auch in der Hauptkette sind Kare in größerer Zahl anzutreffen, die oft als Kartreppen ausgebildet sind und kleinere Gletscher oder sommerliche Schneeflecken enthalten. In einigen dieser Kare sind auch Steingletscher verschiedenen Alters zu finden.

Im Relief des Elbrusgebietes zeichnet sich eine klare Höhenstufung der rezenten reliefbildenden Prozesse ab. Die oberste Höhenstufe ist der Bereich der glazialen und glazial-nivalen Prozesse über 3500 m Höhe. Darunter, in 3500–2800 m Höhe, liegt die Stufe der periglazialen und kryogenen Phänomene. Intensive physikalische Verwitterung führt zunächst zu entsprechenden Wandabtragungsprozessen, die vom leichten Steinschlag bis zum Bergsturz reichen. Auf ebeneren Flächen kommt es dagegen zur Ansammlung von eluvialen (in situ verwitterten) Sedimenten aus grobklastischem Material. Zwischen 2500 und 3000 m Höhe sind häufig kryogene Reliefformen, wie Solifluktionsterrassen, Rasenschälen, Steinnetze und Thufure, ausgebildet. Gravitationsprozesse dominieren dagegen auf den Hängen zwischen 2000 und 1500 m. Während im Sommer Rutschungen, Steinschlag und Schlammströme (Seli), letztere durch Starkniederschläge oder durch Gletscherschmelzwässer hervorgerufen, überwiegen, sind es im Winter vor allem Lawinen, die in weiten Teilen des Elbrusgebietes niedergehen.

Im Flußbett des Baksans und seiner Nebenflüsse bilden fluviale Erosions- und Akkumulationsvorgänge die vorherrschenden Prozeßgruppen. Der Talboden des Baksans ist ausgefüllt mit Lockersedimenten unterschiedlicher mechanischer und lithologischer Zusammensetzung. Sie sind polygenetisch angelegt, jedoch alle erst in postglazialer Zeit entstanden. An der Bildung von Schwemmkegeln an den Hangfüßen beteiligen sich Lawinen, Seli, Schichtfluten, Steinschlag, Hangrutschungen, Solifluktion und andere Prozesse. Vom Quellfluß Asau bis zur Einmündung des Adylsu in den Baksan (2300–1800 m) spielen Lawinen und Schlammströme die Hauptrolle. Weiter flußabwärts kommen proluviale, deluviale und Rutschungsprozesse hinzu.

In den unteren Hangbereichen des oberen Baksantales, oft bis in das Flußbett hineinreichend, entwickelten sich subrezente und rezente Hangschuttkegel. Diese Schuttschleppen weisen eine recht differenzierte Entwicklung auf, sind letztlich aber weitgehend gravitativ bedingt. Über dem Festgestein sind hier 5–6 m mächtige proluviale Sedimente, Hangrutschungs- und Hangsturzmaterialien sowie Lawinen- und Schlammstromablagerungen (Muren, Seli) anzutreffen.

Nahe den Gletschern nehmen Moränen und fluvioglaziale Serien das größte Areal ein. Weiter talabwärts werden sie oft von Bergsturz-, deluvialen und proluvialen Sedimenten sowie Lawinen- und Seliablagerungen überdeckt. Die Mächtigkeit der Moränenmaterialien erreicht 50–70 m, in Moränen des 17.–19. Jh. noch mehr. Die rezenten fluvialen Prozesse zerschneiden diese Ablagerungen und bilden Terrassen, die sich gut verfolgen lassen. Die Höhe der Terrassen im obersten Baksantal schwankt in der Nähe der Lehr- und Forschungsstation Asau beispielsweise zwischen 3,5–10 m auf der rechten Talseite und 2–6 m auf der linken.

Insgesamt ist das Relief des Elbrusgebietes in seinem heutigen Antlitz als sehr jung zu bezeichnen. Die tektonische, vulkanische und vor allem glaziale, periglaziale und kryogene Morphogenese stehen bis heute im Mittelpunkt der geowissenschaftlichen Forschungen im Elbrusgebiet.

2.4.
Böden
(SIXTEN BUSSEMER)

2.4.1.
Höhengliederung der Böden im zentralen Kaukasus

Der Kaukasus wurde als Pendant zur Russischen Ebene Typusregion für die Erkundung der Vertikalgliederung der Pedosphäre (erstmals bei DOKUČAEV 1899). In Fortsetzung dieser Arbeiten entwickelte SACHAROV (1913, S. 92) die Hypothese, daß „... die vertikale Gliederung der Böden sich darin ausdrückt, daß wir mit größerer Höhe am Hang Bodenbildungen treffen, welche in der Ebene einem höheren Breitengrad entsprechen." Die von SACHAROV entworfene Skizze (Abb. 16) ist von herausragender Bedeutung in der Geschichte der genetischen Bodenkunde und kann auch heute noch als Ausgangspunkt für geographische Untersuchungen dienen. Der Kaukasus bot der russischen Bodenkunde Standardausführungen für einige Gebirgsböden, so zum Beispiel die braunen Wald-

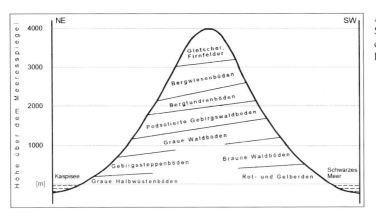

Abbildung 16
Schema der Höhengliederung der Böden im zentralen Kaukasus (nach SACHAROV 1934)

böden (PRASOLOV 1929) oder die Gebirgswiesenböden (SACHAROV 1914). Der heutige bodengeographische Wissensstand über die russischen Hochgebirge wird vor allem durch die Arbeiten von FRIDLAND (1984), GERASIMOVA (1987) und KAURIČEV u. a. (1989) zusammengefaßt. In der bodengeographischen Grobgliederung Eurasiens durch FRIDLAND (1984) wird die Nordabdachung des zentralen Kaukasus dem Gebiet der fluvial-erosiv und fluvial-erosiv-akkumulativ geprägten, niederschlagsdifferenzierten Mosaike im Süden der Russischen Ebene zugeordnet.

2.4.2.
Ausgangsgestein der Bodenbildung

Die Bodenentwicklung wird durch die vulkanischen und kristallinen Festgesteine auf den oberen Terrassen, Hängen und Plateaus sowie durch die glazialen und fluvialen Terrassen und Flußtäler entscheidend beeinflußt. Ähnlich wie in den nichtvergletscherten Bereichen der mitteleuropäischen Gebirge muß auch im Kaukasus eine nur teilweise durch das in situ verwitterte Grundgestein, vielmehr aber durch Hangsedimente, Solifluktionsdecken, Löße u. ä. bedingte Bodenbildung erwartet werden (nach SEMMEL 1993).

Erste Hinweise auf einen starken Einfluß der „Tundrenperiode" auf die Bodenausprägung lieferte ZONN (1950). Der Nachweis von flächenhaften Spuren des Periglazials bis in die heutigen Mittelgebirgsbereiche (1800 m) hinab gelang ŠČERBAKOVA (1960). Neben der intensiven Reliefeinebnung stellte sie sehr hohe Verwitterungsintensitäten fest.

Das Kristallin der Hauptkette bietet ein für Bodenbildungsprozesse recht ungünstiges Verwitterungsmaterial, welches gewöhnlich in sehr grobe Aggregate zerfällt (ZONN 1950). In Hangpositionen sind es vor allem Glazial-, Periglazial- und Deluvialprozesse, in Mulden- und Plateaupositionen dagegen Periglazialprozesse, welche die Voraussetzungen für die Bodenbildung schaffen (nach ROMAŠKEVIČ 1987).

Im Elbrusgebiet waren es besonders die holozänen Vulkanaschen, die in den Oberboden eingearbeitet wurden und gleichsam ein mit der Bodenentwicklung gewachsenes Ausgangssubstrat bilden. Auf den durch Kryoplanation geformten Zwischenebenenbereichen dominieren kiesige Lehme als Ausgangsgestein der Bodenbildung (nach ŠČERBAKOVA 1960). Die Ausbildung dieser Sedimente war offensichtlich während des Würmmaximums schon weitgehend abgeschlossen.

Junges Moränen-, Lawinen- und Selimaterial sowie fluvioglaziale und fluviale Sedimente dienen auf den Talsohlen und Unterhängen als Ausgangsgestein der Bodenbildung. Die Eindringtiefe der Verwitterung ist hier trotz günstiger Substratvoraussetzungen aufgrund der Frische des Materials gering.

Detaillierte Texturuntersuchungen an verschiedenen Moränentypen im zentralen Kaukasus (SEREBRJANNYJ u. a. 1984) zeigen insgesamt eine recht grobe Kornverteilung mit Maxima in der Fraktion 2–20 mm. Die Ton-, Fein- und Mittelschluffgehalte sind sehr gering (Tab. 1). In der gegenläufigen Entwicklung der Hauptkornfraktionen 0,1–2 mm und 2–20 mm läßt

Fazies	Fraktionen [mm, M.-%]			
	<0,01	0,01–0,1	0,1–2	2–20
1	2	3	4	5
Mittelmoräne	0,7	4,4	26,4	68,5
Endmoräne	3,0	10,1	37,5	49,4
Seitenmoräne	3,2	14,1	38,5	44,2
Grundmoräne	3,6	11,5	40,8	44,1
Mittelwert	2,6	10,0	35,5	51,6

Tabelle 1
Mittlere Korngrößenverteilung von Moränenmaterial in den Tälern des zentralen Kaukasus (zusammengestellt nach Angaben von SEREBRJANNYJ u. a. 1984)

sich eine Verfeinerung von den Mittelmoränen über die Endmoränen und Seitenmoränen zu den Grundmoränen hin feststellen.

2.4.3.
Bodenentwicklung in der alpinen und subalpinen Stufe

Alle Bearbeiter des zentralen Kaukasus betonen die recht große Differenzierung des Bodenmosaiks in den unteren Höhenlagen, welche mit der Höhe allmählich aufgehoben wird. Höhenbedingter Abschluß der Catenen sind dabei jeweils die Bodengesellschaften der Gebirgswiesen bzw. Gebirgswiesensteppen (abgesehen von den Gesteinsrohböden der nival-glazialen Stufe). Ihre pedologische Ausprägung wird besonders stark von geomorphologischen Prozessen, wie freie und gebundene Solifluktion, Strukturböden, Lawinenablagerungen und Schlammströmen, bestimmt. Die Gebirgswiesenböden des zentralen Kaukasus weisen dabei eine beträchtliche Vielfalt von hydromorph beeinflußten torfigen bis zu schwarzerdeähnlichen Bildungen auf (GERASIMOVA 1987). Wichtigste Besonderheiten dieser Böden sind im zentralen Kaukasus nach ROMAŠKEVIČ (1987) eine starke Humusakkumulation trotz intensiver Zersetzungsprozesse, Rohhumusdominanz mit teilweise anmoorigen Bildungen, eine hohe Mobilität der Huminstoffe (vor allem Fulvosäuren) und die unterdrückte Bildung von Ton-Humus-

komplexen. Sie haben eine geringere Basensättigung und einen niedrigeren pH-Wert als die tiefer anzutreffenden Waldböden auf gleichem Ausgangsgestein (Andesite, Dazite, Granite, Schiefer).

Die hohe Anfälligkeit der Gebirgswiesenböden gegenüber anthropogenen Veränderungen wird durch ihre ständige Überformung in der sehr dynamischen periglazial-nivalen Zone der Oberhänge angelegt. Die Oberbodenzerstörung beginnt mit einer Verringerung der Feinwurzeldichte infolge der Verarmung an Pflanzenarten. Damit verbunden sind Gefügedeformation (Zerstörung des Aufbaugefüges) und Bodenverdichtung. Aufgrund der geringeren Biomassezufuhr im Oberboden kommt es zur Humusverarmung, gleichzeitig erhöht sich der Mineralisierungsgrad im unteren Oberbodenbereich. Bei derart degradierten Böden wird die Anfälligkeit gegenüber der Zerstörung durch Viehtrieb und Wassererosion größer.

2.4.4.
Bodenentwicklung im Waldgürtel

Im oberen Nadelwaldgürtel des Nordhangs sind die Böden des zentralen Kaukasus in den meisten Fällen schwach podsoliert anzutreffen (GERASIMOVA 1987). ZONN (1950) beschreibt vom Nordhang des zentralen Kaukasus „Gebirgspodsole", die aber nach den beigefügten Profilbeschreibungen wohl teilweise auch podsolige Braunerden oder Podsol-Braunerden im Sinne von MÜCKENHAUSEN sind. Nach ZONN ergibt sich eine Abhängigkeit von der dominierenden Baumart. Unter Fichtenwäldern sind es gewöhnlich gut ausgebildete Podsole, unter Kiefern meist nur solche mit geringmächtigem Solum (Zwergpodsole nach MÜCKENHAUSEN 1993).

Im Waldgürtel sind nach FRIDLAND (1953) die „braunen Waldböden" (Bergbraunerden) am weitesten verbreitet. Sie bilden hier einen bioklimatischen Bodentyp im Sinne von RAMANN (1905). In den Laubwäldern des Nordkaukasus werden sie gewöhnlich in typischer Ausbildung vorgefunden, d. h. als Eutric Cambisol nach dem FAO-System. Bei subneutralen pH-Werten, hoher Basensättigung, gleichmäßiger Tonverteilung und konstanten SiO_2/Al_2O_3- bzw. SiO_2/Fe_2O_3-Verhältnissen fehlen Podsolierungsmerkmale völlig. FRIDLAND (1953) erklärt stel-

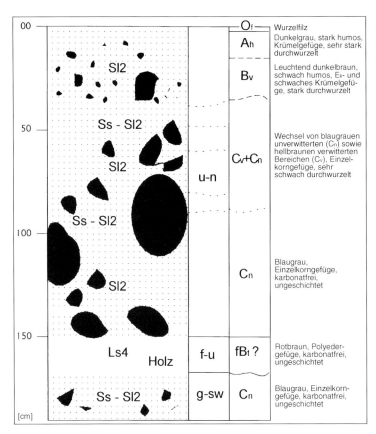

Abbildung 17
Bodenprofil „Akademiehütte" im oberen Baksantal (Aufnahme nach AG Boden 1994)

lenweise auftretende stärkere Auswaschungserscheinungen mit einem Anstieg des Bodenskelettgehalts in der Verwitterungszone.

Im oberen Baksantal lassen sich auf den jungholozänen glazifluvialen und fluvialen Terrassen schon teilweise deutlich ausgebildete Braunerden (Dystric Cambisol) nachweisen. Makromorphologisch waren keine Podsolierungserscheinungen bzw. Tonverlagerungen erkennbar. Die Skelettgehalte im Oberboden schwanken recht stark zwischen 10 und 70 %, meist liegen sie um 50 %.

Ein typisches Braunerdeprofil wurde in den Hangsedimenten am Fuß eines Endmoränenwalls bei 2300 m NN aufgeschlossen (Abb. 17). Über Moränenmaterial und einer glazilimnischen Zwischenschicht (initiale B_t-bildung?) folgt eine etwa 150 cm mächtige Hangablagerung. Der kompakte Braunhorizont wird dabei von einem Übergangshorizont mit Verwitterung in Bändern und Nestern abgelöst.

2.5.
Klima und Hydrologie
(ALEKSEJ V. KORSUN u. INES SCHULZ)

2.5.1.
Klima

Das Klima des Elbrusgebietes wird durch das Überwiegen kontinental geprägter Luftmassen charakterisiert und kann als gemäßigt-kontinental bezeichnet werden. Infolge seiner geographischen Lage im Zentrum des Kontinents und seiner Entfernung vom Atlantischen Ozean und der Arktis sind die auf das Territorium des Elbrusgebietes einströmenden Luftmassen ozeanischer und arktischer Herkunft hier schon in bedeutendem Maße transformiert und nehmen gemäßigt-kontinentale Züge an. Besonders stark sind diese Transformationsprozesse im Sommer und im Frühherbst ausgeprägt, wenn im Verlauf von einigen Tagen arktische Luft in polare, gemäßigte und sogar tropische Luft umgewandelt wird. Das Relief des zentralen Kaukasus zeigt eine wesentliche Wirkung auf die atmosphärische Zirkulation über seinem Gebiet. Einerseits werden kalte Luftmassen beim Auftreffen auf den Kamm zurückgehalten. Frontalbewegungen der Luftmassen und deren Aufsteigen werden somit verlangsamt. Andererseits können durch die Advektion warmer Luftmassen von Süden und deren Absinkbewegungen jenseits des Kammes kräftige Föhneffekte auftreten.

Drei Hauptformen der Zirkulation sind im Kaukasus von Bedeutung:

– die zonale, d. h. West–Ost gerichtete (W),
– die meridionale, d. h. Nord–Süd gerichtete (C), und
– die östliche Zirkulation, d. h. Ost–West gerichtete (E).

Die Rolle der zonalen Zirkulation wächst mit zunehmender Höhe, und ihre Intensität verstärkt sich vom Sommer zum Winter. Infolgedessen ist ein Anwachsen des barischen Gradienten des Systems Äquator–Pol zu verzeichnen. Es ist erwiesen, daß sich bei Dominanz der zonalen Zirkulation im Winter über dem Kaukasus bedeutende positive Anomalien, im Sommer dagegen schwache negative Anomalien der Lufttemperatur herausbilden.

Die meridionale Zirkulation steht im engen Zusammenhang mit dem zonalen Gradienten der Lufttemperatur und den Eigenschaften der überströmten Fläche. Beim Übergang vom Winter-Jahresmittel zum Sommer schwächen sich beide Zirkulationen (W und C) ab. Da die zonale Zirkulation weniger stark an Intensität verliert, erhält die meridionale Zirkulation während der Sommermonate ein relatives Übergewicht.

Der östliche Typ der Zirkulation bildet sich in allen Jahreszeiten heraus. Für ihn ist ein klar ausgeprägtes antizyklonales Wettergeschehen charakteristisch. Bedeutende positive Anomalien der Lufttemperatur in der sommerlichen Jahreszeit, negative Winteranomalien und Niederschlagsdefizite in allen Jahreszeiten sind die Folge.

Das Hochgebirgsmassiv des Kaukasus erhält sowohl infolge seiner breitenparallelen Lage als auch dank der Verringerung der Stärke der atmosphärischen Schichten, deren Dichte und Durchsichtigkeit eine bedeutende Wärmemenge. Die Gesamtstrahlung erreicht ihr Maximum im Juli und das Minimum im Dezember. Die Sonnenscheindauer beträgt in der Hochgebirgsregion des Kaukasus 1900–2000 Stunden im Jahr (Siedlung Terskol 1920 Stunden). Die Intensität der Gesamtstrahlung erreicht in der Höhe der Gletscher 1,3–1,5 cal/cm^2·min. Das Mittel des Intensitätsmaximums der direkten Sonnenstrahlung liegt am Elbrussattel in einer Höhe von 5300 m bei 1,72 cal/cm^2·min (nach MATJUCHIN 1960). Die Tagessumme der direkten Sonnenstrahlung steigt auf Steinoberflächen an klaren Tagen auf Werte von 600–700 cal/cm^2. Die sommerliche Strahlungsbilanz erreicht am Elbrushang in 24 Stunden in der Ablationszone der Gletscher (2500–3400 m) 350–400 cal/cm^2, im Firngebiet (bis 3700 m) 150–200 cal/cm^2, während sie in einer Höhe von 5300 m nahezu gegen 0 tendiert (MATJUCHIN 1960). Das Maximum der Strahlungsbilanz ist im August zu verzeichnen. Ihre Jahressumme erreicht in der glazial-nivalen Zone etwa 8 kcal/cm^2. Das ist nur ungefähr 7–8mal weniger als auf Flächen in der Ebene vergleichbarer Breitenlage und liegt damit etwa im Bereich derjenigen in den subpolaren Zonen.

Unter den Bedingungen der komplizierten Orographie eines Gebirges unterscheidet sich die Aufnahme von Sonnenenergie auf offenen Flächen wesentlich von derjenigen in tiefen Tälern oder an Hängen unterschiedlicher Exposition und Höhenlage. Das Temperaturregime des Elbrusgebietes kann anhand der Daten einer Reihe von meteorologischen Stationen, wie dem Observatorium Terskol (2146 m), dem Pik Terskol (3080 m), der Ledowaja Basa (Eisbasis, 3750 m) und am Gletscher Dshankuat (2610 m), charakterisiert werden.

Am Observatorium Terskol beträgt die Jahresmitteltemperatur 2,4 °C. Im Jahresgang der Lufttemperatur wird das Maximum im August erreicht, das Minimum im Januar beobachtet. Die Temperaturamplitude erreicht im Jahresmittel 20 K. Das Monatsmittel der Temperatur steigt nur in den Monaten Mai bis November über 0 °C. Das Mittel des Jahresgradienten zwischen Terskol und Dshankuat beträgt 0,67 K/100 m.

Im Zeitraum der Schneeakkumulation auf den Gletscherflächen kann ein schwaches Absinken der Temperatur mit der Höhe beobachtet werden (0,30–0,35 K/100 m), was durch die große Häufigkeit von Inversionen erklärbar ist. In der Ablationsphase beträgt der Temperaturgradient im Höhenintervall von 3700 bis 5300 m im Mittel 0,56 K/100 m. Die gesamte Hochgebirgszone des Kaukasus ist während der Akkumulationsphase im Bereich der Gletscher durch eine anhaltende Frostperiode gekennzeichnet, deren Dauer mit der Höhe anwächst. So können in einer Höhe von 2000 m von Anfang November und in einer Höhe von 3000 m von Anfang Oktober beständige Fröste erwartet werden. Die mittlere Temperatur des kältesten Monats (Februar) sinkt im Elbrusgebiet in einer Höhenlage von 2000 m auf –7 °C, in Höhen von 3000 m bis –10 °C, und bei 4200 m fällt sie bereits auf –17 °C (VOLOŠINA 1968).

Der Jahresgang der Niederschläge ist im wesentlichen ausgeglichen. Ein geringes Maximum ist in der spätsommerlich-frühherbstlichen Periode zu verzeichnen. Die Jahressumme der Niederschläge beträgt an der meteorologischen Station Terskol ca. 900 mm, wovon mehr als 50 % in der warmen Jahreszeit fallen. Die Niederschlagsmenge wächst mit zunehmender Höhe und erreicht ihr Maximum mit 1100 mm in einer Höhenlage von 3500 m. Hier wird allerdings kein sommerliches Maximum verzeichnet. Messungen der meteorologischen Station Terskol geben für die Anzahl von Tagen mit festen, flüssigen und gemischten Niederschlägen 72, 95 und 29 Tage an, für die Station Ledowaja Basa 225, 12 und 12 Tage. Der Anteil fester Niederschläge verändert sich von 25 % an den Gesamtniederschlägen in einer Höhenlage von 1800 m auf 45 % bei 2400 m, 65 % bei 3000 m und 100 % in einer Höhe von 4000 m. Unter genetischem Aspekt dominieren über das gesamte Jahr Frontalniederschläge im Elbrusbereich sowohl hinsichtlich ihrer Menge als auch ihrer Intensität. Dominant sind Kaltfronten, für die Sturzregenniederschläge typisch sind. Nach Beobachtungen der meteorologischen Station Terskol werden für die warme Jahreszeit im Mittel fünf Sturzregen mit Tagessummen bis zu 20 mm verzeichnet. Der bisher höchste gemessene Wert lag bei 70 mm pro Tag.

Die Anzahl der Tage mit einer Schneedecke wächst von 40 Tagen in 1200 m Höhe bis auf 365 Tage in einer Höhe von 4330 m an. In Höhenlagen von 2100–2200 m lassen sich die ersten Schneefälle Ende September bzw. Anfang Oktober beobachten, jedoch taut der gefallene Schnee in dieser Zeit recht bald wieder. Eine beständige Schneedecke stellt sich gewöhnlich ab der Monatsmitte November ein, wobei deren Mächtigkeit in einer Höhe von 3000 m im Mittel bei 250 cm liegt und der Schee erst im Mai wieder abzutauen beginnt. Unterhalb von 3000 m unterliegen Dauer und Mächtigkeit der geschlossenen Schneedecke großen Schwankungen in Abhängigkeit von Relief, Vegetation und Hangexposition. So variieren bei vergleichbarer Höhenlage die gefallenen Schneemengen zwischen Nord- und Südexposition im Elbrusgebiet z. T. um 1 m. Windbedingter Schneetransport führt zu einer nicht unbedeutenden Umverteilung der Schneemengen. In bodennahen Bereichen werden bei einer Windgeschwindigkeit von ca. 9,5 m/s enorme Schneemengen verlagert, wobei der Transport bereits bei 6,3 m/s einsetzt (vgl. Kap. 2.6.).

Die relative Luftfeuchte beträgt im Elbrusgebiet über das gesamte Jahr 70–80 %. Im Tal fällt das Feuchtemaximum auf die Frühjahrsmonate, während es an den Elbrushängen im Sommer zu verzeichnen ist. Die Erhöhung der Luftfeuchtigkeit im Sommer ist auf die Verstärkung zyklonaler Tätigkeit und die steigenden Lufttemperaturen zurückzuführen. Im Jahresmittel überwiegen nach Angaben der meteorologischen Station Terskol jedoch Tage mit klarem Sonnenscheinwetter bzw. wechselhafter Bewölkung. 93 klaren Tagen stehen im Jahr 66 bedeckte Tage gegenüber. Die Windrichtung ist während des gesamten Jahres vorzugsweise eine nordwestliche bis südwestliche. Die Windgeschwindigkeit ist mit maximal 15 m/s vergleichsweise gering. Es überwiegen Wettersituationen mit Temperaturschwankungen um den Nullpunkt innerhalb von 24 Stunden. Ist während der Wintermonate ein vorherrschender Wettertyp nur undeutlich ausgeprägt, kann im März/April klares, sonniges Wetter mit Temperaturen über 0 °C praktisch alle zwei Tage registriert werden. Im Juli/August dominieren Tagesmitteltemperaturen von 10–20 °C bei wechselnder Bewölkung oder sonnigem Wetter.

Die Klimarauheit im Elbrusgebiet wurde mit Hilfe von Angaben der Station Terskol nach der Formel $S = (1 - 0,04\,t) \cdot (1 + 0,272\,v)$ bewertet, wobei t das Monatsmittel der Lufttemperatur und v das Monatsmittel der Windgeschwindigkeit darstellen.

Klima und Hydrologie

Die Rauheit wird nur für die Wintermonate berechnet, und beeinträchtigende Wirkungen niedriger Temperaturen und des Windes auf den menschlichen Organismus werden in ihrer Gesamtheit bewertet. Es konnte beobachtet werden, daß sich mit dem Anwachsen von S Beeinträchtigungen erhöhen. Langjährige Meßreihen der meteorologischen Station Terskol liefern für die Klimarauheit Werte von 1,7–1,9. Vergleicht man andere Meßstationen, wie die Wrangel-Insel (5,0) und die Dikson-Insel (2,9) in der Subarktis oder sogar am Kreuzpaß im Ostkaukasus (2,3), damit, so läßt sich das Elbrusgebiet fast als eine Region mit mildem Klima charakterisieren.

2.5.2. Hydrologie

Die Besonderheiten des Wasserhaushaltes im Elbrusgebiet wurden in Tabelle 2 festgehalten.

Gletscher und Schneeflecken der glazial-nivalen Höhenstufe in der Haupt- und Nebenkette des zentralen Kaukasus sind das Entstehungsgebiet des Flußstammsystems des Baksans. Sie spielen eine wesentliche Rolle in dessen Regime, seiner Wasserführung und Speisung.

Der Anteil der Gletscherspeisung am Volumen des mittleren Jahresabflusses der Flüsse schwankt zwischen 15 und 45 % und ist von der Höhenlage der Firnlinie und des Gletscherausstreichens sowie der Beziehung zwischen festen und flüssigen Niederschlägen abhängig.

Die besondere Bedeutung der Gletscher liegt in ihrer Regulierung des natürlichen Abflußregimes der Flüsse. Innerhalb der Gletscherareale kommt es zu einer zusätzlichen Schneekonzentration, die im Bereich von Talgletschern im Vergleich zu den allgemeinen Niederschlagswerten vergleichbarer gletscherfreier Höhenlagen auf bis zu 150 % anwachsen kann. Auf den Kargletschern kann sogar eine drei- bis vier-

Tabelle 2
Parameter des Wasserhaushaltes wichtiger Höhenstufen auf der Nordabdachung des zentralen Kaukasus (zusammengestellt nach Daten verschiedener meteorologischer Stationen)

Höhenstufe	Höhenlage [m HN]*	Niederschlag [mm/a]	Abfluß [mm/a]			Verdunstung [mm/a]	Potentielle Verdunstung [mm/a]	Abflußkoeffizient
			gesamt	oberflächig	unterirdisch			
1	2	3	4	5	6	7	8	9
Nival-glaziale Stufe	über 3000	2107	1810	1411	479	217	250	0,90
Gebirgswiesenstufe (alpin)	2900–3200	1890	1590	1120	470	300	550	0,84
Gebirgswiesenstufe (subalpin)	2400–2900	1134	680	443	237	454	600	0,60
Kiefern-Birkenwaldstufe	1200–2400	785	290	166	124	495	850	0,37
Buchenwaldstufe	1000–1500	1048	518	390	128	535	850	0,49
Buchen-Eichenwaldstufe	1000–2000	870	370	210	160	500	850	0,42
Eichen-Hainbuchenwaldstufe	500–1000	690	191	157	34	499	850	0,28

* HN = Höhennull (bezogen auf den Pegel Kronstadt).

fach größere Niederschlagsmenge verzeichnet werden (BAŽEV 1987).

Die Wasserbilanz bildet sich in der glazial-nivalen Stufe bei einer hohen atmosphärischen Feuchte von 1300–2000 mm aus. Im Mittel werden 85–90 % des Niederschlags in Abfluß umgewandelt, dessen Menge ca. 1900 mm erreicht. In Einzugsgebieten, die hauptsächlich von kristallinen Gesteinen mit einem hohen Anteil offener Felspartien aufgebaut werden, übersteigt der Anteil des Grundwassers am Abfluß kaum 13–14 %. Demgegenüber weisen Flächen mit starker Zerklüftung, verkarsteter Oberfläche bzw. mit Moränenbedeckung oder auflagernden Lockermaterialhalden einen Anteil des Grundwassers am Abfluß von 26–28 % auf (NIKOLAEVA 1987). Somit bildet dann der aus Niederschlägen gespeiste Oberflächenabfluß im Mittel 75 % des Abflusses der Fließgewässer. Dieser Anteil des Niederschlags steht jedoch nicht für biogene Prozesse zur Verfügung und läßt keinerlei Feuchtereserven entstehen, da er bei der Verdunstung und für die Speisung des Grundwassers verbraucht wird. Dabei werden allein für die Grundwasserspeisung durchschnittlich 55–70 % der Bodenfeuchte genutzt. Das restliche Wasser verdunstet, vorzugsweise von der Oberfläche der Gletscher, Felsen und Moränen.

Insgesamt ist in den Gletschern des Elbrusgebietes eine Süßwassermenge von ca. 40,3 km^3 gespeichert. Die Menge des Gesamtabflusses in ganz Nordkaukasien beträgt vergleichsweise nur 30 km^3.

Die Niederschlagsmenge verringert sich in der alpinen Höhenstufe im Mittel auf 1400 mm und in der subalpinen Stufe bis auf 1100 mm. Hier verändern die Boden- und Vegetationsdecke (mit einer Vegetationsperiode bis zu 4 Monaten) die Struktur des Wasserhaushaltes gegenüber dem nival-glazialen Gürtel recht deutlich. So vergrößert sich der Niederschlagsverbrauch für die Verdunstung auf 400–500 mm. Der Abflußkoeffizient sinkt gewöhnlich auf 0,6–0,8. Der höchste Abfluß ist im Oberlaufgebiet des Baksans zu beobachten (1600–1700 mm), da hier die größte Niederschlagsmenge fällt und der Abflußkoeffizient 0,84 beträgt. Die Vegetationsdecke begünstigt die Schneeakkumulation, setzt die Intensität und Menge des oberflächigen Abflusses herab und schützt die Bodendecke im Einzugsgebiet vor Erosionserscheinungen. Der Oberflächenabfluß ist mit 1100 mm im alpinen Gürtel recht hoch, sinkt jedoch im Bereich der subalpinen Vegetationsdecke deutlich auf 400–700 mm. Entsprechend der Mächtigkeit der Bodendecke und der Infiltrationseigenschaften des Ausgangsgesteins erhöht sich der Anteil des unterirdischen Wassers auf 30 bis 40 % des Abflusses und erreicht 350–470 mm. In den Einzugsgebieten der alpinen und subalpinen Stufe können insgesamt etwa 700–800 mm Feuchte gespeichert werden. Die restlichen Niederschläge fließen oberflächig ab.

Ein bedeutender Teil der aktuellen Bodenfeuchte wird im weiteren für die Verdunstung verbraucht, vor allem im subalpinen Gürtel mit bis zu 60 %. Der Koeffizient der Flußspeisung durch Grundwasser verringert sich im Vergleich zur glazial-nivalen Stufe im Mittel auf 0,4–0,45, mit Ausnahme des Einzugsgebietes des Asau-Flusses, wo er anhaltend hoch bei 0,61 liegt.

Auf der montanen Höhenstufe des Baksantales zwischen 1200 und 2200 m sind Niederschläge von 1000–1200 mm zu verzeichnen. Für die Verdunstung werden davon 535–550 mm verbraucht (NIKOLAEVA 1987). Der Abflußkoeffizient schwankt zwischen 0,4 und 0,5. Die mittleren Abflußwerte liegen bei 500–600 mm, aufgliederbar in 120–130 mm unterirdischer und 350–400 mm oberflächiger Herkunft. Der nur geringe Anteil des sich unterirdisch sammelnden Abflusses erklärt sich im wesentlichen aus dem Charakter der abflußbildenden Hauptniederschläge als Sturzregen. Hinzu kommt, daß ein bedeutender Teil des Niederschlags auf tonigem Boden fast vollständig abfließt, da dieser nicht in der Lage ist, die reichlich fallenden Niederschläge aufzunehmen.

Die aufgeführten Daten zeigen, daß der Wasserhaushalt dem Gesetz der geographischen Höhenstufung unterliegt.

2.6.
Die Schneedecke
(NATAL'JA A. VOLODIČEVA)

Die Schneedecke im Elbrusgebiet weist einige Besonderheiten auf, die durch ihre räumliche Disparität und Lagerung hervorgerufen werden. Die Mächtigkeit und Dauer der Schneedecke hängen vor allem von der Niederschlagsmen-

Die Schneedecke 41

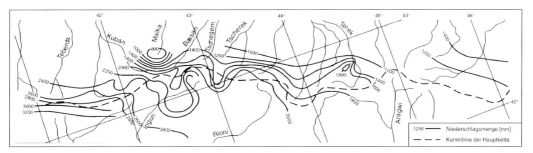

Abbildung 18
Verteilung der festen Niederschläge im zentralen Kaukasus (nach KOTLJAKOV 1986)

ge, vom Windgeschehen, von der Höhenlage des jeweiligen Gebietes und von seiner Hangexposition ab. Im Baksantal, das eine breitenparallele Erstreckung hat und sich daher durch deutlich nord- und südexponierte Hänge auszeichnet sowie eine starke Höhendifferenzierung aufweist (<2000 m am Talboden bis 5642 m auf dem Elbrus), spielt die Zerschneidung des Reliefs die entscheidende Rolle. Der Winter hält im Talbereich von November bis April an. Mit zunehmender Höhe verlängert er sich von Oktober bis Mai, in extremen Höhen gar von September bis Juni. In den Monaten November bis März fallen im Mittel an der meteorologischen Station Terskol (2154 m NN) 300 mm Niederschlag, und die langjährige mittlere Lufttemperatur liegt bei –4,5 °C.

Die Schneedecke hat auf dem Talboden eine mittlere Mächtigkeit von 8–10 cm in 1800 m Höhe, 40–60 cm in 2154 m Höhe (Terskol) und 60–80 cm in 2300–2500 m Höhe.

An den Hängen werden dagegen Expositionsunterschiede deutlich. Auf den südexponierten Hängen der Seitenkette, zwischen den Ortschaften Werchni Baksan und Elbrus, ist die Schneedecke nicht dauerhaft. Der Tauprozeß, der dort meist schon nach ein paar Tagen einsetzt, führt bei negativen Nachttemperaturen zur Eisbildung an der Oberfläche und in den oberen Bodenpartien. Das wiederum verstärkt kryogene Prozesse und löst im Sommer flächenhafte Abspülungen aus. Weiter talaufwärts, oberhalb der Ortschaft Elbrus bis zur Station Asau hinauf, liegt auf den nordexponierten Hängen in den Wintermonaten eine dauerhafte, mehr als 50 cm mächtige Schneedecke, die in schneereichen Jahren bis auf mehrere Meter anwachsen kann. Die mittlere Schneemächtigkeit nimmt hang-

aufwärts von 50–70 cm in 2000–2500 m Höhe auf 70–150 in 2500–2700 m Höhe zu. Sie erreicht in 2700–3000 m NN Werte von 3–4 m und in windgünstigen Lagen oder in Nischen gar bis zu 10 m. An den nordexponierten Hängen lassen sich insgesamt drei Schneegürtel unterscheiden:

– 1400–1800 m (episodische Schneedecke, d. h., der Schnee bleibt nicht jedes Jahr den Winter über liegen),
– 1800–3700 m (beständige Schneedecke im Winter),
– oberhalb 3700 m (ganzjährige Schneedecke, z. T. auf Gletschern).

Auf der gegenüberliegenden, südexponierten Seitenkette ist die Schneemächtigkeit bis 3500 m Höhe ungleichmäßig. Nur bei intensiven und längeren Schneefällen sind diese Hänge vollständig mit Schnee bedeckt. Hierbei spielt auch das Mikrorelief eine Rolle. In Höhen von 3500 bis 3700 m verliert sich diese Ungleichmäßigkeit der winterlichen Schneestärke, und bei 3700 m Höhe liegt auf den südexponierten Hängen die klimatische Schneegrenze.

Im gesamten Elbrusgebiet beträgt der Variationskoeffizient der Schneehöhe 0,36 (aufgestellt für den Zeitraum 1958–1993). Die höchsten Schneemächtigkeiten wurden an der meteorologischen Station Terskol in den Wintern 1962/63, 1967/68, 1975/76, 1978/79, 1981/82 und 1986/87 gemessen. Auch im Winter 1992/93 wurde ein erhöhtes Schneeaufkommen in einzelnen Talabschnitten beobachtet, was vorrangig auf starke Schneetreiben zurückzuführen war. Besonders die Januarmonate der Jahre 1967, 1987 und 1993 bleiben den Bewohnern des Elbrusgebietes als Zeiträume intensiver

Schneefälle und Schneeverwehungen sowie katastrophaler Lawinen im Gedächtnis haften (vgl. Kap. 4.1.).

Die Schneedecke im Elbrusgebiet zeichnet sich durch eine komplizierte Stratifikation aus. Besonders in kalten Wintern wechseln aufgelockerte Schneeschichten mit durch Schneetreiben verdichteten Lagen oder mit Eisschichten. Letztere bilden sich bei zwischenzeitlichem Tauwetter oder durch Insolationserwärmung der oberen Bereiche. Die Schneedichte erhöht sich im Mittel von 150–200 kg/m^3 zu Beginn des Winters auf 350–450 kg/m^3 im Frühjahr.

Die Schwankungen der Schneemengen im Elbrusgebiet verlaufen synchron zum Regime der Schneeakkumulation in anderen Regionen des zentralen Kaukasus (Abb. 18). Die Zunahme der Schneemengen in Richtung Westen erklärt sich aus der wachsenden Dominanz von mediterranen Zyklonen.

Die Verteilung der Schneedecke auf den Gletschern hat eigene Gesetzmäßigkeiten. Für die Existenz der Gletscher ist nicht allein die Schneemenge von Bedeutung, sondern auch das jährliche Regime der Schneeakkumulation. Beide Faktoren wirken auf die Prozesse der Eisbildung und Massenbilanz der Gebirgsgletscher ein.

Am Elbrus erfolgt die Schneeakkumulation vor allem auf den weiten Flächen der Firnplateaus und flacheren Hangpartien. Der gefallene Schnee unterliegt hier einer intensiven äolischen Umlagerung. Dabei kommt es durch das Vorherrschen von West- und Südwestwinden zur Vergrößerung der Schneehöhen auf den östlichen und nordöstlichen Hängen. Der Gradient der Niederschlagszunahme mit der Höhe ist nicht klar ausgebildet (Abb. 18). Die maximale Schneeakkumulation geschieht auf den ebeneren Gletscherflächen in etwa 3500–4500 m Höhe. In etwa 4000 m Höhe beträgt die Menge der im Winter gefallenen Schneemenge im Mittel 1000 mm, was einer Schneehöhe von 2–2,6 m gleichkommt. Im Windschatten können es 4 bis 5 m sein.

Bohrungen in der Nähe der Schutzhütte „Prijut-11", die im Rahmen der Forschungen zum Internationalen Hydrologischen Dezennium durchgeführt wurden, haben eine mehrjährige Schnee-Firn-Schicht von 24 m und einen darunter liegenden Gletscher mit einer Mächtigkeit von 94,7 m ergeben (GOLUBEV u. a. 1978).

Auf der anschließenden Stufe bis 5300 m Höhe sind die steilsten Hänge am Elbrus anzutreffen. Dort wird der Schnee stark ausgeblasen, und die Schneemächtigkeit kann sich um das Zwei- bis Dreifache verringern. Direkt am Ostgipfel hält sich der Schnee vor allem zwischen den einzelnen Lavariegeln, während weite Bereiche sogar schneefrei sind.

Auf den Gletschern der Haupt- und Seitenkette, wo die Schneeakkumulation in erster Linie in den Karen oder unterhalb von Steilhängen stattfindet, spielen Lawinen mit über 30 % die Hauptrolle. In unmittelbarer Nähe der Pässe kommt es durch Schneeverwehungen oft zur Ausbildung von großen Schneewächten.

Schneefälle oberhalb der Schneegrenze im Frühjahr und Sommer sind im Elbrusgebiet typisch für die Monate Mai bis Juli. Sie verlängern die Periode der Akkumulation und deren Volumen. Die Schneedecke wirkt sich maßgeblich auf andere Prozesse aus. So ruft die jährliche Schwankung der Schneedecke Besonderheiten des Gletscherregimes, der Lawinen- und Selibildung sowie der Aktivität nival-glazialer und kryogener Prozesse hervor.

2.7.
Die Gletscher
(OTFRIED BAUME u. JOACHIM MARCINEK)

Die Vergletscherung des Elbrusgebietes ist sowohl auf der Haupt- als auch auf der Seitenkette stark ausgeprägt. Alles in allem sind es etwa 132,9 km^2 vergletscherte Fläche, von der ca. 40 % allein vom Elbrus stammen. Die Gesamtzahl der Gletscher des Elbrusgebietes beträgt 156 (Abb. 19). Zehn weitere Gletscher mit einer Fläche von 56,6 km^2, die ihren Ursprung ebenfalls am Elbrus haben, entwässern in das Einzugsgebiet der Malka. Besonders ausgeprägt ist die Vergletscherung in den Tälern der rechten Zuflüsse des Baksans von der nordexponierten Hauptkette. Im Adylsu-Tal beispielsweise sind 20 % der Fläche vergletschert. Bedeutend geringer sind Anzahl und Größe der Gletscher in der Seitenkette.

Von den insgesamt 132,9 km^2 vergletscherter Fläche (156 Gletscher) im Einzugsgebiet des oberen Baksantales werden 53,1 km^2 von 7 Elbrusgletschern eingenommen. Dazu gehören die

Die Gletscher 43

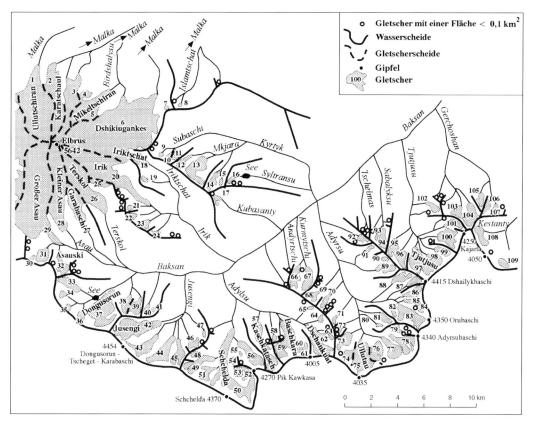

Abbildung 19
Die Gletscher des Elbrusgebietes (ergänzt und verändert nach BOROVIK u. KRAVCOVA 1970)

Gletscher Großer Asau, Kleiner Asau, Garabaschi, Irik und Terskol (Tab. 3 u. Abb. 20). Der größte Elbrusgletscher, der Dshikiugankes, entwässert jedoch in das nördlich vom Elbrusgebiet gelegene Flußsystem der Malka. An den Nordhängen der Hauptkette ist der flächenmäßig größte der Schchelda-Gletscher.

Die Mehrzahl der Gletscher im Elbrusgebiet (65 %) ist kleiner als 0,5 km², was jedoch nur 8,3 % der gesamten vergletscherten Fläche ausmacht. Die auffallend große Anzahl kleinerer Gletscher spiegelt sich auch in den geomorphologischen Typen der Gletscher wider (Tab. 4). Die größte Verbreitung haben die Kar- und Wandgletscher sowie deren Übergangsformen. Auf der Seitenkette handelt es sich, abgesehen von den Elbrusgletschern, fast ausschließlich um Kargletscher. Sie sind vorrangig in einer Höhe von 3000–4000 m anzutreffen. Der größte Kargletscher, der Tschiper-Asau (Abb. 19, Nr. 31) mit einer Fläche von 1,4 km², liegt allerdings auf der Hauptkette.

Kar-Wandgletscher bilden sich, wenn die Karschwelle vom Gletscher überschritten wird und eine kurze Gletscherzunge auf den sich anschließenden Steilstufen in Form von Gletscherbrüchen endet. Typische Kar-Wandgletscher sind der Asauski (Abb. 19, Nr. 32), der noch Mitte des 19. Jh. mit dem Großen Asau verbunden war, und die beiden Kogutai-Gletscher (Abb. 19, Nr. 38 u. 39).

Die Fläche der Wandgletscher, die ebenfalls häufig vertreten sind, beträgt im allgemeinen nicht mehr als 0,1 km². Sie erreichen die Talböden nicht und enden an ihren steilen Wänden, im Mittel bei 3390 m Höhe (Abb. 22).

Die größten Flächen nehmen die Talgletscher sowie die Kegelberggletscher am Elbrusmassiv ein. Der bedeutendste Talgletscher der Hauptkette ist der Schchelda-Gletscher mit 9,7 km

Nr. in Abb. 19	Name	Geomorphologischer Gletschertyp	Exposition	Länge [km]	Fläche [km²]	Tiefster Punkt [m HN]*	Höchster Punkt [m HN]*	Höhe der Firnlinie [m HN]*	Ablationsfläche [km²]
1	2	3	4	5	6	7	8	9	10
1**	Ullutschiran	Kegelberg-	N	6,8	12,4	3065	5640	3700	4,2
2**	Karatschaul	Kegelberg-	N	6,9	5,7	3093	5615	3900	2,2
3**	Ullukol	Kegelberg-	N	6,6	5,3	3363	5600	4000	2,3
5**	Mikeltschiran	Kegelberg-	NE	4,8	4,5	3262	4900	4000	2,6
6**	Dshikiugankes	Kegelberg-***	NE	8,0	27,8	3182	5610	3900	16,0
13	Mkjara	Kar-Tal-	NE	2,0	1,4	3150	3620	3300	0,7
18	Iriktschat	Tal-	SE	2,6	1,8	3222	3960	3600	0,6
20	Irik	Tal-	SE	9,8	10,5	2623	5610	3550	4,1
26	Terskol	Kegelberg-	SE	7,2	7,7	2990	5600	3700	3,3
27	Garabaschi	Kegelberg-	SE	3,9	2,8	3316	4300	3700	1,2
28	Kleiner Asau	Kegelberg-	S	8,2	9,7	3077	5610	3800	3,3
29	Großer Asau	Tal-	SE	10,2	19,6	2517	5640	3800	8,6
31	Tschiper-Asau	Kar-	NE	1,3	1,4	2850	3320	3120	0,6
32	Asauski	Kar-Wand-	N	2,0	1,2	2840	3400	3130	0,5
37	Dongusorun	Tal-	N	3,6	2,7	2400	4120	2870	1,8
38	Großer Kogutai	Kar-Wand-	N	1,8	1,3	2920	3690	3380	0,4
39	Kleiner Kogutai	Kar-Wand-	N	1,4	0,3	3060	3500	3380	n. b.
42	Jusengi	Tal-	E	4,6	2,8	2760	4400	3200	1,4
50	Schchelda	Tal-	N	9,7	5,6	2330	3730	2860	4,6
57	Kaschkatasch	Tal-	N	4,6	2,5	2600	3860	3100	1,0
59	Baschkara	Tal-	N	4,3	3,4	2560	3530	2870	1,2
62	Dshankuat	Tal-	NW	3,2	3,0	2700	4000	3270	0,8
75	Ullutau	Kar-Wand-	N	2,4	2,8	2860	3690	3200	1,2
77	Adyrsu	Tal-	NW	1,9	1,0	3000	3880	3210	0,2
83	Klumkolsu	Tal-	NW	2,9	1,9	3210	4130	3500	0,6
97	Tjutjusu	Tal-	N	3,1	2,5	3100	3920	3440	1,5

* HN = Höhennull (bezogen auf den Pegel Kronstadt).
** Die Gletscher 1–6 entwässern in das Einzugsgebiet der Malka, sind hier aber vollständigkeitshalber als Elbrusgletscher mit aufgeführt.
*** Das Dshikiugankes-Gletscherplateau gliedert sich in die Gletscher Birdshalytschiran und Tschungurtschattschiran (vgl. Abb. 22 und Tab. 8–10).

Tabelle 3
Charakteristik der größten Gletscher des Elbrusgebietes (zusammengestellt nach BOROVIK u. KRAVCOVA 1970 und eigenen Kartierungsdaten 1987–1993; vgl. Abb. 19)

Länge und einer Fläche von 5,7 km². Noch größere Talgletscher haben ihren Ausgangspunkt jedoch direkt in der Elbrus-Eiskappe, wie z. B. der Große Asau mit 10,2 km und der Irik mit 9,8 km Länge sowie 19,6 und 10,5 km² Fläche (Abb. 23).

Eine besondere Stellung nehmen die Kegelberggletscher der Elbruseiskalotte ein. Sie weisen mit insgesamt 75,9 km² die größte zusammenhängend vergletscherte Fläche auf (Abb. 24, 25 u. 30). Ihre Länge ist unterschiedlich.

Meist beginnen sie unmittelbar an den beiden Gipfeln des Elbrus. Nur der Garabaschi setzt etwas tiefer an, was auch seine geringere Länge und Fläche erklärt. Die Eisscheiden zwischen diesen Gletschern sind nicht immer deutlich ausgeprägt, so daß sich oft Eis in benachbarte Einzugsgebiete schiebt (typisch zwischen Großem und Kleinem Asau). Die Kegelberggletscher des Elbrus gehen zum Teil in Talgletscher über (Großer Asau, Irik, Iriktschat), oder sie enden an Steilstufen als Wandgletscher (Terskol).

Die Gletscher

Abbildung 20
Das oberste Baksantal mit
den Gletschern Großer Asau,
Kleiner Asau und Garabaschi
(von links) 1986
(Foto: Fundus der MGU)

Abbildung 21
Typischer Kar-Wandgletscher
der Hauptkette (Asauski) 1990
(Foto: SCHULZ, 1992)

Tabelle 4
Geomorphologische Gletschertypen im Einzugsgebiet des oberen Baksantals

Geomorpho-logischer Typ	Anzahl		Fläche	
	absolut	[%]	[km^2]	[%]
1	2	3	4	5
Talgletscher	9	5,7	23,6	17,8
Kargletscher	59	37,8	9,7	7,3
Kar-Talgletscher	10	6,4	12,4	9,3
Wandgletscher	31	20,0	2,8	2,1
Kar-Wandgletscher	42	26,9	34,1	25,7
Kegelberggletscher	5	3,2	50,3	37,8
Insgesamt	156	100	132,9	100

Abbildung 22
Wandgletscher „7" am Dongusorungipfel; vorn der Talgletscher Dongusorun mit mächtiger Deckmoräne 1990
(Foto: BAUME, 1990)

Abbildung 23
Der Irik-Talgletscher 1986
(Foto: Fundus der MGU)

Die meisten Gletscher im Elbrusgebiet sind nordexponiert, was durch den Verlauf der Hauptkette und ihrer Verzweigungen bedingt ist. 69,4 % der Gletscher zeigen diese Exposition. Derartig ausgerichtete Gletscher reichen bedeutend weiter ins Tal hinab, und ihre Firnlinie liegt tiefer. So endet die Zunge des Schchelda-Gletschers erst in 2260 m Höhe, und auf den nordexponierten Gletschern Dongusorun (Nr. 37) und Baschkara (Nr. 59) ist die Firnlinie erst in 2870 m Höhe anzutreffen, während im Mittel schon bei 3700 m die Gleichgewichtslinie erreicht wird (Tab. 3).

Die Gletscheroberfläche ist von der Größe eines Gletschers, seiner Exposition und Neigung, vom Verschmutzungsgrad des Eises sowie von der Moränenbedeckung und der Gestaltung des Untergrundes abhängig. Im Elbrusgebiet sind die Gletscher durch Längs- und Querspalten, Gletscherbrüche und Eispfeiler an der Oberfläche vor allem oberhalb der Firnlinie stark zerklüftet. Im Akkumulationsgebiet sind die Spalten meist durch Schnee verdeckt, von dem im Ablationsgebiet oftmals gefährliche Schneebrücken als Reste erhalten sind. Auch in der Ablationszone ist das Mikrorelief der Gletscheroberfläche sehr kompliziert. Schmelzwässer bilden Rinnen bis zu 2 m Breite und Tiefe. Gletscherbrunnen, Schmelznäpfe und Eisstauseen sind vereinzelt zu beobachten. Der Verwitte-

Die Gletscher 47

Abbildung 24
Kegelberggletscher am
Elbrussüdhang 1990;
Bildmitte: Kleiner Asau,
rechts: Garabaschi
(Foto: Fundus der MGU)

Abbildung 25
Kegelberggletscher Garabaschi (links) und Terskol
am Elbrussüdhang 1990
(Foto: Fundus der MGU)

rungsschutt von den umliegenden Hängen und Wänden ist Materiallieferant für die Moränen sowie für spezielle Erscheinungen auf flacheren Abschnitten vor allem der Talgletscher, wie Gletschertische oder sogenannte „Ameisenhaufen". Auf den Zungenenden trifft man eine zum Teil mächtige Deckmoräne (Großer Asau, Dongusorun, Schchelda, Dshankuat) an. Diese Moränenbedeckung verursacht eine geringere Abtaurate. Untersuchungen am Dshankuat (Nr. 62), dem Repräsentativgletscher des Kaukasus, ergaben, daß sich schon bei einer Bedeckung von 70 % die tägliche Abtaumenge um 10–15 % verringert. Eine geschlossene Deckmoräne von 10 cm Mächtigkeit bewirkt eine Verzögerung des Tauprozesses um das Vierfache, eine solche von 20 cm um das Vierzigfache. Bei einer Deckmoräne von mehr als 70 cm Mächtigkeit wird das Eis praktisch konserviert (BAUME u. POPOVNIN 1994). Der Dongusorungletscher hat beispielsweise wegen der mächtigen Moränenbedeckung seine Ausdehnung und Lage seit dem Ende des 19. Jh. kaum verändert.

Die Materialgröße und petrographische Zusammensetzung der Deckmoränen ist abhängig von den im jeweiligen Einzugsgebiet anstehenden Gesteinen. Diese Deckmoränen sind größtenteils mit früheren Seitenmoränen verbunden, die den heutigen Gletscher zum Teil bis zu 100 m überragen.

2.8.
Landschaftsgliederung
(OTFRIED BAUME u. MARINA N. PETRUŠINA)

2.8.1.
Problemstellung

Schon zu Beginn des 19. Jh. hat ALEXANDER VON HUMBOLDT Grundthesen der Höhenstufengliederung in Gebirgen formuliert. Danach ändern sich Temperatur, Verdunstung, Vegetation, Boden und andere von der Temperatur abhängige Kennwerte im Gebirge mit der Höhe. Diese Veränderungen führen dazu, daß sich vor allem an den Hängen Höhenstufen der Vegetation, des Bodens und der Landschaft insgesamt herausbilden. Am bekanntesten ist das Schema der alpinen Höhenstufen der Vegetation. Es zeichnet sich durch eine klare Abgrenzung der einzelnen Stufen aus, die mit zunehmender Höhe warmgemäßigte Laubwälder, Nadelwälder, hochwüchsige Kräuter und Gebüsch der subalpinen Stufe und schließlich niederwüchsige Kräuter und Mattenpflanzen der alpinen Stufe aufweisen. Es folgt letztlich die vegetationslose nivale Stufe des ewigen Schnees und Eises. Doch diese Variante der Höhengliederung läßt sich nicht auf alle Gebirge anwenden. In anderen Regionen kommen Stufen hinzu oder fallen weg. Auch die Höhenlage der einzelnen Stufen variiert.

Als weiteres Problem ist die Abgrenzung der Höhenstufen zu nennen. LARCHER (1983) stellte nach einem ökophysiologischen Ansatz die These des Temperaturstresses für die Ausgliederung von Höhenstufengrenzen der Vegetation auf. Es gibt kritische Temperaturniveaus, bei deren Unterschreitung physiologische Funktionen der Pflanzen gestört werden. Das bedeutet, die jeweils dominierende Pflanze leidet „Streß", und es ergibt sich ein Wechsel der Vegetationsform und damit eine deutliche Höhenstufengrenze. Derartige Streßsituationen werden auch durch andere Naturbedingungen hervorgerufen, beispielsweise durch ungeeignete Feuchtigkeitsverhältnisse, zu hohe bzw. zu geringe UV-Strahlung, starken Wind, veränderte Gesteins- und Bodenverhältnisse oder zu große Reliefenergie. Der Gesamteffekt dieser möglichen Wirkungen führt zur Herausbildung von Höhenstufengrenzen, und zwar nicht nur der Vegetation, sondern der Landschaft als Ganzes. Die Übergänge von einer Höhenstufe zur anderen können linear und abrupt sein oder allmählich in einem breiteren Streifen erfolgen. Zur Bezeichnung der Landschaftshöhenstufe wird aus den obengenannten Gründen die jeweils dominierende Vegetation herangezogen.

Im Kaukasus zeigt sich eine komplizierte und zugleich asymmetrische Struktur der Höhenstufen. Die sehr differierende Struktur ist abhängig von den klimatischen, speziell von den Temperatur- und Feuchtigkeitsbedingungen, von der Höhenlage sowie von der Lage innerhalb des Gebirges, der Exposition, dem geologischen Substrat und dem Boden in den einzelnen Gebirgsabschnitten.

Allgemein wird ein west- und ein ostkaukasischer Typ der Höhengliederung unterschieden. Die Besonderheiten in der Landschaftsstruktur erlauben es jedoch, von einer Elbrusvariante

Landschaftsgliederung 49

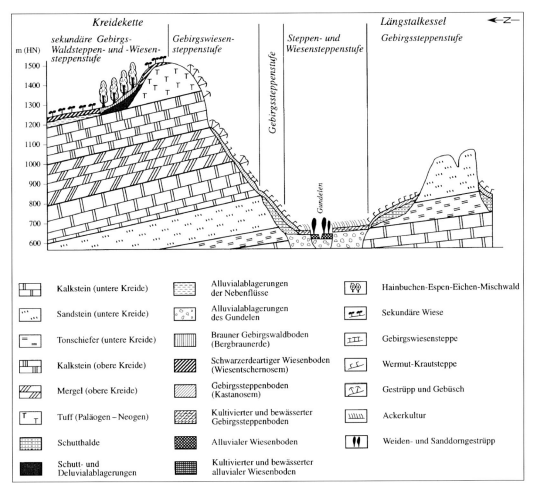

Abbildung 26
Landschaftsprofil durch die Kreidekette

oder einem zentralkaukasischen Typ der Landschaftshöhengliederung zu sprechen. Er unterscheidet sich vom Westkaukasus durch eine ausgedehntere Wiesensteppenstufe, eine größere Xerophytozität der Steppenstufe auf den Südhängen sowie einen Anstieg der Grenzen der Höhenstufen.

Das Baksantal zeichnet sich durch Vielfalt und großen Kontrast an Landschaften aus. Vor allem der Einfluß der Exposition wird deutlich. So findet man beispielsweise am Südhang des Elbrus, auf dem Garabaschi-Plateau, in Höhen von 2300–2800 m subalpine Gebirgswiesen, auf dem gegenüberliegenden Nordhang der Hauptkette, auf dem Tscheget-Massiv, dagegen sukzessiv Birkenkrummholz sowie Kiefernwald (Abb. 29). Ähnliche Unterschiede zeigen sich bei den Bodenbildungen. Derartige expositionsbedingte Abweichungen sind auch in der Seitenkette, der Felsenkette und in der Kreidekette gegeben (Abb. 26, 27 u. 28), wo unterschiedliche Beleuchtung und Niederschlagsmengen verschiedenartige Höhenstufen hervorbringen.

Im Baksantal, in dem ein teils exarativ, teils akkumulativ verbreiteter Talboden sowie unterschiedlich gestaltete Hänge anzutreffen sind, muß man zwei Formen der Landschaftsgliederung anwenden. Es ist zum einen die sich auf dem Talboden talaufwärts vollziehende Höhenstufung und zum anderen die Höhenstufung an

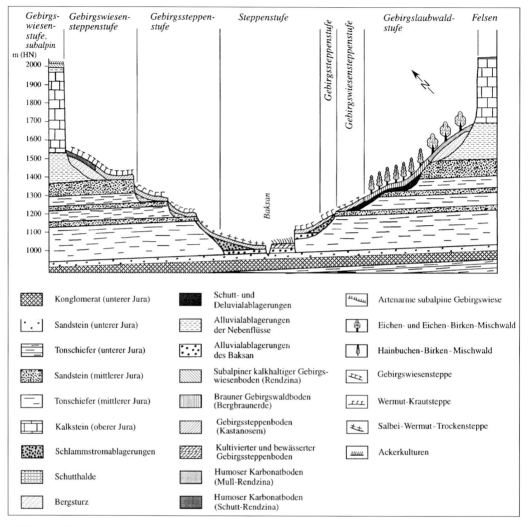

Abbildung 27
Landschaftsprofil durch das Baksantal in der Felsenkette

den Gebirgshängen. Demnach lassen sich eine Landschaftsgliederung der Täler und eine Landschaftsgliederung der Gebirgshänge unterscheiden, die verschiedene Landschaftstypen aufweisen. Die Gebirgslandschaften stellen mehrheitlich, vor allem in den Oberhangbereichen, Abtragungsgebiete dar, während die Tallandschaften vorwiegend als Akkumulationsgebiete oder Transportbahnen fungieren.

Auch die Tätigkeit des Menschen beeinflußt das Spektrum der Landschaftsgliederung erheblich. Beispielsweise ist durch anthropogenen Einfluß an den Nordhängen der Kreidekette an die Stelle des Laubmischwaldes eine sekundäre Wiesensteppe getreten (Abb. 26). Die Ausweitung der extensiven Viehhaltung veränderte den Artenbestand der Wiesensteppen und Steppen zugunsten der Unkräuter. Für einige Gebiete ist deshalb die Verbindung von natürlichen, quasinatürlichen und anthropogen überprägten Landschaften typisch, wobei verschiedene Nutzungsarten, wie Weidewirtschaft, Ackerbau, Tourismus und der Bergbau, eine Rolle spielen.

Landschaftsgliederung

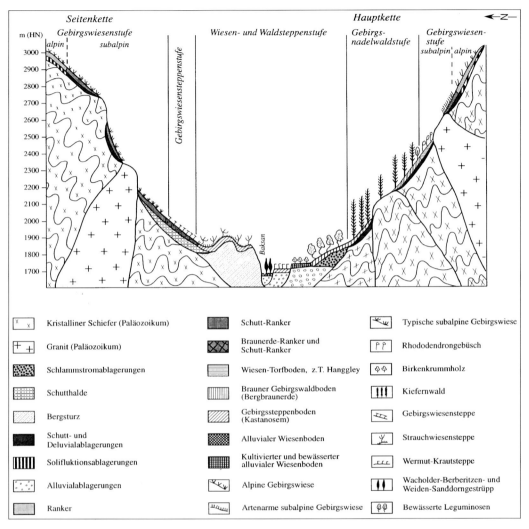

Abbildung 28
Landschaftsprofil durch das obere Baksantal

2.8.2.
Landschaftsgliederung der Täler

Auf dem Talboden des Baksan gliedert sich die Landschaft flußaufwärts in fünf Höhenstufen (Abb. 26–29, Tab. 5). Das breit angelegte Tal am Flußunterlauf zwischen den Ortschaften Kysburun und Sajukowo wird von der Wiesensteppenstufe eingenommen. Über dem anstehenden Gestein liegen mehrere quartäre fluvioglaziale und alluviale Geröllterrassen, die stark mit lehmig-tonigen Materialien angereichert

sind. Es herrscht ein warmes Klima mit einem Niederschlagsmaximum im Frühsommer und Sommer. Die Mächtigkeit der Böden schwankt zwischen 50 und 150 cm, und der Humusgehalt beträgt bis zu 8 %. Aufgrund der günstigen Anbaubedingungen wird mehr als die Hälfte der Fläche durch Acker- und Obstbau genutzt. Dabei dominieren Weizen-, Mais- und Gemüseanbau.

Vom Durchbruch des Baksan durch die Kreidekette bis zum Fuß der Felsenkette, etwa von Sajukowo bis Shanchoteko, schließt sich die

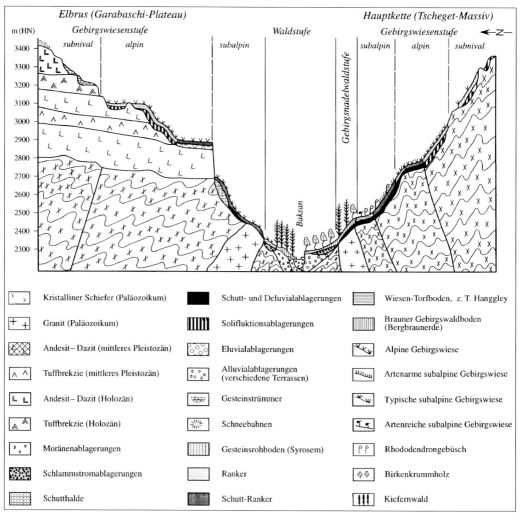

Abbildung 29
Landschaftsprofil durch das oberste Baksantal unterhalb des Elbrusmassivs

Steppen- und Wiesensteppenstufe an (Abb. 26). Auch hier wird das Festgestein von Terrassen aus Geröll, Ton und Lehm bedeckt. Von den Hängen reichen Schlammstromkegel unterschiedlichen Alters bis weit in das Tal hinein. Das Klima ist mäßig warm, weist aber wegen der Leelage geringere Niederschläge auf. Im Winter bildet sich eine dünne Schneedecke. Der Fluß Gundelen, der in einem Längstalkessel entlang der Schichtstufe der Kreidekette fließt, mündet hier in den Baksan. Andere, kleinere Nebenflüsse haben keinen ständigen Abfluß.

Die Böden werden geringer mächtig (maximal 100 cm), sind jedoch mit einem Humusgehalt von 4–6 % noch recht fruchtbar. Die größten Anteile der kultivierten Flächen nehmen Obst- und Gemüsegärten in und nahe den Ortschaften ein. Auf den Ackerflächen werden Gerste und Mais angebaut. In diesem Landschaftstyp setzt die Nutzung der natürlichen Vegetation als Mähwiesen ein, die im Baksantal bis in die oberen Lagen zu verfolgen sind.

Zwischen Felsenkette und Seitenkette, die beide vom Baksan in imposanten Durchbruchs-

Tabelle 5
Landschaftshöhenstufen der Täler (vgl. Abb. 26–29)

Landschafts-höhenstufe	Höhenlage [m HN]*	Mittlere Julitemperatur [°C]	Mittlere Januartemperatur [°C]	Jahres-niederschlag [mm]	Gestein (unter Geröll)	Boden	Natürliche Vegetation	Nutzung
1	2	3	4	5	6	7	8	9
Wiesen-steppenstufe	200–400	21–22	–4	500–600	Kalkstein (obere Kreide), Sandstein (Paläogen-Neogen)	Braunerde, Braunschwarzerde (Tschernosem), alluviale Böden (tonig, lehmig)	Wildhafer-Krautwiese, Schafschwingel-Krautsteppe	Ackerbau, (Getreide, Gemüse), Obstbau
Steppen- und Wiesensteppen-stufe	400–700	21–22	–4 bis –5	500	Sandstein (untere Kreide), Kalkstein (oberer Jura)	alluviale Böden, brauner Gebirgs-steppenboden (Kastanosem)	Wildhafer-Quecken-Krautsteppe, Schafschwingel-Riedgras-Krautwiese	Ackerbau (Getreide, Gemüse), Obstbau, Mähwiese
Steppenstufe	700–1400	18–20	–4 bis –5	350–400	Sandstein (mittlerer Jura), Tonschiefer, Mergel	alluviale Böden, Kastanosem (z. T. bewässert)	Schafschwingel-Wermut-Krautsteppe, Wermut-Riedgras-steppe	Viehweide, Mähwiese, Ackerbau (mit Bewässerung)
Wiesen- und Waldsteppen-stufe	1400–1700	16–18	–6 bis –7	400–500	kristalline Schiefer (Paläozoikum), Gneis, Granit	alluviale Böden, Kastanosem, Bergbraunerde	Süßgraswiesensteppe, Wacholder-Berberitzengestrüpp, Kiefern-Birkenwald, Schafschwingel-Riedgras-Krautwiese	Viehweide, Mähwiese
Waldstufe	1700–2350	12–14	–6 bis –7	800	kristalline Schiefer (Paläozoikum), Gneis, Granit	Bergbraunerde, Podsol	Kiefern-Birkenwald, sekundäre Süßgras-Krautwiese	Viehweide, Mähwiese, Erholung

* HN = Höhennull (bezogen auf den Pegel Kronstadt).

tälern durchflossen werden, geht die Landschaft auf dem Talboden in die Steppenstufe über (Abb. 27). Die vier bis fünf Akkumulationsterrassen aus Schotter, Ton und Lehm sind gut zu erkennen. Vor allem das linke Flußufer ist durch Schlammstromablagerungen zusätzlich erhöht. Die dort abschüssigeren Terrassen sind durch Erosionsrinnen stark zerschnitten. Dieser Talabschnitt des Baksan liegt im Regenschatten. Die wenigen Niederschläge fallen im Sommer meist als nachmittägliche, kräftige Gewitterregen, nachdem sich das Tal stark erwärmt hat. Eine ständige Schneedecke kann sich im Winter nicht bilden. Unter diesen Bedingungen ist eine ackerbauliche Nutzung der Böden nur mittels künstlicher Bewässerung möglich. Auch an der natürlichen Vegetation ist die größere Trockenheit zu erkennen (Wermut-Riedgras-Trockengesellschaften; vgl. Tab. 5). Damit vollzieht sich ein Übergang in der Vorzugsnutzung der Landschaft vom Ackerbau zur extensiven Viehwirtschaft. Zur Versorgung der Viehherden im Winter dienen die mit Futtergräsern bewachsenen Mähwiesen. Bei der Stadt Tyrnyaus ist am linken Ufer die Steppenvegetation von anthropogenen Ablagerungen bedeckt. Es sind Schwemm- und Abraumhalden des dortigen Wolfram- und Molybdäntagebaus, die einen enormen Eingriff in den Landschaftshaushalt darstellen.

Oberhalb von Tyrnyaus durchbricht der Baksan die Seitenkette, und danach dehnt sich etwa bis zur Ortschaft Elbrus die Wiesen- und Waldsteppenstufe aus (Abb. 28). In diesem Bereich verläuft das Baksantal auf einer Tiefenstörung zwischen der Seiten- und der Hauptkette des Kaukasus. Damit ändert sich nicht nur das Gestein, sondern auch der Gesamtcharakter des Tales. Es wird zu einem typischen Hochgebirgstal mit einer zunehmend deutlicher werdenden Trogform. Das anstehende Gestein ist mit einer fluvioglazialen und alluvialen Schicht aus Schotter, Geröll und Feinmaterial bedeckt. Von den Hängen erreichen beiderseits des Flusses Schlammströme den Talboden und bedecken die Schotter- und Geröllterrassen teilweise mit einer 20–50 m mächtigen Schicht. Bei größeren Hangneigungen treten Bergstürze auf, die häufig zu Flußverlagerungen führen. Das Klima ist mäßig kühl, und die Niederschlagsmengen steigen im Vergleich zur vorhergehenden Höhenstufe wieder an. Die unbeständige Schneedecke übersteigt, außer bei Lawinen, selten 15 cm. Auf den größeren und häufiger auftretenden Schlammstromkegeln der Hauptkette haben sich teilweise junge Kiefernwälder oder sekundäre Birkenwälder angesiedelt. Die Bodentiefe beträgt hier wegen des geringen Alters der Ablagerungen nur maximal 50 cm. Ansonsten sind die Böden bis zu 100 cm mächtig und weisen einen Humusanteil von 4–6 % auf. Die vorrangige Nutzung der Krautwiesen und -steppen ist die extensive Viehhaltung oder die Mahd. Auf bewässerten Krautwiesen ist nach Auskunft der Bauern ein Ertrag an Trockenmasse von 10 bis 15 dt/ha zu erwarten. Ackerbau ist nur kleinflächig unter Bewässerung zu finden. Leguminosen und Kartoffeln werden angebaut. An den Flußufern wächst ein Gestrüpp aus Wacholder, Berberitzen, Weiden und Sanddorn.

Beim Ort Elbrus ist die untere Baumgrenze erreicht, und es beginnt die Waldstufe (Abb. 29). Diese erstreckt sich bis zum Ende des Tales oberhalb des Ortes Terskol am Elbrusmassiv in 2350 m Höhe. Das Festgestein ist überdeckt mit fluvioglazialen Sedimenten sowie Schlammstrom- und Moränenablagerungen. Die Trogtalform ist stark ausgeprägt, was auf eine intensive Vergletscherung während des Pleistozäns schließen läßt. Zahlreiche der Lawinen- und Schlammstromkegel reichen bis zum Talboden hinab. Letztere weisen sich durch eine von Wällen und Furchen zergliederte Oberfläche aus. Die Seitentäler sind tief eingeschnitten und ebenfalls durch Gletscher überformt. Das Klima ist relativ kühl. Die höchsten Temperaturen treten erst im August auf. Das Niederschlagsmaximum liegt im Sommer, aber auch im Winter fallen ausreichend Niederschläge, so daß sich meist eine geschlossene und lang anhaltende Schneedecke bilden kann. In diesem Talabschnitt treten viele Mineralquellen aus. Die schotter-, lehmsand- und lehmhaltigen Böden weisen unterschiedliche Mächtigkeiten von 40 bis 200 cm auf. Häufig niedergehende Schneelawinen zerstören den natürlichen Kiefernbewuchs, und es siedeln sich sekundäre Birkenwälder sowie Süßgräser an. Eine derartige Sekundärvegetation ist besonders oberhalb des Dorfes Terskol zu finden, wo sehr oft gewaltige Lawinen vom Tscheget-Massiv niedergehen. Die Krautwiesen sind sehr dicht und hoch bewachsen. Sie werden vorrangig als Mähwiese und Viehweide genutzt. Das gesamte Gebiet wird touristisch genutzt; hier gibt es zahlreiche Hotels, Jugendherbergen, Ferien- und Alpinistenlager. Ein Ausbau des Erholungswesens ist vorgesehen, wenn auch nicht wünschenswert, da dies zwangsläufig zu einer weiteren Waldvernichtung führen dürfte. Zudem müßte man auf stärker lawinen- und schlammstromgefährdete Flächen ausweichen, die bislang noch nicht bebaut sind.

2.8.3.
Landschaftsgliederung der Gebirgshänge

Die Landschaftshöhenstufen an den Hängen der Gebirgsketten unterscheiden sich von denen der Täler durch eine größere Vielgestaltigkeit, die vor allem aufgrund der engräumigen Höhendifferenzen und der unterschiedlichen Exposition zustande kommt (Tab. 6, Abb. 26–29). Das Gebirgsvorland wird von der Schichtstufe der Tschornye gory (Schwarze Berge) oder Waldkette (Lesisty chrebet) eingenommen. Hier hat sich eine Waldsteppenstufe ausgebildet. Die Grundgesteine sind reliefbildend mit Löß und Lößlehm bedeckt. Die meist kurzen und 15–20° geneigten Hänge sind durch Niederschlagsrinnen und Trockentälchen erosiv stark zergliedert. In dem sommerwarmen Klima dauert die frostfreie Periode 180–185 Tage. Das Niederschlagsmaximum liegt im Frühsommer und Sommer, so daß sich im Winter allenfalls eine dünne Schneedecke bildet. Die meisten Nebenflüsse haben nur einen periodischen Abfluß, der allerdings nach Starkregen enorm ansteigen kann. In den zum Teil lessivierten Böden, die eine Mächtigkeit von 100–150 cm erreichen, findet man 3–7 % Humusanteile. Auf den sanfter abfallenden Hängen und den Plateaubereichen werden diese guten Böden ackerbaulich genutzt, wobei im Wechsel Weizen, Mais, Hafer, Hanf und Sonnenblumen angebaut werden. Waldflächen sind noch auf den nördlich und westlich exponierten Hängen erhalten. Sie unterliegen aber einem starken Holzeinschlag, und an ihre Stelle tritt sekundäres Gebüsch und Gestrüpp, bestehend aus Haselnuß, Weißdorn und anderen Sträuchern.

Die nächste Höhenstufe, die Gebirgssteppenstufe, nimmt große Flächen vor allem an den süd- und südwestexponierten Hängen der Kreidekette und der Felsenkette ein (Abb. 26 u. 27). Sie umfaßt eine Höhendifferenz von etwa 700 m und schließt teilweise direkt an die Steppenstufe der Täler an. Auch in den Hügelgebieten und auf Zeugenbergen des sich südlich der Kreidekette anschließenden Längstalkessels ist diese Gebirgssteppenlandschaft zu finden (Abb. 26). Die Leelage dieser Zone bedingt trotz der relativen Höhe ein trockeneres Klima. Bodenbildendes Substrat ist das Verwitterungsmaterial der mesozoischen Sedimente, das sich an vielen Stellen als Schutthalde am Hangfuß sammelt. Löß ist hier nicht mehr vorhanden. Auf den mittelmächtigen Böden (50–80 cm) hat sich eine Krautsteppenvegetation angesiedelt, die als Viehweide bzw. Mähwiese genutzt wird.

In den hangaufwärts folgenden Gebieten, teilweise bereits ab 800 m, steigen die Niederschläge wieder an, so daß sich unter sonst ähnlichen Bedingungen eine artenreichere Vegetation anfindet und eine Gebirgswiesensteppenstufe (der unteren Lagen) entwickeln konnte (Abb. 26 u. 27). Auf den Verwitterungsdecken der kretazischen Sedimente sowie auf den Schutt- und Deluvialablagerungen haben sich zum Teil nur geringmächtige, skelettreiche Böden (Rendzinen) gebildet. An den südexponierten Hängen der Kreidekette ist die sonst typische Krautwiesensteppe mit Gebüsch und Gestrüpp durchsetzt. Auch in dieser Höhenstufe dominiert die extensive Viehwirtschaft mit Weiden und Mähwiesen. Wo das Relief es zuläßt, wird auf den besseren Böden (Kastanoseme) bis in eine Höhe von 1000–1200 m Ackerbau betrieben, indem man vorrangig Hafer und Gerste anbaut.

Besonders die nordexponierten Hänge der Kreidekette werden von einer sekundär entstandenen Gebirgswald- und -wiesensteppenstufe eingenommen (Abb. 26). Sie ist sukzessiv aus den eigentlich hier angesiedelten Laubwäldern durch anthropogene Einwirkung (Holzeinschlag) hervorgegangen. Die Verwitterungsschicht auf den mesozoischen Kalken (tertiäre Tuffe nur bei der Ortschaft Sajukowo), bestehend aus kalkhaltigen Lehmen und Tonen, ist immerhin bis zu 2 m mächtig. Deluviale Hangabtragungsprozesse überwiegen. Es sind auch einige oberflächige Karstformen zu erkennen. Das Klima ist mäßig warm und feucht. Das Niederschlagsmaximum liegt im Frühsommer, aber auch im Winter fallen genügend Niederschläge, und es

Landschafts-höhenstufe	Höhenlage [m HN]*	Mittlere Juli-temperatur [°C]	Mittlere Januar-temperatur [°C]	Jahres-niederschlag [mm]	Gestein (unter Geröll)	Boden	Natürliche Vegetation	Nutzung
1	2	3	4	5	6	7	8	9
Waldsteppen-stufe des Gebirgs-vorlandes	300–800	20–21	–4 bis –5	500–600	Sandstein (Paläogen-Neogen), Mergel, Konglomerate	lessivierte Schwarzerde (Tschernosem), Braunerde	Süßgras-Krautwiesensteppe, Eichen-Hainbuchenwald, Gebüsch u. Gestrüpp	Ackerbau (Getreide, Sonnenblumen), Holzeinschlag, Viehweide
Gebirgs-steppenstufe	600–1300	18–20	–5 bis –6	400–450	Sandstein (untere Kreide), Sandstein (mittlerer Jura), Tonschiefer (mittlerer Jura)	brauner Gebirgs-steppenboden (Kastanosem)	Wermut-Krautsteppe	Viehweide, Mähwiese
Gebirgswiesen-steppenstufe der unteren Lagen	800–1500	18–20	–5 bis –6	500–600	Kalkstein (obere Kreide), Mergel (obere Kreide), Kalkstein (untere Kreide), Tuff (Paläogen-Neogen)	Kastanosem, Rendzina	Süßgras-Krautwiesensteppe, teilweise mit Gebüsch u. Gestrüpp	Viehweide, Mähwiese
Sekundäre Gebirgswald- und -wiesen-steppenstufe	1400–1500	18	–5	700–750	Kalkstein (obere Kreide), Tuff (Paläogen-Neogen)	Bergbraunerde, Wiesen-tschernosem	Eichen-Hainbuchenwald, Erlen-Birken-Espenwald, Süßgras-Krautwiesensteppe	Mähwiese, Viehweide, Holzeinschlag
Gebirgs-laubwaldstufe	1400–2000	16–18	–5 bis –6	800–900	Kalkstein (oberer Jura), Sandstein (mittlerer Jura), Tonschiefer	Bergbraunerde, Mull-Rendzina	Eichen-Hainbuchenwald, Birkenwald, sekundäre Süßgras-Krautwiese	Holzeinschlag, Mähwiese

Landschaftsgliederung

Stufe	Höhe (m)	Temp.	HN*	Bedrock	Boden	Vegetation	Nutzung
Gebirgs-nadelwaldstufe	1700–2400	12–14	–6,5 bis –7,5	800–900	kristalline Schiefer (Paläozoikum), Gneis, Granit	Bergbraunerde, Podsol	Kiefern-Birkenwald, Süßgras-Krautwiese, Rhododendron-gebüsch	Erholung, Viehweide
Gebirgswiesen-steppenstufe der mittleren Lagen	1800–2000	14–16	–6 bis –6,5	500–600	kristalline Schiefer (Paläozoikum), Gneis, Granit	Braunerde-Ranker, Schutt-Ranker	Süßgras-Krautwiesensteppe, Wacholder-Berberitzengestrüpp	Viehweide
Gebirgs-wiesenstufe	2000–3400	8–12**	–7 bis –11	800–900	Andesit–Dazit (Pleistozän–Holozän), Tuffbrekzie (Pleistozän–Holozän), kristalline Schiefer (Paläozoikum), Gneis, Granit	Schutt-Ranker, Ranker, Torfboden, Hanggley, Gesteinsrohboden (Syrosem)	Süßgras-Krautwiese, Riedgras-Krautwiese, Rhododendron-gebüsch, Wacholder- und Weidengestrüpp	Viehweide, Mähwiese
Nival-glaziale Stufe	über 3000	2,6–3,4**	–11,5 bis –15	800–1000	Andesit–Dazit Pleistozän–Holozän, Tuffbrekzie (Pleistozän–Holozän), kristalline Schiefer (Paläozoikum), Gneis, Granit	Syrosem	vereinzelt Steinbrech-Krautwiesen (lückenhaft), Flechten	keine

* HN = Höhennull (bezogen auf den Pegel Kronstadt).
** Mittlere Augusttemperaturen.

Tabelle 6
Landschaftshöhenstufen der Gebirgshänge (vgl. Abb. 26–29)

bildet sich eine geschlossene Schneedecke. Bei starken Regenfällen entstehen oftmals Schlammströme. Nach solchen Niederschlagsereignissen kommt es auf den Lehm- und Tonsubstraten häufig zu Vernässungen. Hier sind teilweise schwarzerdeartige Wiesenböden (Wiesentschernoseme) anzutreffen, die jedoch eher den Staugleyen verwandt sind. An die Stelle des ursprünglichen Eichen-Buchen-Mischwaldes tritt nach der Abholzung ein kleinflächiger sekundärer Birkenmischwald oder eine Krautwiesensteppe, die meist als Mähwiese genutzt wird und einen Ertrag von 7–15 dt Trockenmasse je Hektar erbringt.

Die eigentliche Gebirgslaubwaldstufe ist ausschließlich auf nordexponierten, nicht steiler als 20° einfallenden Hängen der Felsenkette anzutreffen (Abb. 27). Die erosive Zerschneidung der Schutt- und Deluvialhänge ist weit entwikkelt. In einigen Gebieten sind Karstformen entstanden. Die cañonartig eingeschnittenen Nebentäler des Baksan bekommen hier vielfach unterirdischen Zufluß aus dem Karst. Das Klima ist mäßig warm, und die mit der Höhe zunehmenden Niederschläge bewirken, daß sich im Winter eine geschlossene Schneedecke bis zu 30 cm bildet. Die Wälder wachsen auf maximal 100 cm mächtigen Bergbraunerden, die einen Humusgehalt von 4–5 % aufweisen. Die oberen Hangbereiche der Felsenkette gehen in steilere Kalkfelsen über. Auf dem dort anzutreffenden Bergsturz haben sich stark kalk- und humushaltige Böden (Mull-Rendzina) mit geringer Mächtigkeit entwickelt. An den Stellen, wo der Wald durch Holzeinschlag vernichtet wurde, ist eine sekundäre Krautwiese entstanden, die zur Mahd genutzt wird.

In den mittleren Lagen der Hauptkette des Kaukasus, etwa ab 1700 m Höhe, setzen an den nordexponierten Hängen die Nadelwälder ein, und es beginnt die Gebirgsnadelwaldstufe, die am Tscheget-Massiv noch bis in 2400 m Höhe zu verfolgen ist (Abb. 28 u. 29). Steile Schutthangabschnitte (40–45°) wechseln mit sanfter einfallenden Deluvialhängen, wo das Gestein 2–3 m mit Lockermaterial bedeckt ist. Lehmhaltige Bergbraunerden und sandige Podsole mit einem Solum von 50–100 cm sind, je nach Ausgangsgestein, die bestimmenden Böden. Das kühle Klima läßt nur eine frostfreie Periode von maximal 125 Tagen zu. Im Winter liegt eine 20 bis 30 cm dicke Schneedecke. Die meisten Hänge sind lawinengefährdet. Sehr oft ist der ursprüngliche Nadelwald durch von den oberen Hangbereichen herabstürzende Lawinen vernichtet. Sekundäre Birkenbestände bzw. Krautwiesen und Gebüsch ersetzen dann die potentiell natürliche Vegetation. Die Nadelwälder des unmittelbaren Elbrusgebietes stehen unter Naturschutz und dienen der Erholung.

An den südexponierten Hängen der Seitenkette fehlen diese Nadelwälder. Hier setzt sich die Gebirgswiesensteppe in den mittleren Lagen fort. Ursache dafür sind die größere Trockenheit im Leegebiet und die höhere Sonneneinstrahlung (Abb. 28). Die Hänge sind sehr steil (40–45°) und werden oft durch nackte Felsen gebildet. An solchen Stellen ist die physikalische Verwitterung sehr intensiv. Tiefer reichende Bodenbildung (Braunerde-Ranker) ist daher nur auf den sich am Hangfuß ansammelnden Schutthalden möglich. Im Vergleich zu den in der Felsenkette anzutreffenden Gebirgswiesensteppen der unteren Lagen haben sich hier auf der Seitenkette, bedingt durch die unterschiedlichen Ausgangsgesteine, völlig andere Bodentypen entwickelt (Tab. 6). Die Schneedecke ist im Winter nicht überall geschlossen, so daß die Areale teilweise selbst als Winterweide genutzt werden.

Die sich anschließende alpine Gebirgswiesenstufe beginnt auf der Seitenkette expositionsbedingt bereits ab 2000 m Höhe, während sie auf der Hauptkette, im Anschluß an die Nadelwaldzone, erst bei etwa 2300 m einsetzt. Die Hänge fallen recht unterschiedlich ein (20–45°). Solifluktions-, Schutt- und Deluvialablagerungen bedecken das feste Gestein je nach Hangneigung mit einer Mächtigkeit von 1–15 m. In den oberen Hangbereichen kommt holozänes Moränenmaterial verschiedener Vergletscherungen hinzu. Auf sehr flachen Hangabschnitten fanden teilweise eluviale Anhäufungen statt. Gletscherfreie Kare sind auf den tektonisch vorgeprägten Felsterrassen der Hauptkette sowohl in 2400–2500 m als auch in 2700–2800 m Höhe zu finden (Abb. 29). Das Klima ist kühl und feucht. Die höchsten Monatsmitteltemperaturen werden erst im August erreicht. Winterliche Schneehöhen von 60, teils bis 200 cm sind je nach Lage möglich. Die Böden, die 20–80 cm tief sein können, sind gut durchfeuchtet. In einzelnen Hangmulden sind Wiesentorfböden oder Hanggleye ausgebildet. Aufgrund der hohen

Bodenfeuchte weisen die darauf wachsenden subalpinen Wiesen einen hohen und dichten Grasbestand auf und sind artenreich. Auf den Nordhängen der Hauptkette ist das Rhododendrongebüsch weit verbreitet. Dieser Artenreichtum und die Bestandsdichte nehmen auf den alpinen und den darauf folgenden subnivalen Gebirgswiesen rasch ab, da auch der Feinerdeanteil im Boden geringer wird. Die artenreichen Gebirgswiesen werden zur Mahd genutzt und bringen einen Ertrag von etwa 12–15 dt/ha. Alle anderen Flächen stellen Sommerweiden dar.

Die abschließende Höhenstufe bildet die nival-glaziale Stufe, die sich in Höhen über 3000 m erstreckt. Hier sind glaziale Abtragungs- und Akkumulationsformen weit verbreitet. Kare, Moränen, glattgeschliffene Felsen und schließlich die Gletscher selbst bestimmen den Charakter des Reliefs. Diese Bereiche sind oft die eigentlichen Ausgangspunkte der im Tal so verheerenden Schlammströme und Schneelawinen. Das kalte und feuchte Klima bringt nur im Juli und August positive Monatsmitteltemperaturen hervor. Die klimatische Schneegrenze liegt in 3700 m Höhe, die Firnlinie kann auf einigen Gletschern an den Nordhängen der Hauptkette jedoch bis auf 2870 m absinken. Auf den Moränenmaterialien befindet sich die Bodenbildung im Initialstadium, und es sind lediglich Rohböden anzutreffen. Die Vegetation ist in dieser Höhenstufe nur noch spärlich. Eine Nutzung erfolgt nicht.

Die beschriebene Landschaftsgliederung ist im wesentlichen nach den natürlichen Komponenten vorgenommen worden. Eine Landschaft unterliegt aber natürlich bedingten Störungen (im Baksantal beispielsweise durch Lawinen und Schlammströme) und immer stärker auch anthropogenen Einflüssen, die Belastungen des Landschaftshaushaltes darstellen und damit Veränderungen im Gesamtcharakter der Landschaft bewirken. Derartige Eingriffe des Menschen erfolgen im Baksantal entweder linear durch die Anlage von Wegen, Straßen und Skipisten sowie den Bau von Elektroleitungen oder flächenhaft, vor allem durch Ackerbau und Viehwirtschaft sowie durch den Bergbau. Mittelbare oder unmittelbare Veränderungen einzelner oder mehrerer Landschaftskomponenten sind die Folge. Teilweise lassen sich auch verschiedene Stufen der Veränderungen erkennen. So ist auf einigen gerodeten Flächen sowohl der Kreide- als auch der Felsenkette zunächst Akkerbau betrieben worden, der später eingestellt wurde. Heute stellen sich diese Gebiete als Viehweide oder Mähwiese dar, das heißt, es ist eine sekundäre Krautwiesen- bzw. -steppenvegetation entstanden, oder es hat sich sekundäres Gebüsch angesiedelt. Am schwerwiegendsten sind die Eingriffe durch den Wolfram- und Molybdänabbau bei der Stadt Tyrnyaus. Infolge der Aufschüttung riesiger Schwemmhalden ist dort nicht nur eine Veränderung der biogenen Komponenten eingetreten, sondern eine völlig neue Reliefsituation entstanden, und die veränderten Substrateigenschaften bedingten andere Bodenbildungsprozesse.

Diese Beispiele zeigen, daß die derzeitige Landschaftsstruktur und -gliederung auch im scheinbar naturnahen Baksantal nicht statisch, sondern durch natürliche Prozesse und zunehmend auch durch anthropogene Einflüsse Veränderungen unterworfen ist. Maßnahmen zum Naturschutz müssen angedacht werden. Einen erfolgversprechenden Anfang bilden Überlegungen der zuständigen administrativen Stellen, im gesamten oberen Baksantal einen Nationalpark einzurichten (vgl. Kap. 6.).

3.
Die Gletscherwelt im Elbrusgebiet

Natal'ja A. Volodičeva, Otfried Baume, Kirill F. Vojtkovskij,
Viktor V. Popovnin u. Evgenij A. Zolotarëv

3.1.
Das Elbrus-Gletschersystem
(Natal'ja A. Volodičeva, Otfried Baume u. Kirill F. Vojtkovskij)

Das Gletschersystem des Elbrus umfaßt in seiner Gesamtheit 25 Gletscher, die in die Einzugsgebiete der Flüsse Baksan, Malka und Kuban entwässern. Sie bilden einen zusammenhängenden Komplex und sind durch ihre allgemeinen Existenzbedingungen auf dem Vulkanmassiv sowie ihre Wechselbeziehungen eng miteinander verbunden (Abb. 30).

Die Gesamtfläche aller Gletscher unter Berücksichtigung der Schnee-Eisbedeckung der Elbrusgipfel beträgt nach Kartierungsdaten von 1983–1987 etwa 104,5 km². Davon gehört mehr als die Hälfte (53,1 km²) zum Einzugsgebiet des Baksans. Das Gletschersystem des Elbrus ist ein lokaler, relativ isolierter Teil innerhalb des höherrangigen Gletschersystems des zentralen Kaukasus. Jeder Gletscher des Elbrussystems hat sowohl allgemeine als auch spezifische Merkmale.

Auf den Zustand und die Veränderungen des Gletschersystems als Ganzes sowie der einzelnen Gletscher haben sowohl Klimaschwankungen, die durch die Zyklizität der Sonnenaktivität hervorgerufen werden, als auch der Wechsel von Epochen der Luftmassenzirkulation oder die globalen anthropogenen Einwirkungen einen Einfluß. Jedoch sind diese Einflüsse vor dem Hintergrund der allgemeinen Degradation der gesamten Vergletscherung für jeden einzelnen Gletscher recht unterschiedlich (Kap. 3.3.).

Die Bedingungen der Gletscherbildung und deren Reaktion auf äußere Veränderungen sind ungleich und hängen von einem Komplex geographischer Faktoren ab. Unter diesen sind die absolute Höhenlage der Gletscher, die Hangexposition, das Profil des Untergrundreliefs, die Reliefformen sowie die klimatischen Besonderheiten und ihre Schwankungen die wichtigsten. Für die Existenz der Vergletscherung am Elbrus sind die Form des Berges, d. h. die zweigipflige Kegelgestalt, die große Höhe der Gipfel, die steilen Hänge mit ihren komplizierten subglazialen Oberflächen und dem Ausbiß von Lavakämmen durch die Schnee- und Firnfelder verantwortlich.

Die Prozesse der Schneeakkumulation, der Firn- und Eisbildung sowie der Ablation wurden im Elbrusgebiet an ausgewählten Gletschern der Hauptkette, vor allem aber am Elbrus-Gletschersystem untersucht. Die Mächtigkeit der Schneedecke an den Elbrushängen ist außerordentlich differenziert. Am Doppelgipfel selbst ist sie durch den Windeinfluß mit durchschnittlich 50–70 cm (max. 100 cm) nur gering. In einer Höhe von 4000–3800 m umgibt den Elbrus ein breiter Gürtel wechselnder Schneemächtigkeiten. Im Mittel sind es 3–4 m, maximal jedoch über 6 m. Da die schneebringenden zyklonalen Wetterlagen oft von starken Winden begleitet sind, spielen Schneeumlagerung und Deflation eine bedeutende Rolle. Bis zu 50 % der gefallenen Schneemengen werden durch derartige Prozesse an den Elbrushängen umgelagert. Im schneereichen Winter 1986/87 wurden infolgedessen an einigen Stellen Schneehöhen von bis zu 17 m gemessen.

Im darunter befindlichen Gürtel von 3800 bis 3600 m Höhe liegt auf den ansetzenden Gletscherzungen meist nur eine saisonale Schneedecke, die auf den südexponierten Hängen im Sommer fast vollständig abtaut. Setzt man für die sommerliche Ablationsperiode eine mittlere Tagestemperatur von über 0 °C voraus, so beginnt sie auf den südlichen Elbrushängen in einer Höhe von 3680 m etwa in der dritten Julidekade, in 4000 m Höhe gar erst Anfang August. Die Tauprozesse setzen aber schon früher ein, so beispielsweise am Gletscher Garabaschi in 3520 m Höhe bereits Ende April, in Höhen von 3750 m Mitte Mai und bei 4000 m Anfang Juni. Die Dauer der Ablationsperiode beträgt in 3700–3800 m Höhe etwa 60–75 Tage. In Höhen über 4000 m kann sie sich bis auf wenige Tage verringern. Die Intensität der Tauprozesse ist jährlich sehr unterschiedlich und nimmt mit der Höhe ab (Abb. 31). Die Ablation wird von folgenden Faktoren beeinflußt:

– Hangexposition und Hangneigung,
– direkte Sonneneinstrahlung,
– Verschmutzungsgrad des Schnees,
– Albedo.

Untersuchungen von KRAVCOVA (1966) am Irik-Gletscher ergaben, daß sich bei starker Verschmutzung des Schnees die Ablation um 10 mm pro Tag erhöht. Dagegen ist die Ablation von Gletschern mit einer Deckmoräne bedeutend geringer als bei offener Gletscheroberfläche (Kap. 3.4.). Die gleiche tägliche Abtaurate liegt auf den nordexponierten Elbrushängen etwa 500 m tiefer als auf den südexponierten. Mit zunehmender Hangneigung steigt bei gleicher direkter Sonneneinstrahlung die Ablation (LJUBOMIROVA 1964). Nach Untersuchungen von TUŠINSKIJ (1968) beträgt die Intensität der Ablation unter gleichen Bedingungen auf Gletschereis das 1,5fache dessen auf Schnee, was mit der größeren Albedo des Schnees zusammenhängt.

Im Zusammenhang mit den Akkumulations- und Tauprozessen in unterschiedlichen Höhen kann man am Elbrushang drei Typen der Gletschereisbildung unterscheiden (Abb. 32):

– Regelation,
– Infiltration,
– Kongelation.

Die Regelation beginnt am Elbrus in Höhen ab 5200 m. Hier findet kein thermischer Tauprozeß mehr statt. Die hohe und intensive Strahlung ruft jedoch ein strahlungsbedingtes Umkristallisieren der Schneekristalle hervor. In einigen Gebieten dieser Höhenlage, in denen der Wind große Schneemengen angehäuft hat, wird dieser Prozeß auch durch Druck ausgelöst. Man spricht demzufolge von einer „trockenen" Umkristallisierung.

Gletschereisbildung infolge von Infiltration findet in Höhen von 5200–3700 m statt. Dabei dringt Tauwasser tief in die Schneedecke ein. Im Winter erfolgt die Umkristallisierung hier durch Sublimation. Das Gletschereis besteht in dieser Region folglich aus einer jährlichen Infiltrations- und einer Sublimationsschicht. Die Infiltrationsschicht ist auf Grund von Lufteinschlüssen durchsichtiger, während die Sublimationsschicht eine milchtrübe Farbe annimmt.

Die Kongelation als dritter Eisbildungstyp findet an der unteren Grenze der Infiltrationszone statt. Größere Verbreitung hat sie auf den Plateaugebieten des Dshikiugankes und des Großen Asau-Gletschers. Die saisonale Schneemächtigkeit ist dort relativ gering, und die oberen Gletschereisschichten sind deshalb im Winter stark ausgekühlt. Treffen im Sommer die Tauwässer auf diese Eisschicht, kommt es zur Eisneubildung.

Unterhalb dieser Kongelationszone beginnt am Elbrushang das Ablationsgebiet, das in jedem Fall tiefer als 3700 m liegt.

Die Struktur des Gletschereises weist am Elbrus sehr gestörte Lagerungsverhältnisse auf. Lediglich auf dem Sattel zwischen den beiden Gipfeln und auf den fast ebenen Eisfeldern des Dshikiugankes- und des Chotju-Tau-Plateaus am Großen Asau finden sich die jahreszeitlich bedingten Regelhaftigkeiten der Morphogenese der Schneekristalle im Gletschereis wieder. Dagegen kommen Gletscherbrüche mit ausgedehnten Spaltensystemen in allen Bereichen der Gletscher vor. Charakteristisch sind sie bei karartigen Vertiefungen oder sonstigen Unebenheiten des Untergrundes, beim Übergang von vulkanischen zu kristallinen Gesteinen, infolge reliefbedingter Einengungen des Gletscherstromes und bei Talbiegungen. In den beiden letzten Fällen treten auch verstärkt Ogiven auf.

Über die Bewegung der Elbrusgletscher gibt es bisher nur wenige Untersuchungen (KNIŽNIKOV 1966, LABUTINA 1967). Mittels stereofotogrammetrischer und geodätischer Methoden wurden die Geschwindigkeiten der Gletscherbewegung gemessen. Dabei konnte ein enger Zusammenhang zwischen der Geschwindigkeit

Das Elbrus-Gletschersystem 63

Abbildung 30
Die Gletscher des
Elbrusmassivs

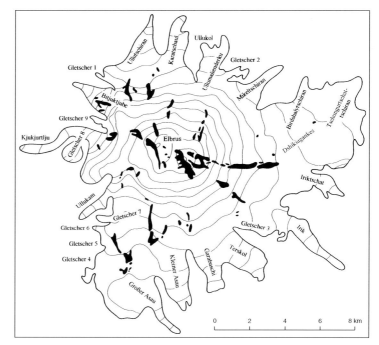

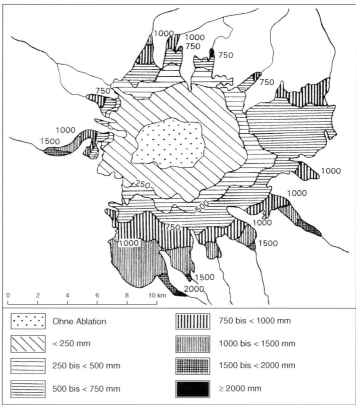

Abbildung 31
Mittlere jährliche Ablation
am Elbrus
(nach TRËŠKINA 1966)

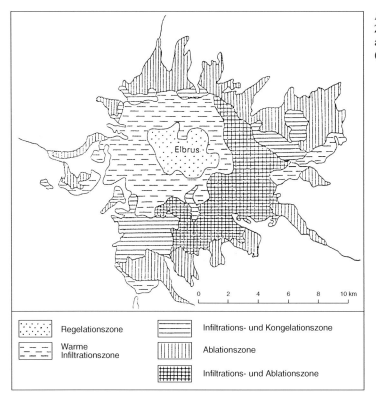

Abbildung 32
Zonen der Eisbildung
am Elbrus
(nach TRËŠKINA 1966)

Legende:
- Regelationszone
- Warme Infiltrationszone
- Infiltrations- und Kongelationszone
- Ablationszone
- Infiltrations- und Ablationszone

und der Lufttemperatur über dem Beobachtungspunkt festgestellt werden, so daß Tages- und Jahresschwankungen sowie Höhenunterschiede deutlich wurden. Die Geschwindigkeiten lagen im Sommer durchschnittlich 20 bis 30 % (max. 50 %) höher als im Winter. Am Elbrushang ist die Bewegungsintensität der Gletscher sehr unterschiedlich (Abb. 33). Sie reicht von einigen Millimetern bis 140 cm pro Tag. In der oberen Gletscherbildungszone ab 5200 m Höhe wurden Geschwindigkeiten von 10–15 cm/d gemessen. Diese langsame Eisbewegung ist auch für die Ränder und Zungenenden der Gletscher typisch. Höhere Geschwindigkeiten im Bereich von 50 bis 100 cm/d treten an der Firnlinie (3700–3800 m) und an steileren Gletscherbrüchen, wie sie am Großen Asau zu finden sind, auf.

Die Gletschermächtigkeit wurde am Elbrushang mit Hilfe von fototheodolitischen Aufnahmen und seismologischen Messungen ermittelt. Die Untersuchungen ergaben, daß nur kleinflächig im Bereich der Firnlinie Eismächtigkeiten von mehr als 100 m auftreten. Auf den Elbrusgipfeln selbst und auf dem Sattel zwischen ihnen ist die Vergletscherung nur 10 bis 20 m bzw. 50 m stark. Unterhalb des Westgipfels, bis in eine Höhe von 5000 m, wächst die Mächtigkeit des Eises rasch auf 80–100 m. Im Gegensatz dazu weisen die Gletscher unterhalb des Ostgipfels nur eine Stärke von 20 bis 50 m auf. Erst kurz über der Firnlinie, etwa bei 4000 m, steigt die Eismächtigkeit auf 80 bis über 100 m an. Diese Unterschiede sind expositions- und damit niederschlagsbedingt. Die Eisdicke der Gletscherzungen hängt in erster Linie von der Oberflächengestalt und vom Relief der Täler ab. In den meisten Fällen verringert sie sich erst am Zungenende.

Die konkreten Beobachtungen und Messungen der Autoren an den Elbrusgletschern begannen im Jahre 1957 im Rahmen der glaziologischen Arbeiten nach dem Programm des Internationalen Geophysikalischen Jahres (IGJ). In bezug auf die Gletscherdynamik zeigte sich, daß seit Ende des 19. Jh. die Tendenz des Gletscherrückganges anhält. Gegenwärtig setzen die Gletscher des Elbrus ihr Rückschmelzen fort,

Abbildung 33
Mittlere tägliche Gletscherbewegung am Elbrus
(nach LABUTINA 1967)

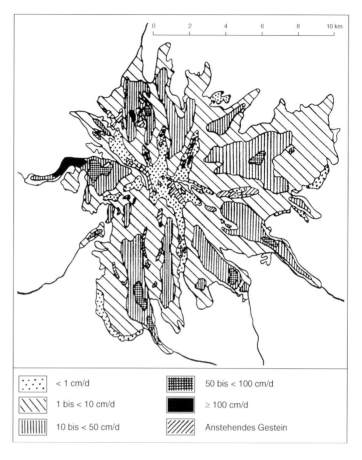

wenn sich auch im Vergleich zum Beginn unseres Jahrhunderts das Tempo ihrer Flächen- und Volumenverringerung und ebenso die Verminderung der Höhe ihrer Oberfläche merklich vermindert haben. Für den gesamten Zeitraum von 1933 bis 1983 ist kennzeichnend, daß die Geschwindigkeit der Flächenreduzierung der Elbrusvergletscherung im Abschnitt von 1933 bis 1958 die von 1958 bis 1983 um das 3fache übertraf. Die erste dieser Perioden war verhältnismäßig trocken und warm, was den Gletscherrückgang verstärkte. Im Verlauf der zweiten Periode, besonders Ende der 70er bis Anfang der 80er Jahre, läßt sich eine Zunahme der winterlichen und Frühjahrsniederschläge feststellen, was sich günstig auf die Massenbilanz der Gletscher auswirkte. Die Winterperiode 1986/87 zeichnete sich beispielsweise durch anomal große Schneemengen aus. Die Akkumulation auf den Gletschern übertraf in diesem Winter den Mittelwert für die gesamte Beobachtungsperiode um 78 %. In einem Schneeschurf auf dem Kleinen Asau-Gletscher in einer Höhe von 3800 m betrug die Schneemächtigkeit das 2,5fache der früherer Beobachtungen.

In den 80er Jahren begannen viele Gletscher des Elbrusgebietes eine stationäre Lage einzunehmen, während der Große Asau-Gletscher sogar vorstieß. Die Ursache dafür wird in einer veränderten atmosphärischen Zirkulation gesehen. In den Jahren 1960–1970 dominierte ein meridionaler Luftmassentransport aus nördlichen Richtungen. In den 80er Jahren nahm die Rolle der zonalen Zirkulation (West–Ost) zu. Gleichzeitig blieb der Zyklus hoher solarer Aktivität bestehen, die zu einer höheren Temperatur in den Sommermonaten und damit zum stärkeren Abtauen der Gletscher in südexponierter Lage führte. Das weitere Dominieren der zonalen Zirkulation kann zur Stabilisierung der Glet-

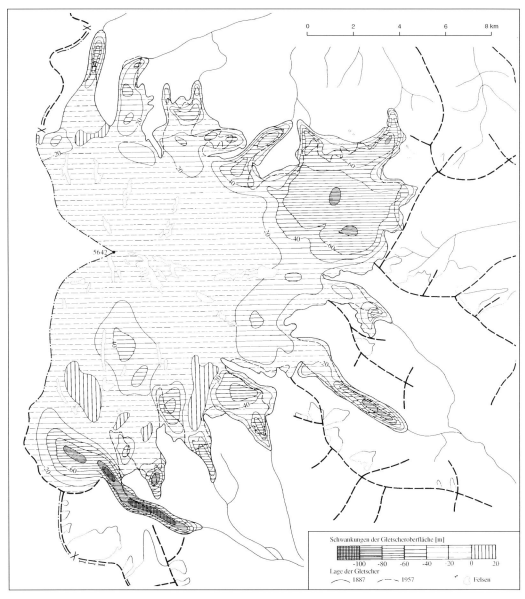

Abbildung 34 a
Schwankungen der Elbrusgletscher im Zeitraum 1887–1957 (E. A. ZOLOTARËV)

scher bzw. zu ihrer Vergrößerung führen. Das bekräftigen die Daten der Fototheodolitkartierungen, die von E. A. ZOLOTARËV in den Jahren 1983–1987 durchgeführt wurden, und auch die Untersuchungen von V. V. POPOVNIN am Repräsentativgletscher Dshankuat (BAUME u. POPOVNIN 1994; Kap. 3.3. u. 3.4.).

Das Verhältnis der vorrückenden, stationären und rückschreitenden Gletscher im Elbrussystem zeigt, daß die wichtigsten Einflußfaktoren auf die Dynamik der Gletscher die Niederschläge sowie ihre Schwankungen und äolische Umverteilungen sind. Klimaänderungen zeigen sich im Leben der Gletscher erst nach einigen

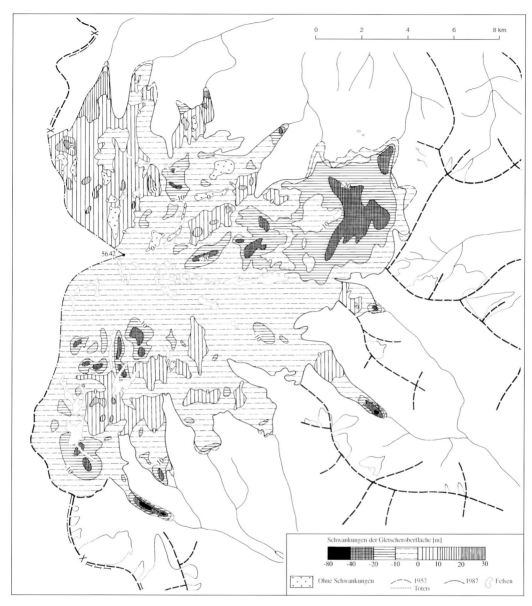

Abbildung 34 b
Schwankungen der Elbrusgletscher im Zeitraum 1957–1987 (E. A. ZOLOTARËV)

Jahren. Infolge der unterschiedlichen Morphologie und der Trägheit der Eisbildungen vollziehen sich die Masseschwankungen in jedem Gletscher unterschiedlich. Die Lage der Gletschernährgebiete am Elbrus in Höhenlagen von 3800–5500 m begünstigt den Erhalt der Schnee-Firn-Schicht bei beständig negativen Jahrestemperaturen der Luft. Über den Gletschern liegen die Lufttemperaturen sogar noch in Höhen von 2500–3500 m um 3–4 °C niedriger als auf unvergletscherten Oberflächen im selben Höhenniveau. Somit kühlt das Gletschersystem des Elbrus, das ja eine bedeutende Fläche einnimmt, die unteren Schichten der Atmosphäre ab, was

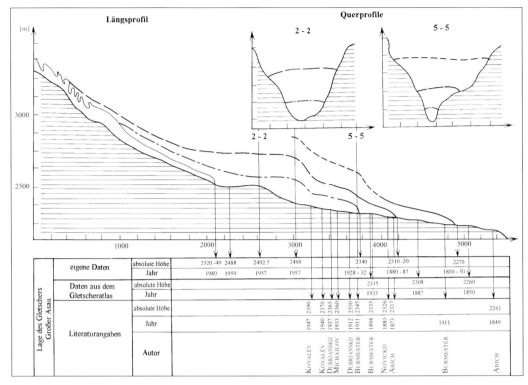

Abbildung 35
Dynamik der Gletscherzunge des Großen Asau seit 1850 (nach verschiedenen Autoren und eigenen Daten)

den Erhalt der Gletscher und ihren weiteren Entwicklungsprozeß ermöglicht.

Jeder Gletscher im System des Elbrus hat eine relativ unabhängige Entwicklung. Dabei weisen die Gletscher des südlichen und südwestlichen Vergletscherungsbereiches seit Ende des 19. Jh. die größten negativen Veränderungen auf (Abb. 34 a u. 34 b). Allerdings haben die Schwankungen einen ungleichmäßigen Charakter. Die größten Veränderungen vollzogen sich am Großen Asau-Gletscher, der sich nach 1850 zurückzuziehen begann, jedoch in den 70er Jahren des vorigen Jahrhunderts eine stationäre Lage behielt, in den Jahren 1885–1887, 1910–1914 und 1930–1932 vorstieß, in den 60er Jahren unseres Jahrhunderts erneut eine Stillstandslage einnahm und von 1976 bis 1982 wiederum vorrückte. Von 1990 bis 1992 entwickelte sich unterhalb des Gletscherbruches am Großen Asau eine kinetische Welle, die erneut von der Aktivierung der Gletscherbewegung im oberen Teil der Zunge zeugt, während sich gleichzeitig in seinem unteren Teil ein intensives Tauen vollzog und der Rückzug anhält. Von 1957 bis 1976 zog sich der Gletscher um 360 m zurück, von 1980 bis 1992 um 260 m. Das Gletscherende lag im August 1993 in einer Höhe von 2528 m (Abb. 35, 36 u. 37). Einige Gletschervorstöße führten zur Bildung stadialer Stauchmoränenwälle. Im Jahre 1980 ergoß sich auf den Gletscher oberhalb des Gletscherbruchs ein Wasser-Stein-Selstrom, verursacht durch den Ausbruch eines Eisstausees. In einer Höhe von 3300 bis 3500 m sind auf dem Plateau Chotju-Tau das Austauen der subglazialen Gletscherwanne und eine allgemeine Verringerung der Eismächtigkeit zu beobachten. Die Gletscherzunge des Großen Asau ist gegenwärtig von einer Moränendecke mit einer Mächtigkeit von 1–2 bis zu 30–50 cm bedeckt. Sie ist außerdem durch Spalten und Zerrungsrisse zerstückelt. Unter dem Eis zeigt sich das Anstehende in kristalliner Zusammensetzung. Die Ober-, Innen- und Grundmoräne bestehen dagegen vorwiegend aus La-

Das Elbrus-Gletschersystem 69

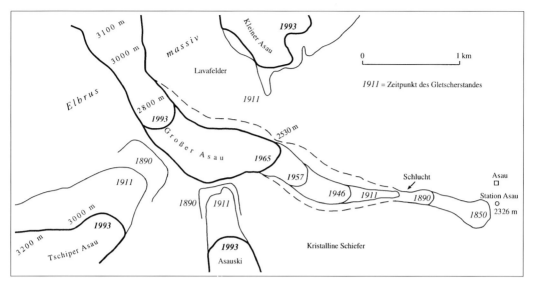

Abbildung 36
Rückgang des Großen Asau und seiner Nebengletscher seit Mitte bzw. Ende des vorigen Jahrhunderts

vablöcken. Am Ende der Gletscherzunge setzt sich die weitere Verkürzung des Gletschers mit der Bildung von Toteis fort, wie es ähnlich Ende des 19. Jh. und Anfang des 20. Jh. sowie in den 50er und 60er Jahren unseres Jahrhunderts geschah.

Im Gegensatz zu den verschiedenen Oszillationen des Großen Asau-Gletschers zieht sich der Kleine Asau-Gletscher seit Ende des 19. Jh. langsam, aber stetig zurück. Seit Ende des 19. Jh. existierte er bereits als selbständiger Gletscher, wie ihn BURMESTER 1913/14 beschrieb (Abb. 36). Seit Beginn der Messungen im Jahre 1957 hielt das Tempo der Verringerung des Gletschers an. Es beträgt einige Meter im Jahr. Im Nährgebiet des Kleinen Asau erfolgte im Zeitraum von 1957 bis 1983 eine Erniedrigung der Oberfläche, die im Profil vom westlichen Elbrusgipfel bis zum Zungenende 6–30 m betrug.

In den Akkumulationszonen des Großen und Kleinen Asau-Gletschers kam es in den letzten 20–30 Jahren durch die Höhenabnahme der Gletscheroberflächen zu einem „Heraustauen" der holozänen Lava auf dem Ostgipfel, an der Felsmauer nahe der Schutzhütte „Prijut-11" (4050 m) und am Pastuchow-Felsen (4680 m), was zur Teilung der Nährgebiete in einzelne Ströme führte. Das trug zur Einengung der Akkumulationsfläche und zur Erhöhung der absor-

bierten Wärme der Gletscher bei. Außerdem kam es dadurch zur Verbreiterung der Zone von Infiltrationseisbildung. Gleichzeitig läßt sich in Höhen von 3700 bis 3900 m in den letzten Jahren eine unbedeutende Vergrößerung der Oberfläche feststellen, die von einer Regimeänderung der Gletscherspeisung zeugt.

Bedeutende Flächenveränderungen erfuhren auch die Gletscher des östlichen und nordöstlichen Sektors der Elbrusvergletscherung Irik, Iriktschat und Dshikiugankes. In den Jahren 1957–1959 begann am Gletscherende des Irik die verstärkte Bildung von Toteis, und es wurde ein Zurückweichen des Gletschers festgestellt. Im Zeitraum 1887–1987 zog sich der Irik nach Angaben von ZOLOTARËV (vgl. Kap. 3.3.) um 360 m zurück. In dieser Zeit wurden ca. 100 000 m² eisfrei. Das Volumen des getauten Eises betrug 3 Mio. m³. Als Ergebnis der Untersuchungen im Jahre 1993 stellte sich heraus, daß durch das Austauen das Toteis verschwand, das vordem große Flächen am Gletscherende eingenommen hatte.

Gleichzeitig zog sich der Gletscher Iriktschat um 250 m zurück. Auf seiner Oberfläche kam es zu einem bedeutenden Zuwachs der moränenbedeckten Fläche, besonders am Ende der Zunge. Die mittlere Absenkung der Gletscheroberfläche betrug am Zungenende ca. 14 m.

Abbildung 37
Der Große Asau-Gletscher
(Foto: Fundus der MGU)

a) 1957

b) 1973

c) 1992

Die glazialmorphologischen Untersuchungen ergaben, daß die Gletscher des Elbrussystems einen wesentlichen Einfluß auf das Milieu ihrer Umgebung über ihre reliefbildende Wirkung ausüben, die in bedeutenden Exarations-, Transport- und Akkumulationsleistungen zum Ausdruck kommt. In den letzten Jahrzehnten vollzogen sich unter den Bedingungen des Vergletscherungsprozesses am Elbrus und bei der Gletscherdegradation im Gletschervorfeld Neuentwicklungen von Moränenkomplexen, was besonders deutlich bei den Gletschern Großer Asau, Irik und Ullutschiran ausgebildet ist. An den Gletschern Terskol, Iriktschat und Dshikiugankes kam es zu einem Austauen der Innenmoränen und zur neuerlichen Bildung von Toteis. Neue Eisstauseen entstanden am Rande der Gletscher Mikeltschiran, Kleiner Asau und Garabaschi. An diesen Stellen besteht die Gefahr von Durchbrüchen, verbunden mit der Bildung von glazialen Seli. Die Moränenkomplexe des Garabaschi stellen einen der gefährlichsten Seliherde dar. Nach dem letzten Großsel im Tal des Garabaschi im Jahre 1968 begann eine erneute Akkumulation von Moränenmaterial.

In der Gletscherzunge des Großen Asau kann sich in der Spitzenzeit der Ablation (Ende Juli/Anfang August) eine gewaltige Wasserflut entwickeln, durch die eine Gletschergrotte entsteht, die das Schmelzwasser zunächst staut und dann durchbrochen wird. Solche Wasserfluten gab es am 31. 7. 1981 und am 2. 8. 1992. Im Moment des Ausbruchs der Schmelzwässer löste sich ein gewaltiger Eisblock vom Gletscher. Der Wasserspiegel des Gletscherbaches hob sich um 1 m, wobei ein Schwall entstand, der sich talabwärts wälzte. Die Eisschollen mit Durchmessern bis zu 3 m wurden durch das Tal über 3,5 km vom Gletscherende entfernt nach unten getragen. Dabei erfolgte ein neues Einschneiden des Flußbettes um 1–1,5 m, und gleichzeitig begann die Herausbildung einer neuen Flußterrasse.

3.2.
Die Gletscher im Einzugsgebiet des oberen Baksantals
(VIKTOR V. POPOVNIN)

Das Einzugsgebiet des oberen Baksantals ist eines der bedeutendsten Vergletscherungszentren des Kaukasus. Im Gletscherkatalog (BOROVIK u. KRAVCOVA 1970) wurden 156 Gletscher mit einer Gesamtfläche von 132,9 km^2 registriert. Die Anzahl der Gletscher ist seitdem gleich geblieben, die Fläche hat sich jedoch in den letzten 25 Jahren weiter verringert (Kap. 3.3.). Unter allen Flußeinzugsgebieten des Kaukasus steht das Baksantal hinsichtlich seiner Vergletscherung nur hinter denen des Inguri auf der Südflanke des Megaantiklinoriums und des Tscherek zurück. Die starke Vergletscherung im Inguri-Einzugsgebiet hängt mit dem vorwiegenden Luftmassentransport aus West und Südwest zusammen, so daß dort bedeutend mehr Niederschläge als im ost- und nordostexponierten Baksantal fallen. Das obere Tscherektal dagegen weist die größten tektonischen Hebungstendenzen des alpidischen Kaukasus und die größten mittleren Höhen auf, was ebenfalls eine enorme Vergletscherung verursacht.

Die überwiegende Zahl der Gletscher im Einzugsgebiet des oberen Baksantals befindet sich in den Tälern seiner rechten Zuflüsse Dongusorun, Jusengi, Adylsu, Adyrsu und Tjutjusu. Die linken Zuflüsse werden vor allem von den Schmelzwässern der mächtigen Elbrusvergletscherung gespeist, die sich in ihrem glaziologischen Regime von allen anderen Gletschernährgebieten unterscheidet. Die von den Vulkankegeln sternförmig auseinanderfließenden Gletscher sind für den Kaukasus nicht typisch und kommen nur an den isoliert aufragenden Vulkanen Elbrus, Kasbek und Maili (kleiner, erloschener Vulkan im Kasbekgebiet) vor. Allerdings ist ein bedeutender Teil der Eisressourcen an diese Massive gebunden. Die 7 Elbrusgletscher des oberen Baksantales nehmen mit ihren rund 53,1 km^2 Fläche immerhin fast 40 % der gesamten vergletscherten Fläche im Elbrusgebiet ein (vgl. Kap. 2.7.). Bei aller Spezifik der Kegelberggletscher des Elbrus ist allerdings zu berücksichtigen, daß deren Gletscherzungen ihrer Morphologie nach jenen „gewöhnlicher" Talgletscher ähneln. Läßt man die Elbrusgletscher unberücksichtigt, so ergibt sich aus der Verteilung der übrigen Gletscher im oberen Baksantal die Gesetzmäßigkeit, daß mit zunehmender Entfernung von der Hauptkette nach Norden die Zahl und die Fläche der Gletscher geringer werden (Abb. 19). Es sind vorwiegend nach Norden orientierte Gletscher, die sich vor allem in den rechten Seitentälern des Baksans entwickelten. Diese ungleichmäßige Verteilung

Tal	Gletscher		Vergletscherte Fläche	
	Anzahl	Anteil [%]	[km²]	[%]
1	2	3	4	5
Irik, Kubasanty	13	8,3	13,8	10,4
Kyrtyk	12	7,7	4,3	3,2
Baksanoberlauf bis zur Adylsumündung	32	20,5	57,8	43,5
Adylsu	24	15,4	20,4	15,4
Adyrsu	40	25,6	19,0	14,3
Tjutjusu	11	7,1	9,3	7,0
Andyrtschi, Kurmytschi, Dshapyrtala	5	3,2	1,7	1,3
Tschelmas, Sabalyksu	7	4,5	1,1	0,8
Gerchoshan	9	5,8	4,4	3,3
Kestanty	3	1,9	1,1	0,8
Insgesamt	156	100	132,9	100

Tabelle 7
Gletscherverteilung in den Tälern der größten Nebenflüsse im Einzugsgebiet des oberen Baksantals

ist auf Abbildung 19 und in Tabelle 7 zu erkennen. Die große Zahl der in nördliche Richtungen exponierten Gletscher (Tab. 8) erklärt sich aus den für ihre Entstehung und Speisung günstigen klimatischen Bedingungen.

Etwa 3 % der Gletscherfläche des Gebietes sind mit einer Moränendecke überzogen, meist die unteren Zungenabschnitte. Die Ansammlung von Moränenmaterial auf der Oberfläche der aktiven Gletscher hängt von der Petrographie der Felsumgebung und vom Auftreten gravitativer Prozesse der Wand- und Hangabtragung ab. Die Moränendecke mißt in der Regel nur wenige Zentimeter, erreicht jedoch in einigen Fällen eine Mächtigkeit von mehreren Metern. Ein derartiger lithogener „Panzer" wirkt konservierend auf das Ablationsregime, wie es beispielsweise beim Gletscher Dongusorun der Fall ist (Kap. 2.7.).

Exposition	Gletscher		Vergletscherte Fläche	
	Anzahl	Anteil [%]	[km²]	[%]
1	2	3	4	5
NW	23	14,8	15,1	11,4
N	52	33,3	33,4	25,1
NE	30	19,2	16,2	12,2
E	16	10,3	5,7	4,3
SE	8	5,1	25,0	18,8
S	2	1,3	29,4	22,1
SW	7	4,5	2,8	2,1
W	18	11,5	5,3	4,0
Insgesamt	156	100	132,9	100

Tabelle 8
Gletscherexposition im Einzugsgebiet des oberen Baksantals

Diese Bereiche ordnen sich in eine genetische Reihe ein: aktiver, unbedeckter Gletscher – deckmoränenüberzogene Gletscherzunge – Gletschereis unter einer starken Moränendecke – Toteis – Steingletscher (Kap. 4.4.). In den letzten Jahrzehnten hat die Moränenbedeckung einen kontinuierlichen Zuwachs erfahren, was ein charakteristisches Merkmal einer sich in Degradation befindenden Vergletscherung darstellt. Ein weiteres Anzeichen dafür ist die zunehmende Anzahl der Gletscher bei gleichzeitiger Verringerung der Gesamtfläche (Kap. 3.3.). Die vergletscherte Fläche im Elbrusgebiet verminderte sich in den letzten 100 Jahren (seit der ersten militärtopographischen Aufnahme PASTUCHOVS 1887–1890) um 43 %, was größtenteils auf Kosten der Deglaziation der Seitenkette erfolgte. Vor dem Hintergrund der Vergletscherung des gesamten Kaukasus ist an den Gletschern des oberen Baksantales keinerlei Abweichung von den allgemeinen Tendenzen zu beobachten. Pulsierende Gletscher sind hier nicht anzutreffen. Die Gletscherschwankungen spiegeln die allgemeinen klimatischen Trends wider.

Im folgenden sollen die einzelnen Täler im Einzugsgebiet des oberen Baksans hinsichtlich ihrer Vergletscherung beschrieben werden.

3.2.1.
Die Gletscher in den Tälern der linken Zuflüsse des Baksans: Kubasanty und Kyrtyk

Gegenwärtig haben sich, abgesehen von den Elbrusgletschern, in drei Tälern der linken Zuflüsse des Baksans Gletscher erhalten (Abb. 19). Die Fläche der in den Tälern des Irik (9 Gletscher), Kubasanty (2) und Kyrtyk (12) befindlichen Gletscher ist mit 4,4 % der Gesamtgletscherfläche im Einzugsgebiet des oberen Baksantals unbedeutend. Von diesen Gletschern weisen 9 eine Ausdehnung von nur weniger als 0,1 km² auf, und ihre Länge beträgt lediglich einige hundert Meter. Sie liegen alle in tief ausgehobelten Karen in relativ großen Höhen von 3140 bis 3750 m. Zwei von ihnen stellen ehemalige Gletscherzuflüsse des Irik dar, die sich erst in unserem Jahrhundert von ihm abtrennten. Die übrigen, größeren Gletscher dieser linken Seitentäler gehören vorwiegend zum Typ der Kar-Wandgletscher. Auch ihre Flächen liegen unter 1 km², und die Länge schwankt zwischen 0,5 und 2 km. Ihr Höhenunterschied beträgt im Mittel nur 200 m und erreicht im Ausnahmefall 700 m. Offensichtlich muß als Hauptursache der schwachen Vergletscherung in dieser Region die Barrierewirkung des Elbrusmassivs angesehen werden, die feuchte Luftmassen aus westlichen Richtungen abhält. Das Klima ist in diesen linken Seitentälern des Baksans bedeutend trockener als beispielsweise in der Hauptkette des Kaukasus.

3.2.2.
Die Gletscher im Oberlaufgebiet des Baksans bis zur Adylsu-Mündung

Mehr als 2/3 der Gletscher (79,5 %) im Einzugsgebiet des oberen Baksans entwässern von der Hauptkette in dessen rechte Zuflüsse. Insgesamt befinden sich 25 Gletscher in den rechten Seitentälern des Baksans bis zur Adylsu-Mündung. Das erste große Seitental, das des Dongusorun-Flusses, bietet gleich die ganze Breite der geomorphologischen Gletschertypen dar, von kleinen Wandgletschern bis hin zum großen Talgletscher Dongusorun (Abb. 19). Es schließt sich das Hängetal des Kogutai mit zwei Kar-Wandgletschern (Großer und Kleiner Kogutai; Tab. 3) an. Das nach einem kleineren Seitental folgende Tal des Flusses Jusengi nimmt von allen Nebentälern die östlichste Exposition ein und zeichnet sich durch einen sehr hohen Vergletscherungsgrad aus. Hier finden wir die größten Gletscher dieser Gruppe. Charakteristisches Merkmal dieser Gletscher ist die hohe glaziologische Vielfalt ihrer Morphologie, ihres Gletscherregimes und ihrer Entwicklung – eine Folge der recht differenzierten Expositionen (Abb. 19). Resultat dieser vielfältigen Existenzbedingungen ist u. a. der große Unterschied in den mittleren Höhen ihrer höchsten und niedrigsten Punkte. Die Gletscher liegen im Jusengi-Tal im Mittel tiefer als in anderen Tälern, was damit zusammenhängt, daß in diesem Bereich die Hauptkette, abgesehen vom Gipfel Dongusorun, insgesamt nicht so große Höhen erreicht. In diesem Abschnitt des Gebirges befinden sich auch wichtige Pässe, wie der Betscho- und Dongusorun-Paß.

3.2.3.
Die Gletscher im Adylsu-Tal

Das Adylsu-Tal, eines der größten Seitentäler des Baksans, ist nochmals in mehrere Seitentäler 2. und 3. Ordnung untergliedert. Es stellt ein klassisches Beispiel eines vergletscherten Tales der Hauptkette dar. Vier große Talgletscher und eine Reihe kleinerer Kar-, Kar-Tal-, Kar-Wand- und Wandgletscher bedecken zusammen 20 % der Fläche des Tales (Abb. 19). Zu ihnen gehört der Schchelda, der größte Gletscher des Elbrusgebietes außerhalb des Elbrussystems. Weitere Talgletscher sind der Kaschkatasch, der Baschkara und der Dshankuat, der als Repräsentativgletscher des gesamten Kaukasus im Kapitel 3.4. gesondert besprochen wird. Eine derartig mächtige Gebirgsvergletscherung wird durch das optimale Zusammentreffen von orographischen und klimatischen Gegebenheiten ermöglicht. Auch südlich des Hauptkammes des zentralen Kaukasus ist in diesem Gebiet eine intensive Vergletscherung anzutreffen, an der so gewaltige und komplizierte Talgletscher wie Leksyr, Uschbinski und Tschalaat teilhaben.

Die Verteilung der Gletscher im Adylsu-Tal ist allerdings recht ungleichmäßig. Fast alle Eisvorräte sind an die orographisch linke Talseite gebunden, also nordexponiert (insgesamt 19 Gletscher). Der nordwestorientierte Dshankuat bildet mit seinen Schmelzwässern die Quelle des Adylsu-Flusses. Die übrigen 5 Gletscher der rechten Talseite sind süd- und südwestexponiert und demzufolge nur schwach entwickelt. Sie liegen in großen Höhen in tief ausgearbeiteten, aber in ihren Ausmaßen, ihrer Hypsometrie und Morphographie ähnlichen Karen. Mit zunehmender Entfernung von der Hauptkette nehmen diese kleinen Gletscher jeweils ein anderes Entwicklungsstadium der obenerwähnten genetischen Reihe (aktiver, unbedeckter Gletscher – deckmoränenüberzogene Gletscherzunge – Gletschereis unter einer starken Moränendecke – Toteis – Steingletscher) ein. Weiter östlich des Dshankuats wird das erste Kar von einem Kar-Wandgletscher eingenommen, der vor einigen Jahrzehnten noch die Talsohle erreichte und sich mit dem Dshankuat vereinigte (Gletscher 63 in Abb. 19). Die drei folgenden Kammern sind mit typischen Karcletschern besetzt, deren Moränenbedeckung vom einen zum nächsten immer mächtiger wird. Im anschließenden Kar liegt noch ein winzig kleiner Kargletscher mit einer Fläche von nur 0,07 km², der fast vollständig unter einer Deckmoräne verborgen ist. In zwei weiteren Karen sind nur Steingletscher übriggeblieben. Die genetische Abfolge der unterschiedlichen Entwicklungsstufen der Gletscher in diesem Gebiet wird durch folgende Faktoren hervorgerufen:

– Die Kurmytschi-Kette, eine Abzweigung der Hauptkette, wendet sich mit zunehmender Entfernung von der Hauptkette immer mehr nach Westen und dreht im selben Maße ihre Karausgänge mehr und mehr nach Süden, so daß die Karsohlen der direkten Sonneneinstrahlung ausgesetzt sind.

– Mit größerer Entfernung von der Achse des Megaantiklinoriums verschlechtern sich die Bedingungen der Gletscherspeisung (höhere Schneemengen in den Kammregionen der Hauptkette).

– Die lokalen Knotenpunkte der Vergletscherung, die Talgletscher an den Hängen der Hauptkette, schaffen durch eine verstärkte Albedo und den damit zusammenhängenden Abkühlungseffekt ihr eigenes Mikroklima, das sich auch auf die in ihrer näheren Umgebung liegenden Gletscher auswirkt.

Die Hauptkette erreicht im Adylsu-Tal ein Maximum an Reliefzerschneidung. Die Reliefgenese schuf hier ein bemerkenswert breites Spektrum an Skulpturformen, von spitzen Felsnadeln über Karlinge bis zu grandiosen Gebirgswänden und -mauern. Die an ihnen gebildeten Wandgletscher sind auch einer intensiven mechanischen Abtragung ausgesetzt, die wiederum als zusätzliche Speisung der unter ihnen liegenden Talgletscher dient. Eine große Rolle spielt auch die Lawinenspeisung bei der Gletscherbildung im Adylsu-Tal.

Die großen Gletscher des Adylsu-Tales reichen von allen Gletschern des Elbrusgebietes am weitesten in die Täler hinab (Schchelda 2260 m; Tab. 3). Ihr Gletscherregime und ihre Massenbilanz unterscheiden sich grundsätzlich von denen der Elbrusgletscher. Da sie größtenteils in Hohlformen des Reliefs liegen, sind sie nicht so stark von Schneeumlagerung durch den Wind betroffen wie die Gletscher am Elbrushang. In den Firnmulden der Talgletscher des Adylsu-

Gebietes sind am Ende der Akkumulationsperiode, im April, durchschnittlich 7–10 m Schnee angehäuft, in Extremjahren sogar bis 15 m. Während bei den Elbrusgletschern nur im Bereich der Zunge des Gletschers Großer Asau die jährliche Ablation 2000 mm übersteigt, können an den weit hinunter reichenden Zungen der Adylsu-Gletscher 4000–5000 mm abtauen.

Zur Zeit ist die Massenbilanz der Gletscher im Adylsu-Tal insgesamt negativ. Sie ist jedoch differenziert zu betrachten (Kap. 3.4.). Die Firnlinie, jetzt im Mittel bei 3480 m Höhe liegend, ist seit 1916 durchschnittlich um 120 m angestiegen und damit wesentlich mehr als in allen anderen Tälern des Elbrusgebietes. Das Tempo der Rückverlagerung der Gletscherfronten verlief in den letzten 100 Jahren ungleichmäßig. Es erreichte mit 27–28 m pro Jahr Ende der 50er Jahre sein Maximum am Kar-Wandgletscher Tschegetkara, dessen zweigeteilte Zunge sich rasch über die abgeschliffenen Rundhöckerschwärme zurückzog. Eine ähnliche Rückzugsintensität zeigte auch der Kaschkatasch. Jüngst hat sich die Geschwindigkeit des Gletscherrückganges merklich verlangsamt (Kap. 3.4.).

3.2.4.
Die Gletscher im Adyrsu-Tal

Das Adyrsu-Tal ist, ähnlich wie das oben beschriebene Adylsu-Tal, nochmals in Seitentäler untergliedert und ebenfalls ein ausgedehnter Herd der Vergletscherung. Es wird von drei Seiten von einem glazialen Gürtel in Form eines Hufeisens umfaßt, wobei die Gletscher nicht nur im Oberlaufgebiet, sondern auch nahe der Konfluenzstufe zum Baksan entwickelt sind. Grund dafür ist die Nord-Süd-Ausdehnung des Tales. Außerdem sind die Gletscher auf der das Tal nördöstlich begrenzenden Kette durch Querriegel geschützt (Abb. 19). Die absoluten Höhen der den Talschluß bildenden Hauptkette übertreffen die der Gipfel im Adylsu-Tal (Adyrsubaschi 4340 m, Orubaschi 4350 m, Dshailykbaschi 4415 m). Eine Besonderheit des Adyrsu-Tales besteht darin, daß sich die Gletscher in ihren Nährgebieten in zusammenhängenden Firnmulden zum Teil zunächst vereinen und sich erst in den Zungenbereichen teilen.

Rund 16 % der Fläche sind im Adyrsu-Tal vergletschert. In bezug auf die Anzahl der Gletscher nimmt es unter allen anderen Tälern des Elbrusgebietes mit 40 Gletschern den ersten Platz ein (Tab. 7). Allerdings entfallen 37 % der Gletscher auf kleinere Wandgletscher unter 0,1 km^2 Fläche. Daneben gibt es zwei typische Talgletscher, den Adyrsu und den Junom (Nr. 77 u. 78 in Abb. 19), die jedoch nicht zu den größten dieses Typs gehören. Eine weitere Besonderheit des Tales ist die große Anzahl von Kar-Wandgletschern (35 %). Sie füllen große Kare und Firnbecken aus, und ihre Zungen fließen an den davorliegenden Rundhöckern herab. Da man vom Talboden aus die hochgelegenen Kare oft nicht sieht, erwecken sie den Eindruck von Wandgletschern. Diese Gletscher machen mit 59 % den Hauptanteil der vergletscherten Fläche im Adyrsu-Tal aus.

Der Grund dafür ist in der von den anderen Tälern abweichenden Talmorphologie zu suchen. Das Adyrsu-Tal ist breiter, und der Talboden liegt weitaus tiefer als in den Nachbartälern. Berücksichtigt man noch die größeren Höhen der das Tal einrahmenden Gipfel, so wird deutlich, warum selbst die größeren Gletscher nicht immer den Talboden erreichen. Ihre breiten Zungen enden an den steilen, polierten Felsen.

Die größten Gletscher befinden sich in zwei hydrographisch selbständigen Vergletscherungszentren: im eigentlichen Oberlaufgebiet des Adyrsu und im Einzugsgebiet seines größten rechten Zuflusses, des Kullukol (Abb. 19). Die übrigen liegen in kleineren Nebentälern und stellen meist Kar- oder Kar-Wandgletscher dar. Am Talschluß des Adyrsu-Tales befindet sich auch der am höchsten gelegene Kargletscher der Hauptkette im Elbrusgebiet. Unterhalb des Adyrsubaschi liegt auf einer Schulter ein kleiner Kargletscher in 4020 m Höhe über dem Meer.

Im Adyrsu-Tal kommen alle Merkmale einer regressiven Gletscherentwicklung deutlich zum Ausdruck. Überall sind die Ufer- und Endmoränen des Fernau-Stadiums aus dem 17.–19. Jh. hervorragend zu erkennen, das eine bedeutend größere Ausdehnung als die rezenten Gletscher aufwies. Diese großen Moränenwälle sind unerschöpfliche Materiallieferanten für die hier sehr häufig entstehenden Selströme. Das Tal gehört zu den am meisten schlammstromgefährdeten Regionen des Elbrusgebietes.

Das Adyrsu-Tal nimmt auch den ersten Platz in bezug auf die in den letzten 100 Jahren beim Zerfall des Gletschersystems neu gebildeten

Gletscher ein. Während im Adylsu-Tal durch den Gletscherrückzug 13 „neue" Gletscher entstanden, sind es im Adyrsu-Tal 31. Der Zerfall großer Gletscher geschah hier also in Form der Aufgliederung der breiten Talgletscher in einzelne, unabhängige Eisströme oder selbständige Zungen. Der Flächenverlust der Gletscher ist im Adyrsu-Tal wesentlich größer als in den anderen Tälern. Von 1887 bis 1966 verringerte sich die Gesamtfläche der Gletscher um 31,4 km^2, das sind 62 %. Die mittlere Flächenabnahme in allen Tälern der Hauptkette im Einzugsgebiet des oberen Baksans betrug im selben Zeitraum nur 15 %, in den Tälern der Seitenkette machte sie 22 % aus (nach BOROVIK u. KRAVCOVA 1970).

3.2.5.
Die Gletscher im Tjutjusu-Tal

Dieses Tal ist das nördlichste der großen Vergletscherungszentren im Einzugsgebiet des oberen Baksans. Obwohl seine Fläche nicht halb so groß ist wie die des Adyrsu-Tales, ist es doch prozentual gleichermaßen vergletschert. Die 7 größeren und 4 kleineren Gletscher bedecken immerhin 16 % der Gesamtfläche des Tales. Die Entwicklung der Vergletscherung wird durch die günstige allgemeine Nordorientierung und durch das Vorhandensein von Kar- und Firnkammern ermöglicht. Fast alle Gletscher sind nordexponiert (Abb. 19). Morphologisch gesehen, ähnelt das Tjutjusu-Tal dem des Adyrsu. Die Gletscher der rechten Talflanke liegen meistens frei in den weiten Firnmulden und haben breite Zungen ausgebildet. Ebenso wie im Adysu-Tal enden sie häufig an den Felswänden als Kar-Wandgletscher. Die Gletscherzungen sind in der Mehrzahl flach und senken sich nur wenig unter das Höhenniveau der Firnmulden. Ihre Höhendifferenz beträgt im Mittel nur 250 m, die geringste im Elbrusgebiet. Ähnlichkeiten zum Adylsu-Tal zeigen sich dagegen bei den Gletschern an der linken Talflanke, wo sie in engen und langgezogenen Hängetälern liegen. Eine Besonderheit des Tjutjusu-Tales ist jedoch an den Gletschern des Oberlaufes zu erkennen. Diese beginnen nicht erst in den Firnmulden unterhalb der Gipfel, sondern fließen unmittelbar von den Kammregionen herab, wo sie zusammenhängende, sehr steile Gletscherpartien bilden. Die geringe Zergliederung der Hauptkette in diesem Gebiet sowie das Zurücktreten der Skulpturformen zugunsten von Block-Massivstrukturen begünstigen derartige Erscheinungen.

Die Degradation der Vergletscherung im Tjutjusu-Tal drückt sich vor allem im Zerfall eines einheitlichen Gletschers im Oberlaufgebiet sowie in der Bildung mächtiger Moränenkomplexe und Steingletscher aus. Das Moränenmaterial ist sowohl auf den Gletschern als Deckmoräne als auch im Periglazialgebiet anzutreffen, wo mehrere Moränenwälle zu erkennen sind.

3.2.6.
Die Gletscher in den kleinen Tälern der rechten Zuflüsse des Baksans

Die hier zusammengefaßten 7 Täler der rechtsseitigen Zuflüsse Dshapyrtala, Andyrtschi, Kurmytschi, Tschelmas, Sabalyksu, Gerchoshan und Kestanty weisen eher große Unterschiede als Gemeinsamkeiten auf. Sie vereint eine äußerst geringe Anzahl von Gletschern mit einer Gesamtfläche von 8,3 km^2. Die Gletscher haben die für Randgebiete einer Gebirgsvergletscherung typischen Merkmale. In den Tälern Dshapyrtala, Andyrtschi und Tschelmas sind nur sehr kleine Kar- und Wandgletscher vertreten. Keiner der 5 Gletscher dort hat mehr als 0,1 km^2 Fläche. In den anderen Tälern sind außerdem auch größere Kar-Wand- und Kar-Talgletscher anzutreffen. Das Gerchoshan-Tal ist am stärksten vergletschert. Hier gibt es insgesamt 9 Gletscher mit einer Fläche von 4,4 km^2 (Abb. 19, Tab. 7). Zwei von ihnen gehören dem Kar-Wand-Typus an.

In den sich mehr nach Westen und Nordwesten öffnenden Tälern des Dshapyrtala und Andyrtschi existieren nur kleinere Gletscher. Die Täler, die näher zur Hauptachse des Megaantiklinoriums liegen, sind durch größere absolute Höhen, tiefere Taleinschnitte und damit eine größere Beschattung gekennzeichnet. Die tiefen Schluchten des Kurmytschi und Sabalyksu schaffen bedeutend günstigere Bedingungen für eine Vergletscherung. Tritt dann noch eine nördliche Exposition hinzu, wie am Oberlauf des Gerchoshan-Flusses oder auch am Kurmytschi, sind größere Gletscher ausgebildet. So sind an den Quellen des Kurmytschi zwei hängende Karletscher von 2–3 km Länge vorhanden, die an den Flanken von steilen Felshängen begrenzt werden. Die mächtige Moränenbedeckung des größeren von beiden läßt ihn bis auf 2880 m Höhe hinabreichen.

Im oberen Abschnitt des Flusses Sabalyksu gibt es einen Kar-Talgletscher, der in einer beschatteten Talenge liegt und den überwiegenden Teil seiner Speisung von den abgehenden Lawinen erhält. Er hat sehr gut ausgebildete Seitenmoränen, und die letzten 100 m seiner immerhin 1,7 km Länge sind ebenfalls mit Moränenmaterial bedeckt.

Die von den Hauptvergletscherungszentren Adylsu und Adyrsu weiter entfernt liegenden Täler weisen prinzipiell eine andere Gestalt auf. Hier zeigt sich die Tendenz eines allmählichen Wandels vom alpinotypen Relief zu den mehr abgerundeten Formen. Die größere Nähe der nordkaukasischen Juradepression macht sich hier bereits bemerkbar. Schon beim Tjutjusu ist dies zu erkennen. Ebenso wie dort sind die Oberläufe der Flüsse Gerchoshan und Kestanty von Gletschern besetzt, die direkt von den verschneiten und verfirnten Kämmen herabreichen. Oftmals übertreffen die Quermaße diejenigen der Längsausdehnung (Abb. 19). Die Existenz der relativ großen Gletscher ist zum einen dem häufigen Auftreten von dichtem Nebel während der Ablationsperiode, der den Tauprozeß verlangsamt, und zum anderen der großen absoluten Höhe geschuldet.

Die kleineren Kargletscher dieser Region sind durch geringes Zurückweichen seit 1887 charakterisiert, während sich die Kar-Talgletscher des Kestanty- und des Gerchoshan-Tales seitdem um 1330 bis 1080 m zurückgezogen haben. Der Zerfall komplexer Gletscher war am intensivsten im Oberlaufgebiet des Gerchoshan, wo aus ehemals vier großen Gletschern die heutigen neun wurden.

Eine weitere Besonderheit dieser Täler ist der große Reichtum an Moränenablagerungen im Periglazialgebiet. Auf die in engen und eingetieften Tälern liegenden Gletscher gelangen die Klastika durch Bergstürze und Steinschlag von den steilen Wänden der Umrahmung, die aus petrographisch sehr lockeren und wenig widerstandsfähigen Gesteinen aufgebaut sind. Aus demselben Grund sind alle diese Täler auch sehr seligefährdet. Der Überschuß an Lockermaterial in den gletschernahen Zonen erzeugt ein bedeutendes Potential für die Entstehung glazialer Schlammströme.

3.3. Gletscherschwankungen im Elbrusgebiet seit dem Spätpleistozän
(Evgenij A. Zolotarëv, Otfried Baume u. Joachim Marcinek)

3.3.1. Vergletscherungsphasen des Spätpleistozäns und Holozäns

Im rezenten Relief des Elbrusgebietes sind die Vergletscherungen seit dem späten Pleistozän gut zu erkennen. Nach der aktuellen russischen Literatur lassen sich seit dieser Zeit drei große Vergletscherungsphasen unterscheiden, die als

– spätpleistozäne Vergletscherungen,
– spätglaziale Vergletscherungen und
– holozäne Vergletscherungen

bezeichnet werden (Tab. 9). Die spätpleistozänen Vergletscherungen wurden von Tušinskij (1968) und Ščerbakova (1973) in zwei Gruppen zusammengefaßt, deren größte Ausdehnung sie mit 1. und 2. Maximalstadium bezeichneten. Die absolute Altersdatierung dieser Stadien ist sehr schwierig und bis heute nicht exakt. Im Vergleich mit alpinen Gletschervorstößen und nach geomorphologischen Merkmalen rechnet Ščerbakova (1973) das 1. Maximalstadium, vor 75 000 bis 65 000 Jahren, dem Würm-I-Stadium im Altwürm (nach Woldstedt 1962) und das 2. Maximalstadium, vor ca. 25 000 bis 20 000 Jahren, dem Würm-III-Stadium im Jungwürm zu. Dazwischen lag nach Ščerbakova (1973) im Kaukasus vor 40 000 bis 25 000 Jahren noch eine Phase des allgemeinen Rückgangs der Gletscher mit nur geringen Schwankungen (Würm II?). Diese Daten werden zur Zeit überprüft.

Während der spätpleistozänen Maximalstadien war der gesamte Kaukasus einer intensiven Vergletscherung unterworfen. Die Schneegrenze lag nach den Berechnungen der Autoren bei 2500–2800 m Höhe, also etwa 1000 bis 1200 m tiefer als heute. In den Tälern betrug die Eismächtigkeit, wie an der heutigen Talgestalt zu erkennen ist, bis zu 500 m. Zur Ausbildung eines zusammenhängenden Eisstromnetzes ist es im Kaukasus jedoch nicht gekommen. Allerdings vereinigten sich im Baksantal die Nebengletscher mit dem Hauptglet-

Jahre vor heute	Vergletscherungs-phasen	Vergletscherungs-stadien	Vergleichbares Alpenstadium
1	2	3	4
100	*holozäne* Vergletscherungen	3. *Fernau-Stadium* – 1850 „Abich"-Stadium	Fernau
300		– 17. Jahrhundert	
600		– 14. Jahrhundert	
2 000		2. *Historisches Stadium*	Göschener Kaltphase
4 000		1. Stadium?	Larstig/Misox
10 000	*spätglaziale* Vergletscherungen	3. *Gonatschchir-Stadium*	Egesen
12 000		2. Stadium?	Daun
14 000		1. *Amanaus-Stadium*	Gschnitz
20 000	*spätpleistozäne* Vergletscherungen	2. *Maximalstadium*	Würm-Maximum
70 000		1. *Maximalstadium*	

Tabelle 9
Vergletscherungen im Elbrusgebiet seit dem Spätpleistozän

scher, so daß von einem dendritischen Gletschersystem gesprochen werden kann. Die Reichweite der Gletschervorstöße im Spätpleistozän ist ebenfalls umstritten. Die Autoren gehen nach eigenen Untersuchungen davon aus, daß sich die Hauptgletscher 70–80 km weiter als heute vorgeschoben hatten. Im Relief hinterließen sie breite und bis zu 100 m übertiefte Trogtäler. Insgesamt ist das 2. Maximalstadium der kräftigere Eisvorstoß gewesen, also mit dem Würm-Maximum in den Alpen zu vergleichen.

Die spätglazialen Vergletscherungen wurden von TUŠINSKIJ (1968) nur zu einem Stadium zusammengefaßt. ŠČERBAKOVA (1973) gliedert bereits drei Eisvorschübe aus, die jetzt datiert werden konnten. Nach dem Charakter der reliefbildenden Prozesse und nach ihrer Intensität müssen diese spätglazialen Stadien als Übergangsstadien bezeichnet werden, ein Begriff, den schon v. BÜLOW (1930) verwendete. Das heißt, sie kennzeichnen den Übergang von pleistozänen zu holozänen Vergletscherungen. ŠČERBAKOVA (1973) hatte die Zuordnung zur alpinen Chronologie mit Würm IV vorgenommen. Genauere Datierungsversuche der Autoren gehen davon aus, daß die spätglazialen Eisvorstöße im Kaukasus zeitgleich mit Transgressionen des Kaspisees verliefen, die mit 14 000, 12 000 und 10 000 B. P. datiert werden konnten. Das bedeutet, sie würden in etwa den Alpenstadien Gschnitz, Daun und Egesen entsprechen (Tab. 9). Der Kaspisee reagiert als Binnengewässer auf Vergletscherungen der in ihn entwässernden Gebirge anders als beispielsweise das Schwarze Meer, das mit dem Weltmeer in Verbindung steht. Die Schneelinie lag etwa 700–900 m tiefer als heute. Die lokalen Bezeichnungen des 1. und 3. spätglazialen Stadiums (das 2. Stadium gilt noch nicht als gesichert) stammen von REINHARD (1915), der am Oberlauf des Flusses Teberda, der dort noch Amanaus heißt, und in einem Seitental der Teberda, am Fluß Gonatschchir, entsprechende Ablagerungen fand.

Nach dem Klimaoptimum vor 5 000 bis 3 000 Jahren begann im Elbrusgebiet die holozäne Vergletscherung (Tab. 9). Hier lassen sich mindestens drei Eisvorstöße nachweisen, deren Verlauf im rezenten Relief gut nachzuvollziehen ist. Das erste Stadium, von TUŠINSKIJ (1968) auf die Zeit vor 4 000 Jahren gelegt, ist nur vereinzelt ausgeprägt. Der zweite Gletschervorstoß lag vom 1. Jh. v. u. Z. bis zum 5. Jh. u. Z. und wird als historisches Stadium bezeichnet. Die zeitliche Einordnung kann anhand des aus geologischen und historischen Quellen auf vor 1 100 Jahren datierten letzten Ausbruchs des Elbrus recht genau vorgenommen werden. Die noch von TUŠINSKIJ (1968) angenommene Gleichsetzung dieses Stadiums mit dem Egesen-Stadium der Alpen ist demnach falsch. Die Schnee-

Abbildung 38
Ufermoräne des Garabaschi-Gletschers aus dem 19. Jh.
(Foto: Baume, 1992)

grenze lag damals immerhin etwa 600 m tiefer als heute.

Im 5. bis 10. Jh. setzte im gesamten Kaukasus eine kräftige Erwärmung ein, die mit einem sehr starken Gletscherrückgang verbunden war. Dieser Zeitabschnitt wurde von Tušinskij (1968) als Archys-Pause (nach dem Fluß Archys im Einzugsgebiet der Teberda) bezeichnet. Ihr Wärmeoptimum lag im 6. Jh.

Das darauffolgende, nach der alpinen Chronologie benannte Fernau-Stadium konnte in drei Phasen nachgewiesen werden. Es begann im 14. Jh., hatte seine Maximalausdehnung im 17. und 18. Jh. und war ein drittes Mal um 1850 nachweisbar, wie in den Zeichnungen und Berichten von H. Abich aus dem Jahre 1849 zu erkennen ist (Abich 1887). Die Gletscher hatten sich 1–5 km vorgeschoben und hinterließen gut sichtbare End- und Ufermoränen (Abb. 38). Die Schneegrenzdepression betrug noch etwa 100 m.

Die militärtopographischen Aufnahmen von Pastuchov wiesen 1887 im oberen Baksantal insgesamt 73 Gletscher mit einer berechneten Fläche von 171,2 km^2 aus (ohne Elbrusgletscher). Vom Elbrus entwässerten zu dieser Zeit 7 Gletscher mit einer Fläche von 63,8 km^2 in das Einzugsgebiet des Baksans. Die sich seitdem vollziehende Verringerung der Flächengröße der Vergletscherung ging mit einer Erhöhung der Gletscheranzahl einher (1990 wiesen die 156 Gletscher des Elbrusgebietes eine Gesamtfläche von 132,9 km^2 auf). Die vergletscherte Fläche ging seit 1887 auf der Seitenkette um 22 %, auf der Hauptkette um 15 % zurück. Im Vergleich der Pastuchov-Karte mit Kartierungen, die im Jahre 1957 durchgeführt wurden, ist ein Zurückweichen der Gletscher des Elbrusgebietes im Durchschnitt um 800 bis 900 m zu verzeichnen (Abb. 34). Der Große Asau-Gletscher verkürzte sich bis 1987 gar um 1645 m. Dabei muß angemerkt werden, daß der Eisrückgang von 1850 („Abich"-Stadium) bis 1887 etwa 1,5- bis 2mal so intensiv war wie in den letzten 100 Jahren, was besonders an den Elbrusgletschern zu beobachten ist, deren Dynamik im folgenden Abschnitt detailliert dargestellt wird. Besonders groß war die Regression bei Gletschern mit einem Gletscherkoeffizienten (Verhältnis Akkumulations-/Ablationsfläche) von <1 sowie bei großen Talgletschern, deren Zunge eine geringe Höhenlage aufweist, wie beispielsweise der Große Asau oder der Schchelda (Abb. 35, 36, 37, 39 u. 40). Vergleicht man die heutige Höhe der Firnlinie mit den Angaben von Reinhard (1916), so läßt sich im oberen Baksantal eine Verschiebung um ca. 70 m gipfelwärts erkennen.

Der allgemeine Trend des Gletscherrückzuges seit 1887 wurde durch kurze Eishalte bzw. sogar Eisvorstöße 1911–1914, 1928–1930 und 1980–1982 unterbrochen. Langzeituntersuchungen zum Eishaushalt am Gletscher Dshankuat zeigen seit 1988 eine in den positiven Bereich gehende Massenbilanz (Kap. 3.4.; Baume u. Popovnin 1994).

Abbildung 39
Der Schchelda-Gletscher 1886
(DÉCHY 1905, Bd. I, S. 296)

3.3.2.
Schwankungen der Elbrusgletscher seit 1887

Ab Mitte des vorigen Jahrhunderts begann auch an den Elbrusgletschern die bis zur Gegenwart anhaltende allgemeine Gletscherregression. Für eine derartig überschaubare Zeitspanne sind Gletscherschwankungen besonders anhand der Oszillation der Gletscherstirn, der Flächenänderungen sowie der Veränderung der Gletschermächtigkeit und des Gletschervolumens nachweisbar. Auf der Grundlage einer Analyse von Karten aus den Jahren 1887, 1957 und 1987 wurden die Daten räumlicher Schwankungen der Elbrusgletscher für die Zeiträume 1887 bis 1957 und 1957–1987 ermittelt (Tab. 10, 11. u. 12). Ausgangswerte lieferte die militärtopographische Karte von PASTUCHOV aus dem Jahre 1887, die mit den Karten von 1957, erstellt im Rahmen des Internationalen Geophysikalischen Jahres, verglichen wurden. Die Kartierungen von 1987 basieren auf phototheodolitischen Aufnahmen desselben Jahres. Die militärtopographischen Karten von PASTUCHOV im Maßstab 1 : 42 000 weisen im Vergleich mit den topographischen Karten von 1957 eine Abweichung von durchschnittlich 21 m auf, was in der Auswertung berücksichtigt werden mußte.

Ein sehr markantes Merkmal der Gletscherschwankung sind die Lageveränderungen an der Gletscherstirn. Bei ihrer Untersuchung tritt oft der Fehler auf, daß die wahre Grenze des Gletschers nicht erkannt wird, da sich das Zungenende unter einer Moränendecke befindet. So wurde beispielsweise der Große Asau-Gletscher auf der topographischen Karte von 1957 zunächst um 700 m höher kartiert, weil die unteren Abschnitte von einer Deckmoräne verhüllt waren. Die Ergebnisse der Lageveränderungen der Gletscherzungen sind in Tabelle 10 und Abbildung 34 a u. 34 b dargestellt.

Ähnliche Korrekturen mußten bei der Bestimmung der Veränderung der Gletscherflächen vorgenommen werden. Berücksichtigt man die Konfiguration der großen Talgletscher und die ihrer jetzt freiliegenden Talwannen, so müssen sie 1887 eine weitaus größere Breite gehabt haben, als auf den Karten von PASTUCHOV angegeben ist.

Die Berechnung der Flächenveränderung der größten Elbrusgletscher im Zeitraum 1887 bis 1957 ergab eine Verminderung um 14,96 km². Das bedeutet, daß zur Zeit der Kartierungen PASTUCHOVS die vergletscherte Fläche am Elbrus etwa 150 km² betrug. PODOZËRSKIJ (1911) errechnete eine Vergletscherungsfläche auf den Karten von 1887 von 145,7 km², was dem aktuellen Wert recht nahe kommt. In der zweiten betrachteten Periode (1957–1987) verringerte sich die Fläche der Elbrusgletscher nochmals, allerdings nur um 3,14 km². Der mittlere Jahreswert

Abbildung 40
Der Schchelda-Gletscher 1989 mit mächtiger Deckmoräne; vor dem Gletschertor Moränenablagerungen der letzten Jahrzehnte sowie Ufermoränen des 19. Jh.
(Foto: Fundus der MGU)

Tabelle 10
Lage der Gletscherzungenenden der größten Elbrusgletscher in den Jahren 1887, 1957 und 1987 [m HN]*
(vgl. Abb. 30, 34, 35, 36 u. 37)

* HN = Höhennull (bezogen auf den Pegel Kronstadt).

** Tschungurtschattschiran und Birdshalytschiran bilden gemeinsam das Gletscherplateau des Dshikiugankes.

Gletscher	1887			1957	1987
	Karte Pastuchovs	nach Höhenangleichung	wahrscheinliche Lage		
1	2	3	4	5	6
Großer Asau	2345	2315	2315	2410	2517
Kleiner Asau	2878	2850	2850	3036	3077
Garabaschi	2878	2870	2878	3279	3316
Terskol	2624	2625	2624	2933	2990
Irik	2541	2500	2500	2608	2623
Iriktschat	3115	3120	3115	3193	3222
Tschungurtschattschiran**	3015	2960	2960	3150	3182
Birdshalytschiran**	3070	3070	3070	3149	3320
Mikeltschiran	3190	3260	3190	3252	3262
Ullumalienderku	3045	3055	3045	3126	3171
Ullukol	3193	3150	3150	3340	3363
Karatschaul	3045	3050	3045	3080	3093
Ullutschiran	2925	2925	2925	3006	3065
Bitjuktjube	3282	3240	3240	3320	3325
Kjukjurtlju	2783	2760	2760	2778	2768

Gletscher	Änderung 1887–1957		Änderung 1957–1987	
	Länge [m]	Fläche [km^2]	Länge [m]	Fläche [km^2]
1	2	3	4	5
Großer Asau	–1150	–1,63	–495	–0,43
Kleiner Asau	–637	–1,02	–200	–0,02
Garabaschi	–1225	–0,87	–70	–0,09
Terskol	–675	–0,83	–60	–0,04
Irik	–1162	–1,43	–355	–0,10
Iriktschat	–750	–1,01	–250	–0,06
Tschungurtschattschiran	–925	–2,72*	–590	–2,05*
Birdshalytschiran	–850		–845	
Mikeltschiran	–525	–0,73	–165	–0,07
Ullumalienderku	–175	–0,64**	–120	–0,08
Ullukol	–620		–205	
Karatschaul	–275	–0,17	–30	–0,03
Ullutschiran	–1225	–0,82	–220	+0,13
Bitjuktjube	–500	–0,16	–70	+0,02
Kjukjurtlju	–275	–0,59	+110	+0,01
Jahresmittel	–152	–0,17	–125	–0,10

Tabelle 11
Längen- und Flächenveränderungen der größten Elbrusgletscher für die Zeiträume 1887–1957 und 1957–1987 (vgl. Abb. 34, 35, 36 u. 37)

* Die Veränderungen gelten für das gesamte Dshikiugankes-Gletscherplateau.
** Auch die Gletscher Ullumalienderku und Ullukol haben ein gemeinsames Gletscherplateau, dessen Veränderungen zusammengefaßt werden.

der Flächenveränderung betrug während des ersten Berechnungszeitraumes (1887–1957) noch –0,17 km^2/Jahr und verringerte sich im Zeitraum 1957–1987 auf –0,10 km^2/Jahr (Tab. 11). Das heißt, der Flächenrückgang verlangsamte sich um den Faktor 1,7. Die Berechnungen für die Gletscherverkürzungen ergaben eine ähnliche Verlangsamung um das 1,2fache.

Die Verringerung der Gletscherfläche vollzog sich allerdings an den einzelnen Gletschern ungleichmäßig. Mit mehr als 2 km^2 war sie am Dshikiugankes-Gletscherplateau mit seinen beiden Teilgletschern am größten (Tab. 11). Die Jahresmittelwerte der Flächenabnahme des Dshikiugankes stiegen von 0,037 km^2/a im ersten Berechnungszeitraum auf 0,073 km^2/a im zweiten. Die Prognose von G. K. TUŠINSKIJ über ein mögliches völliges Verschwinden des Dshikiugankes scheint sich somit zu bestätigen (TUŠINSKIJ 1968). Die Gletscher mit nordwestlicher Exposition Ullutschiran, Bitjuktjube und Kjukjurtlju erfahren seit 1957 dagegen eine Flächenzunahme, was auch an gleichexponierten Gletschern der Hauptkette nachgewiesen wurde (Kap. 3.4.). Die Ursache dafür dürfte in den veränderten allgemeinen Zirkulationsbedingungen liegen, die verstärkt feuchte Luftmassen in den Wintermonaten aus Richtung Nordwest zum Kaukasus herantransportieren (Kap. 2.6. u. 3.4.).

Ein weiteres Merkmal der Gletscherschwankungen am Elbrus ist die Höhenveränderung der Gletscheroberfläche und, damit verbunden, die Volumenveränderung (Tab. 12). Auch hier treten an den einzelnen Elbrusgletschern enorme Unterschiede auf. Extrem groß ist die Abnahme am Dshikiugankes-Gletscherplateau. Seine Volumenverkleinerung machte im Zeitraum 1887–1957 42% der Gesamtverringerung der Elbrusgletscher aus, und im Zeitraum 1957 bis 1987 waren es sogar 63%. Grund dafür ist die ausgeprägte Leelage des Gletschers im Schatten der Elbrusgipfel. Hält dieser Rückzugsprozeß in dieser Intensität an, so wäre im Jahre 2022 der Dshikiugankes vollständig verschwunden. Diese rein rechnerische Entwicklung wird in der Realität natürlich noch von anderen Faktoren beeinflußt. Die Freilegung einer so gro-

Tabelle 12
Volumen- und Höhenveränderungen der größten Elbrusgletscher für die Zeiträume 1887–1957 und 1957–1987 (vgl. Abb. 34)

Gletscher	Änderung 1887–1957		Änderung 1957–1987	
	Volumen [km³]	Höhe der Oberfläche [m]	Volumen [km³]	Höhe der Oberfläche [m]
1	2	3	4	5
Großer Asau	−0,570	−40	−0,071	−5,7
Kleiner Asau	−0,108	−19	−0,013	−2,7
Garabaschi	−0,082	−24	−0,008	−3,0
Terskol	−0,126	−25	−0,012	−2,9
Irik	−0,231	−27	−0,043	−6,2
Iriktschat	−0,060	−21	−0,005	−2,9
Tschungurtschattschiran und Birdshalytschiran*	−1,132	−48	−0,263	−12,6
Mikeltschiran	−0,128	−35	−0,009	−3,0
Ullumalienderku und Ullukol*	−0,063	−18	+0,002	+0,7
Karatschaul	−0,053	−16	−0,003	−0,9
Ullutschiran	−0,042	−6	+0,024	+4,6
Bitjuktjube	−0,030	−21	−0,001	−0,6
Kjukjurtlju	−0,051	−19	0,000	0,0
Insgesamt	−2,680	−24,7	−0,460	−2,7
Jahresmittel	−0,037	−0,34	−0,016	−0,1

* Siehe Tabelle 9

ßen Eisfläche vergrößert den Albedowert und verringert damit die Ablation, so daß sich ein Gleichgewicht einstellen wird. Wahrscheinlich stabilisiert sich der Gletscherrückzug dort in einer Höhe von 3400–3500 m. Dieser Stand könnte schon in 20 Jahren erreicht sein. Dadurch würde das Gletschersystem am Elbrus noch symmetrischere Formen annehmen.

Bleibt das Dshikiugankes-Gletscherplateau außer acht, so lassen sich zwei Gruppen von Gletschern ausgliedern, die sich im Tempo und in der Art ihrer Veränderung unterscheiden (Tab. 13). Die Gletscher mit südlicher und östlicher Exposition weichen weiterhin zurück. Im Zeitraum 1887–1957 sind die Werte etwa doppelt so hoch wie bei nord- und westexponierten Gletschern. Die Flächen- und Höhenabnahme verringerte sich dann in der zweiten Periode an den Gletschern der Süd- und Osthänge, während in der anderen Gruppe sogar eine Zunahme auftritt. Hier ist ein ganzer Ursachenkomplex wirksam. Zum einen unterscheidet sich der Tauprozeß infolge der unterschiedlichen direkten Sonneneinstrahlung zwischen Süd- und Nordhang. Die Jahresablationssumme kann bis zu 250 mm differieren (nach LJUBOMIROVA 1963). Zum anderen spielt die Hangneigung eine große Rolle. Die Nord- und Westhänge des Elbrus sind bedeutend steiler als die Süd- und Osthänge. Nach Untersuchungen von LJUBOMIROVA (1963) taut das Eis auf den Nordhängen bei Hangneigungen von 40° unter sonst gleichen Bedingungen 3- bis 5mal weniger ab als bei 10° Hangneigung. Auch das ist letztlich strahlungsbedingt.

Weiterhin kann festgestellt werden, daß die größte Abnahme jene Gletscher erfahren, auf die sich während des letzten Elbrusausbruchs Lava ergoß. Möglicherweise ist infolgedessen ihre Mächtigkeit geringer. Mit der Degradation der Gletscheroberflächen in den letzten Jahrzehnten tauten auch größere Flächen holozäner Lava an den Süd- und Osthängen heraus. Das führte zu einer Zerstückelung der Nährgebiete und zu einer Erhöhung der Wärmeabsorption mit der damit verbundenen Verringerung der Akkumulationsfläche und der Erhöhung der Ablation.

Exposition	Änderung 1887–1957		Änderung 1957–1987	
	Fläche [km²]	Höhe [m]	Fläche [km²]	Höhe [m]
1	2	3	4	5
südliche und östliche	–1,07	–27	–0,11	–4,0
nördliche und westliche	–0,47	–16	+0,01	+3,3

Tabelle 13
Mittlere Flächen- und Höhenveränderungen der größten Elbrusgletscher nach verschiedenen Expositionen für die Zeiträume 1887–1957 und 1957–1987

Eine Besonderheit hinsichtlich der Flächen- und Längenabnahme stellt auch der Große Asau-Gletscher dar. Die starke Verkürzung seiner Zunge, die mit der Bildung von großen Toteisbereichen einherging, setzte bereits Mitte des vorigen Jahrhunderts ein. Die Ursachen dafür sind einerseits die sehr tiefe Lage der Zunge und andererseits die Schrumpfung des Gletschernährgebietes, die vor etwa 100 Jahren begann. Seit dieser Zeit verringert sich der Anteil der Speisung des Großen Asaus vom Chotjuta-Tau-Gletscherplateau, wo eine Absenkung der Oberfläche und eine Verminderung der Akkumulationsfläche zu beobachten sind. Verbunden ist damit das Austauen einer Mittelmoräne. Das sehr schnelle Zurückweichen der Gletscherzunge hat wahrscheinlich das dynamische Gleichgewicht des Gletschers insgesamt gestört und ein Nachrücken des Eises aus dem Firngebiet unterhalb des Elbruswestgipfels hervorgerufen. In den Jahren 1990–1991 betrug die mittlere Geschwindigkeit des Gletschers in diesem Gebiet (ca. 5000 m Höhe) immerhin bis zu 40 m/Jahr.

Am benachbarten Gletscher Kleiner Asau, der sich nicht ganz so rasch zurückzieht, kann man in den letzten Jahrzehnten eine gewisse Erhöhung der Oberfläche um 5–10 m in Höhen von 3600–3700 m und 3900–4200 m verfolgen. Allerdings ist, bezogen auf seine Gesamtfläche, weiterhin ein leichtes Absinken der Gletscheroberfläche festzustellen (Tab. 12). Gering verändert haben sich die Gletscher Garabaschi und Terskol, deren Zungen im Vergleich zum Großen Asau ziemlich hoch bei 3316 m bzw. 2990 m liegen. Auch hier ist in 3700 m Höhe, nahe der ehemaligen, temporären Forschungsstation „Ledowaja Basa" (Eisbasis), die genau am Schnittpunkt der Gletscherzungen von Garabaschi und Terskol lag, eine leichte Anhebung der Gletscheroberfläche zu bemerken.

Der Rückzug des Gletschers Irik wurde ebenfalls von der Bildung einer großen Menge Toteis an den Talflanken begleitet. Zwischen den Kartierungen 1957 und 1987 tauten hier mindestens 1,5 Mio. m³ Toteis ab.

Die Lawinentätigkeit an der rechten Talseite des Gletschers Iriktschat führte in diesen Bereichen zwar zu einer leichten Erhöhung der Oberfläche, insgesamt gesehen ist aber auch dort der umgekehrte Prozeß dominant.

Am Gletscher Mikeltschiran, auf der Nordseite des Elbrus, beginnt die Gruppe der nord- und westexponierten Gletscher, die im Mittel eine Flächen- und Höhenzunahme aufweisen. Im Nährgebiet des Mikeltschiran, bei 4000–4500 m Höhe, läßt sich eine Erhöhung der Oberfläche seit 1957 bis zu 20 m nachweisen. Das bedeutet, daß hier in naher Zukunft ein Gletschervorstoß zu erwarten ist. Praktisch stationär ist der Gletscher Karatschaul, obwohl auch hier ein, wenn auch unbedeutender, Anstieg seiner Oberfläche in einigen Bereichen festgestellt wurde.

Alle übrigen Gletscher mit nördlicher und westlicher Exposition rücken gegenwärtig, das heißt seit etwa 1990, bereits vor. Der Ullumalienderku zeigte bei den Kartierungen 1987 eine regelrechte kinematische Welle am Gletscherende, die sich ausbreitete und in der Höhe seit 1957 um 40 m zunahm. Derzeit (seit 1990) schiebt sich die Zunge um jährlich etwa 15 m vor. Auf dem Nachbargletscher Ullukol konnte 400 m vor dem Gletscherende ebenfalls eine Verdickung festgestellt werden, was auf eine Vorwärtsbewegung in nächster Zeit hindeutet.

Für den Zeitraum 1957–1987 hat der Gletscher Ullutschiran von allen Elbrusgletschern die günstigsten Bilanzmerkmale. Hier ist eine Erhöhung der Oberfläche auf dem gesamten Gletscher zu verzeichnen. Im Zungenbereich beträgt sie 40 m. Seit 1957 ergab sich eine Vergrößerung der Gesamtfläche um 130 000 m². Gleichzeitig wurden am Gletscherende ungefähr 90 000 m² von Toteis freigesetzt. Das Volumen des Gletschers umfaßt etwa 1 Mio. m³.

Auf dem Gletscher Bitjuktjube vollzog sich seit 1957 eine Oberflächenanhebung um 30 m, jedoch hat er trotz seiner bereits einsetzenden Vorwärtsbewegung den Stand von 1957 noch nicht erreicht. Ein Vorrücken des Gletschers Kjukjurtlju wurde bereits 1983 festgestellt. Die Gletscherfront schob sich in den Folgejahren um 110 m im Vergleich zu ihrer Lage 1957 vor, während sich seine Oberfläche um 30–40 m erhöhte (nach VINNIKOV u. LABUTINA 1987). Ab 1987 begann er sich wieder um etwa 3–4 m im Jahr zurückzuziehen.

Somit weisen die gewonnenen Daten auf den Trend hin, daß sich im Rahmen der allgemeinen Gletscherdegradation der vergangenen 100 Jahre in der letzten Etappe der Eishaushalt zumindest der nord- und westexponierten Gletscher verbessert. Diese Tendenz ist für den gesamten Kaukasus charakteristisch, kommt aber am Elbrus wegen der großen absoluten Höhe besonders deutlich zum Ausdruck.

Das Eisvolumen der beschriebenen Elbrusgletscher betrug nach Angaben von KRAVCOVA u. LOSEVA (1968) im Jahre 1957 etwa 6 km³. Dieser recht ungenaue Wert basiert auf Messungen der Gletschermächtigkeit an Eisabbrüchen und in Spalten sowie der Auswertung von Trogprofilen der Täler. Es wurde angenommen, daß die Mächtigkeit der Gletscherkappe des Elbrus 20 bis 50 m nicht übersteigt und entlang der Gletscherachsen Eismächtigkeiten bis zu 100 m erreicht werden. Die mittlere Eismächtigkeit wurde mit 50 m angegeben. Nach Bohrungen und Radiosondierungen am Elbrussüdhang 1988 und 1989 mußten diese Daten korrigiert werden. An einzelnen Punkten wurden bis zu 140 m Eis erbohrt, und die mittlere Mächtigkeit der Eiskalotte am Elbrusgipfel wurde mit 90 m festgestellt. Aus den oben beschriebenen Merkmalen der rezenten Gletscher am Nord- und Westhang des Elbrus ergibt sich, daß diese Gletscher eine noch größere Eisdicke haben. Die durchschnittliche Eismächtigkeit der Elbrusgletscher dürfte demnach mindestens 100 m betragen. Die Berechnung des Eisvolumens ergäbe dann einen Wert für 1987 von 11,5 km³. Überträgt man diese Daten auf die Jahre 1957 und 1887, so resultieren daraus Volumina von 12 bzw. 14,7 km³.

Das Jahresmittel des Eisverlustes im Zeitraum 1887–1957 beträgt 0,037 km³/Jahr. Von 1957 bis 1987 ist jedoch der Volumenrückgang mit 0,016 km³/Jahr nicht einmal halb so groß. Auf das gesamte Jahrhundert bezogen, wären es im Mittel 0,026 km³/Jahr. Für den zentralen Kaukasus insgesamt liegen die Eisverluste im selben Zeitraum dreimal höher (nach GOLODKOVSKAJA 1985).

3.4.
Der Gletscher Dshankuat – ein repräsentatives Objekt des glaziologischen Monitorings
(VIKTOR V. POPOVNIN u. OTFRIED BAUME)

3.4.1.
Allgemeine Charakteristik des Dshankuat-Beckens

Das Dshankuat-Gletscherbecken im oberen Adylsu-Tal hat eine Nordwestorientierung und stellt eine typische Erscheinung alpiner Hochgebirgsregionen dar. Steile, mit grobklastischem Verwitterungsschutt übersäte Hänge prägen im Wechsel mit nackten Felsen und alpinen Wiesen das glazial-nivale Landschaftsbild (Abb. 41). Die Wasserscheide ist fast überall im Relief deutlich ausgeprägt und verläuft am Kamm der Hauptkette in knapp über 4000 m bzw. auf den Kämmen der das Becken begrenzenden Seitenmassive in ca. 3600 m Höhe. Die mittlere Neigung des zwischen 2680 und 4000 m Höhe liegenden Beckens beträgt 20°. Gravitative Wand- und Hangabtragungsprozesse sind demnach weit verbreitet und schufen gemeinsam mit glazialen, periglazialen und kryogenen Prozessen ein alpinotypes, stark zerschnittenes Relief. Charakteristisch ist die Kombination von tiefen Firnbecken und Karen, die zum Teil mit rezenten Gletschern gefüllt sind, mit hohen, spitz zulaufenden, oftmals senkrechten Felskämmen aus Granit und Gneis. Unter den Felswänden der Gipfel befinden sich bis zu einer Höhe von 3100 m etwa 20° geneigte Schutthänge mit groben Trümmermaterialien. Erosionseinschnitte von 2–10 m Breite und 1–4 m Tiefe auf diesen Hängen sind überwiegend von Bächen durchflossen. In gleicher Höhe liegen an den unteren Karstufen mächtige, mit alpiner Ve-

Abbildung 41
Das Dshankuat-Gletscherbecken 1990
(Foto: ZOLOTARËV, 1990)

getation bewachsene Schutthalden. Die herabstürzenden Lawinen werden hier aufgehalten und bilden große Lawinenkegel, deren Schnee oft erst gegen Ende Juli schmilzt. Unter dieser Böschungskante sind bis zu einer Höhe von 2900–3000 m steile, 25–30° geneigte und meist mit Gras bewachsene Hänge anzutreffen. Sie grenzen wiederum an die rezenten Seitenmoränen des Gletschers Dshankuat, die zum Teil 80 m Höhe erreichen.

Das auffälligste Merkmal des Tales ist jedoch seine ausgeprägte Vergletscherung. Von den 8,047 km² Fläche des Gletscherbeckens entfallen 4,0 km² auf die vier größeren Gletscher (Abb. 19). Zwei weitere Gletscher haben nur eine Ausdehnung von weniger als 0,1 km². Der Dshankuat, ein typischer Talgletscher, der aus drei Karen gespeist wird, ist mit etwa 2,98 km² Fläche und einer Länge von 2,91 km das bestimmende Element im gesamten Becken. Von den drei bedeutend kleineren Gletschern des Beckens ist der Koiawgan ein südexponierter Kargletscher, der Wisjatschi ein nordwestorientierter Kar-Wandgletscher und der Wiatau ein Wandgletscher mit Südwestexposition (Nr. 63, 64 u. 65 in Abb. 19). Das Oberflächenrelief dieser kleineren Gletscher spiegelt im wesentlichen ihr Untereisrelief wider. Ihre Akkumulationsbereiche liegen auf leicht geneigten Flächen, die zu den Ablationsgebieten hin mit steilen Gletscherbrüchen abfallen.

Moränen sind beim Dshankuat als Deck-, Seiten- und Ufermoränen sowie in Resten als Endmoränen ausgebildet. Die bis zu 100 m hohen Ufermoränen, welche die Gletscherlage vom 17. bis zum Ende des 19. Jh. anzeigen, sind stark erosiv durch Niederschlags- und Schmelzwasser zerfurcht.

Eine Endmoräne ist an der Mündungsstufe des großen Kars auszumachen, das noch zu zwei Dritteln vom Koiawgan-Gletscher eingenommen wird. Zwei andere Kare auf der das Dshankuat-Becken im Osten begrenzenden Seitenkette sind mit Steingletschern des 18. bis 20. Jh. gefüllt.

3.4.2.
Morphologisch-tektonische Struktur des Dshankuat-Gletschers

Am Dshankuat-Gletscher lassen sich drei Haupteisströme ausgliedern, die getrennt gespeist werden (Abb. 42). Der linke Außenstrom befindet sich im Stadium der Auflösung. Seine Mächtigkeit hat seit Beginn der Untersuchungen (1968) merklich abgenommen. Der rechte Außenstrom zeichnet sich durch eine Bänderung aus, die parallel zur Gletscherbewegung orientiert ist. Die Oberfläche beider Außenströme ist im unteren Teil von einer Deckmoräne verhüllt.

Abbildung 42
Morphologisch-tektonische Struktur des Dshankuat-Gletschers

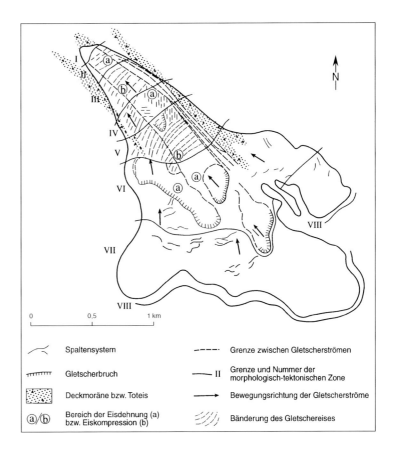

Hier entnommene Eiskristalle sind größer als im zentralen Strom, was u. a. auf unterschiedliche Bewegungsgeschwindigkeiten hinweist. Auch im zentralen und mächtigsten Eisstrom ist die Bänderung stark ausgeprägt. In den Kontaktzonen beobachtet man eine durch die gegenseitige Kompression verursachte kräftige Splitterung. Der stufenartige Charakter des Untereisreliefs äußert sich in Spaltensystemen, Gletscherbrüchen sowie Dehnungs- und Kompressionszonen.

All das schafft eine komplizierte morphologische Struktur. Insgesamt lassen sich 8 morphologisch-tektonische Zonen unterscheiden (Abb. 42):

– *Zone I* (2700–2730 m) umfaßt die Toteisbereiche vor und neben der Gletscherzunge, die mit Moränenablagerungen bedeckt sind. Die Eiskristalle erreichen hier eine Größe von 100–120 mm.

– *Zone II* (2730–2770 m) stellt das eigentliche Zungenende mit einer mittleren Neigung von 20° dar. In diesem Bereich finden sich keine Spalten. Gut ausgeprägt ist eine tektonisch bedingte Schieferung des Eises. Die Eismächtigkeit liegt bei 20–50 m. Der Gletscher bewegt sich hier mit einer Geschwindigkeit von 0–2cm/Tag. Die Größe der Kristalle beträgt 20–30 mm, die Eisdichte 0,90 bis 0,91g/cm³.

– *Zone III* (2770–2850 m) umsäumt einen flacheren Abschnitt (5–8°). Die drei Eisströme lassen sich deutlich erkennen, da sie durch unterschiedliche Mikroreliefformen und Eiskristalle auffallen. Der rechte, in sich nochmals gegliederte Strom besteht in seinen Bändern zum Teil aus grobkörnigerem Eis mit Kristallen bis zu 50 mm. Im zentralen Strom ist das Eis sichtbar feinkörniger (2 bis 5 mm). Das bucklige Mikrorelief weist hier

Höhenunterschiede von 50–70 cm auf. Die gesamte Zone stellt ein Kompressionsgebiet dar. Spalten treten nur am rechten Rand in Erscheinung. Die Eismächtigkeit wächst bis auf 80 m. An der Oberfläche des zentralen Stromes bewegt sich das Eis mit einer Geschwindigkeit von 6–9 cm/Tag. Die Eisdichte liegt im Mittel bei 0,90 g/cm^3.

– *Zone IV* (2850–2940 m) beschreibt ein steiles Segment des Gletschers. Ein System aus Quer- und Längsspalten, bedingt durch einen darüber liegenden, kleinen Gletscherbruch, zerfurcht die Oberfläche. Der schnellere zentrale Eisstrom (14 cm/Tag) schiebt sich hier über eine Felsaufragung im Gletscherbett. Von den etwas trägeren Seitenströmen (9 cm/Tag) wird er zusätzlich eingeklemmt. Besonders der linke Außenstrom ist mit einer Deckmoräne versehen. Die Eisstärke beträgt unterhalb des Gletscherbruches ca. 40 m, die Dichte 0,88 g/cm^3. Die Eiskristallgröße variiert sehr.

– *Zone V* (2940–3020 m) stellt wiederum einen schwächer geneigten Bereich dar (4–6°). Es handelt sich vorwiegend um ein Kompressionsgebiet. Grenzen sind nur zwischen dem zentralen und dem rechten Außenstrom deutlich erkennbar. Die Geschwindigkeit des Eises schwankt von 11 bis 14 cm/Tag. Im oberen Teil der Zone steigt die Eismächtigkeit auf über 100 m an. Die Kristalle haben im zentralen Gletscherbereich eine Größe von 2–3 mm, im rechten Strom von 10 mm. Als Eisdichte sind 0,86–0,87 g/cm^3 festgestellt worden.

– *Zone VI* (3020–3200 m) ist durch drei große Gletscherbrüche gekennzeichnet, von denen die beiden unteren die Grenze zwischen der Akkumulations- und der Ablationszone des Dshankuat markieren. In diesem Bereich liegt demnach die Firnlinie. Die Oberfläche des Gletschers wird aus eisigem Firn und Kongelationseis gebildet. Etwa 80 % von ihr sind mit Querspalten übersät. Als typisches Merkmal des Mikroreliefs zeigen sich Eispfeiler, die infolge ungleichmäßiger Tauprozesse, aber auch durch Eisabbruch zwischen den Spalten entstehen. Die Eismächtigkeit ist hier mit 60 m relativ gering. Das feinkörnige Gletschereis (Kristallgröße 1–3 mm, Dichte 0,84–0,88 g/cm^3) ist mit Luftblasen angereichert und wechselt mit Firneis, das eine Dichte von 0,80–0,83 g/cm^3 aufweist.

– *Zone VII* (3200–3500 m) tritt als das eigentliche Akkumulationsgebiet des Gletschers in Erscheinung. In ihm formieren sich die verschiedenen Eisströme. Mehrere Firnbecken sind durch steilere Abschnitte voneinander getrennt. Die Eismächtigkeit beträgt im Zentrum 100 m, nimmt jedoch zu den Randbereichen hin rasch ab. Am Fuß der Felseinfassung des Gletscherbeckens bilden sich sehr häufig Lawinenkegel und Schneeanwehungen von bis zu 10 m Höhe. Die Gletscheroberfläche selbst ist durch viele Spalten und Einsturztrichter zerklüftet.

– *Zone VIII* (ab 3500 m) nimmt die Abschnitte des Gletschers ein, die über dem Bergschrund an der Felseinfassung liegen. Ihre Neigung erreicht 40–50°. Das Eis ist hier nur noch maximal 20 m mächtig und weist negative Temperaturen auf, da der größte Teil des Schnees mit Lawinen abtransportiert wird und die Gletscheroberfläche dadurch meist schneefrei ist.

3.4.3.
Gletschermächtigkeit und Untereisrelief

Die für die Feststellung der Gletschermächtigkeit notwendigen geophysikalischen Untersuchungen wurden vornehmlich im Bereich der Zunge, an repräsentativen Punkten auch im Akkumulationsgebiet durchgeführt. Die Ergebnisse von Funkmeßsondierungen, Thermoelektrobohrungen sowie seismometrischer und gravimetrischer Messungen ergaben zusammen das Bild der gegenwärtigen Eismächtigkeiten und des Untereisreliefs. Die daraus entstandene Karte (Abb. 43) erlaubt die Schlußfolgerung, daß der Charakter des Untergrundreliefs ein bestimmender Faktor für die Eisstärke ist. Es lassen sich vier Karstufen im Relief unter dem Gletscher ausmachen, die in Höhen von 2910–3120 m, 3200–3300 m, 3300–3400 m und 3400–3500 m liegen. Zwischen ihnen und der Gletscheroberfläche besteht eine enge Korrelation. Die großen Kare sind gleichermaßen Eiskonzentrationsgebiete, d. h., hier finden sich die größten

Abbildung 43
Gegenwärtige Eismächtigkeiten des Dshankuat-Gletschers und seine Dynamik in den letzten 300 Jahren

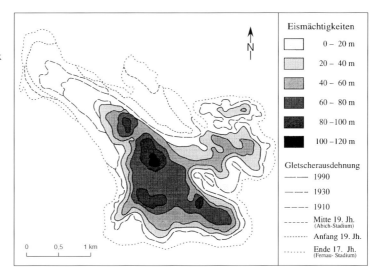

Eismächtigkeiten (80–120 m). Etwa 37 % des Gletschers weisen eine Mächtigkeit von 60–80 m auf. In Richtung Gletscherrand sinkt die Eisstärke allmählich.

Ein wesentlicher Faktor für die Ausformung der Gletscheroberfläche in der Ablationszone ist die Moränenbedeckung. Gravimetrische Messungen ergaben, daß die Deckmoräne auf einigen Zungenbereichen des Dshankuats teilweise mehrere Dezimeter bis Meter mächtig ist und das Eis darunter die umliegenden, offenen Eisflächen um bis zu 10 m überragt.

3.4.4. Oberflächenbewegung und Temperaturregime

Direkte Geschwindigkeitsmessungen der Eisbewegung an der Oberfläche des Dshankuats wurden zum ersten Mal 1958 und 1959 vorgenommen (KOVALËV 1961). An einem Querprofil, 400 m vom Zungenende entfernt, wurden damals Werte von 18–25,5 cm/Tag ermittelt. Im Sommer 1990 wurden derartige Messungen in grö-

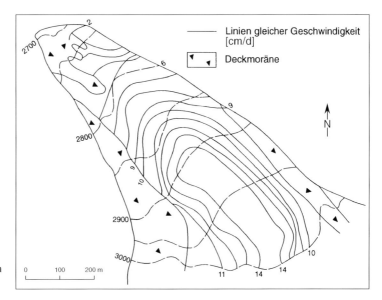

Abbildung 44
Mittlere Geschwindigkeit [cm/d] an der Oberfläche der Dshankuat-Gletscherzunge im Zeitraum 1. 8.–31. 8. 1990

Monat	Schnee-/Firn-/Eisschicht	Tiefe [m]	Temperatur [°C]	Monat	Schnee-/Firn-/Eisschicht	Tiefe [m]	Temperatur [°C]
1	2	3	4	1	2	3	4
Januar	Schnee und Firn	0	–19,5	Januar	Schnee und Firn	0	–13,6
		0,5	–13,5			0,5	–9,0
		1,0	–8,7			1,0	–5,7
		1,5	–6,5			1,5	–3,1
		2,0	–5,2			2,0	–2,1
		2,5	–3,7	August	Eis	0	0,0
		3,0	–2,8			1,5	–0,5
		3,5	–2,5			3,5	–0,7
		4,0	–2,2			6,0	–0,4
Mai	Schnee und Firn	0	0,0			10,0	–0,5
		0,5	–4,2			15,0	–0,5
		1,0	–6,4			20,0	–0,7
		1,5	–6,8			30,0	–0,2
		2,0	–6,9			35,0	–0,4
		2,5	–6,8			40,0	–0,4
		3,0	–6,1			45,0	–0,5
		3,5	–6,0			50,0	–0,4
		4,0	–5,4			55,0	–0,5
	Eis	5,0	–2,2				
		6,0	–1,8				
		7,0	–1,3				
		8,0	–0,9				
		9,0	–0,7				
		10,0	–0,5				

Tabelle 14
Ausgewählte Temperaturwerte in Schnee-, Firn- und Eisschichten des Dshankuat-Gletschers 1990

a) (links) Akkumulationszone (3300m)
b) (oben) Ablationszone (3000m)

ßerem Umfang wiederholt, und als Ergebnis wurde eine Karte der mittleren Oberflächengeschwindigkeiten zusammengestellt (Abb. 44). Daraus geht hervor, daß die maximalen Werte im zentralen Eisstrom auftreten. Die Linie der höchsten Geschwindigkeit an der Zungenoberfläche fällt allerdings nicht mit der Symmetrieachse der Zunge zusammen, sondern liegt näher an ihrem rechten Rand. Dort treten auch die größeren Eismächtigkeiten auf. 200 m vor dem Zungenende bewegt sich das Eis praktisch nicht. Im Vergleich zu den Werten von 1958/59 betrug die Gletscherbewegung 1990 an derselben Stelle nur 5–6 cm/Tag. Eine derartige Verringerung der Geschwindigkeit zeugt vom fortschreitenden „Absterben" des Zungenendes. Darauf weist auch der steigende Gehalt an Moränenmaterial in und auf der Zunge hin. Bedingt durch die geringe Neigung der Karbecken im Untergrundrelief, ist auch die Geschwindigkeit des Gletschers in ihnen sehr gering. Stichprobenartige Messungen 1990 ergaben dort Werte von 1–2 cm/Tag.

Im Jahre 1990 wurde auch eine Temperaturcharakteristik des Gletschers Dshankuat erstellt. Temperaturmessungen erfolgten in allen morphologisch-tektonischen Zonen in Bohrungen und Schürfen bis zu 11 m Tiefe (im Winter nur bis zur Eisoberfläche). Außerdem wurde im oberen Teil der Gletscherzunge in 3000 m Höhe mit einem Thermoelektrobohrer eine Bohrung bis 113 m niedergebracht, in der mit Kupfer-Platin-Widerstandsthermometern Temperaturmessungen bis in 55 m Tiefe durchgeführt wurden. Die Daten (Tab. 14) zeigen deutlich, daß Schwankungen der Jahrestemperatur in der Akkumulationszone nur bis in eine Tiefe von maximal 10 m wirken. Bereits Anfang Juli ist die Temperatur im gesamten Profil der Schichten über dem Eis praktisch gleich Null.

Im Ablationsbereich ist im Winter eine ähnliche Temperaturverteilung im Profil zu erkennen wie in der Akkumulationszone, allerdings mit unterschiedlichen Gradienten. Am Übergang der Firnschicht zum Gletschereis (jeweils tiefster Meßpunkt im Winter) lag die Temperatur im Januar bei ca. –2,1 °C. Es ist anzunehmen, daß in 5–6 m Tiefe die für den Dshankuat konstante Eistemperatur von ca. –0,5 °C erreicht wird. Im Sommer zeigte die dünne Schicht über dem Eis 0 °C an, während in tieferen Bereichen die schon erwähnte Temperaturkonstanz von ca. –0,5 °C auftritt. Der höhere Wert in 30 m Tiefe kommt durch eine Wasserlinse im Eis zustande, die einen lokalen Einfluß ausübt. Insgesamt läßt sich sagen, daß die jahreszeitlichen Temperaturschwankungen in der Ablationszone die Schicht des Winterschnees und die obere Eisschicht im Rahmen der ersten Meter umfassen.

3.4.5.
Rezente Massenbilanz des Dshankuat-Gletschers

Bei der glaziologischen Untersuchung von Gebirgsgletschern haben langjährige, kontinuierliche Beobachtungsreihen an repräsentativen Gletschern eine besondere Bedeutung. Der Talgletscher Dshankuat auf der Nordabdachung des zentralen Kaukasus ist seit 1965 ununterbrochen Objekt derartiger Untersuchungen. Er wurde in das wissenschaftliche Arbeitsprogramm des Internationalen Hydrologischen Dezenniums (IHD) 1965–1974 und in andere internationale wissenschaftliche Programme integriert.

Die glaziologischen Merkmale des Dshankuats bestätigen im allgemeinen die intraannuelle Veränderlichkeit der Massenbilanz anderer Gletscher im Kaukasus, an denen ebenfalls Budgetuntersuchungen durchgeführt wurden. Deshalb kann man die Gesetzmäßigkeiten, die für die Haushaltsparameter des Dshankuats ermittelt wurden, durchaus verallgemeinern. Reguläre Beobachtungen am Gletscher Dshankuat begannen im Jahre 1968. Damit wurde der Dshankuat hinsichtlich der Merkmale des äußeren Massenaustausches einer der am besten untersuchten Gletscher der Erde. Hier wurden neben der Untersuchung von Akkumulation, Ablation und Massenbilanz auch Messungen des Gletscherabflusses und meteorologische Beobachtungen durchgeführt, periodische Fototheodolitkartierungen des gesamten Gletscherbeckens erstellt und großmaßstäbige Karten angefertigt. Die komplexen Untersuchungen umfaßten außerdem Untersuchungen der Eisstrukturen, geophysikalische Erkundungen und eine Kern-Tiefenbohrung in einer absoluten Höhe von 3620 m. Aus den gewonnenen Daten wurden mathematische Modelle aufgestellt (GOLUBEV u. a. 1978, POPOVNIN 1987).

Der Dshankuat gehört zu den Gletschern der Erde, die vom World Glacier Monitoring Service (WGMS) erfaßt werden. Die Daten der letzten Jahrzehnte tragen zur Lösung einer der wichtigsten Aufgaben der Glaziologie bei: der Beobachtung und Interpretation der Wasserressourcen auf der Erde (KOTLJAKOV 1986).

Zur Bewältigung der gestellten Aufgabe ist es erforderlich, die Veränderungen der Zustandsmerkmale des Dshankuats für eine langjährige Periode direkter Messungen zu erfassen und, darauf aufbauend sowie mit Hilfe der Rekonstruktion der Gletscherdynamik in den letzten 100 Jahren, eine Prognose der zukünftigen Entwicklung des Gletschers aufzustellen.

Die langjährigen Tendenzen der Dynamik des Dshankuats entsprechen insgesamt dem globa-

Tabelle 15
Entwicklung des Dshankuat-Gletschers seit dem Fernau-Stadium
(nach GOLUBEV u. a. 1978, korrigiert und ergänzt)

Jahr	Länge [km]	Fläche [km²]	Volumen [km³]	Mittlere Eismächtigkeit [m]
1	2	3	4	5
1700	4,3	7,0	0,57	82
1820	3,9	5,7	0,40	70
1850	4,1	6,1	0,45	73 (99)**
1910	3,7	4,6	0,29	62 (84)*
1930	3,4	4,4	0,26	59 (74)*
1968	3,0 (3,1)*	3,7 (3,24)*	0,19	51
1974	2,9 (3,0)*	3,7 (3,19)*	0,18	49
1984	2,8	3,11	0,16	48
1990	2,91	2,98	0,165	48

* Korrigierte Werte nach Berechnungen von POPOVNIN 1987 und 1993.
** Wert für 1872.

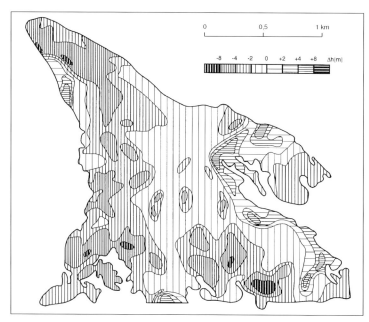

a) 1968–1974

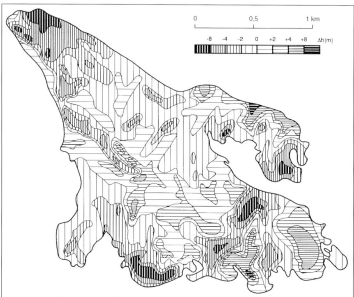

b) 1974–1984

Abbildung 45
Erhöhungs- bzw. Absenkungsbereiche der Gletscheroberfläche des Dshankuats

len Schema der Degradation der Vergletscherung. Die Fläche des Gletschers verringerte sich seit 1850 um etwa 51 % (Tab. 15). Jedoch tauchten in den 60er und 70er Jahren Beweise einer gewissen Verbesserung des Gletscherzustandes auf. Einer von ihnen war der Zuwachs des Akkumulationsgebietes des Dshankuats von 0,20 bis auf 0,51 km^2 auf dem kammnahen Firnplateau. Dieses Plateau liefert Eis sowohl zur Südseite, in das System des Gletschers Leksyr, als auch nach Norden zum Dshankuat. Der Mechanismus, der zur Migration der Eisscheide führte, ist bisher nicht aufgeklärt. In jedem Fall stellt er ein wesentliches Merkmal der Gletscherent-

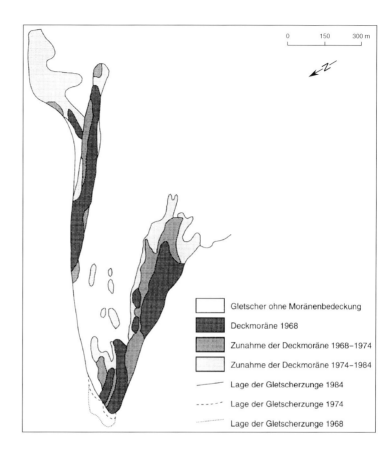

Abbildung 46
Veränderung der Gletscherzunge des Dshankuats 1968–1984

Tabelle 16
Absenkung der Oberfläche des Dshankuat-Gletschers 1968–1984 (vgl. Abb. 45)

Glazialmorpho-logische Zone	Höhe [m HN]*	Absenkung [m]			Mittlere jährliche Absenkung [m/Jahr]			Verringerung der Absenkung 1974–1984 im Vergleich zum IHD** 1965–1974
		1968–1974	1974–1984	1968–1984	1968–1974	1974–1984	1968–1984	
1	2	3	4	5	6	7	8	9
Gletscherzunge	2700–3020	2,64	2,15	4,79	0,44	0,22	0,30	2,0
Firnlinie	3020–3200	0,96	0,22	1,18	0,16	0,02	0,07	8,0
Firnbecken	3200–3550	1,80	0,55	2,35	0,30	0,06	0,15	5,0
Oberer Bergschrund	>3550	2,80	0,07	2,87	0,47	0,01	0,18	47,0
Insgesamt		1,90	0,88	2,78	0,32	0,09	0,17	3,6

* HN = Höhennull (bezogen auf den Pegel Kronstadt).
** IHD = Internationales Hydrologisches Dezennium.

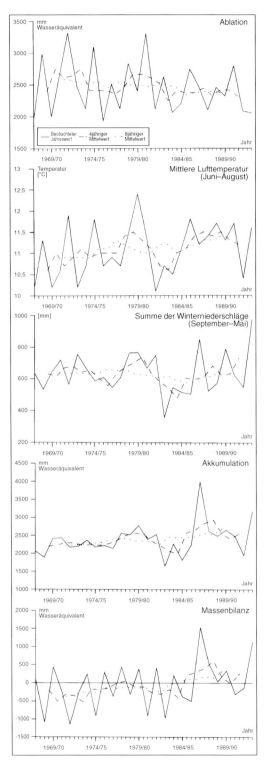

wicklung dar. Die heutige Gesamtfläche des Dshankuat-Gletschers (einschließlich Firnplateau 3,38 km^2) übertrifft sogar jene des Jahres 1968 (3,24 km²).

Die wichtigsten Flächenänderungen des Gletschers im Zeitraum 1968/84 (Abb. 45) betreffen vorrangig seine obersten morphologisch-tektonischen Zonen – im Gegensatz zu traditionellen Vorstellungen, die gewöhnlich bei Flächenschwankungen nur diejenigen nahe der Zungenfront berücksichtigen. An der Gletscherzunge ist der Dshankuat viel weniger dynamisch als an der Felsumrandung seines Firnbeckens. Das führt zu einem beschleunigten Wachstum der Moränendecke auf der Zunge. Die Seitenbegrenzung der Gletscherzunge verlagert sich entsprechend der Moränenbedeckung auf den benachbarten Eisabschnitten. Dort, wo die Gletschergrenze durch reines oder schwach verunreinigtes Eis gebildet wird, verlagert sich die Grenze mit der Zeit nach innen. Dort, wo das Eis vor dem Tauen durch eine Deckmoräne geschützt wird, verbreitet sich der Gletscher.

Die Moränenbildung auf der Gletscheroberfläche ist sehr dynamisch. Wenn im Jahre 1968 durch die Oberflächenmoräne noch 3 % der Gletscherfläche bedeckt waren, so waren es im Jahre 1974 bereits 5 % und im Jahre 1984 schon 8 % (Abb. 46). Die Moränenneubildung ist ein wichtiger Regulator der flächenmäßigen Entwicklung des Gletschers und nicht nur imstande, die randlichen Teile der Zunge zum Absterben zu bringen, sondern ebenso verantwortlich für die episodische Ausdehnung in die Breite.

Die mittlere Rückzugsgeschwindigkeit der Gletscherfront während des Internationalen Hydrologischen Dezenniums (IHD) 1965–1974 betrug 10 m/Jahr. Danach verlangsamte sie sich, und zu Beginn der 80er Jahre blieb der Gletscher einige Jahre stationär, was zur Bildung eines nicht sehr großen stadialen Endmoränenwalls mit einer relativen Höhe von 3–5 m führte. Feldbegehungen an anderen Gletschern im Oberlaufgebiet des Adylsu-Tales zeigten, daß Endmoränenwälle ungefähr zur selben Zeit auch am Ende anderer Gletscher gebildet wur-

Abbildung 47
Akkumulation, Ablation und Massenbilanz des Dshankuat-Gletschers 1968–1984 sowie determinierende meteorologische Daten der Repräsentativstation Terskol im Elbrusgebiet

den. In den Jahren 1983–1985 und 1987/88 zog sich der Gletscher Dshankuat zurück. Ab 1986 begann er langsam vorzurücken. Im Jahre 1993 schob sich die Gletscherfront an den Endmoränenwall des Jahres 1980 heran und zerstörte praktisch seine morphologische Ausprägung.

Aufschlußreiche Daten ergab die Analyse der Höhenveränderung der Oberfläche des Gletschers. Insgesamt hielt sich die Tendenz der Absenkung der Oberflächenhöhe. Das Tempo der Erniedrigung verringerte sich jedoch um das 3,6fache im Zeitraum 1974–1984 im Vergleich zum IHD (Tab. 16). Wenn im IHD die Erhöhung der Oberfläche noch auf 12 % der Gletscheroberfläche erfolgte, so waren es im Anschluß daran schon 40 % der Fläche (Abb. 45). Daraus folgt die Vermutung, daß von einer Zustandsverbesserung des Gletschers in letzter Zeit auszugehen ist.

Die Schwankungen der Massenbilanz und ihrer Komponenten für die glaziologischen Jahre seit 1967/68 sind in Abbildung 47 dargestellt. Die Ablation schwankt nur geringfügig, dagegen war auf dem Gletscher seit der zweiten Hälfte der 80er Jahre eine Zunahme der Akkumulation zu verzeichnen. Die aktuellen Beträge der Akkumulation (1993/94) und von 1986/87 verdienen besondere Aufmerksamkeit. Die Winter dieser Jahre waren hinsichtlich der Schneeakkumulation einmalig, was im Kaukasus zu verheerenden Lawinen führte. Auf dem Dshankuat war sowohl ein absoluter Rekord der Schneemächtigkeiten wie auch der Bilanzgrößen zu verzeichnen, und zwar nicht nur für den Zeitraum der instrumentellen Beobachtungen seit 1968, sondern auch für die gesamte Periode der Rekonstruktion dieser Werte seit der zweiten Hälfte des vorigen Jahrhunderts. Die Wahrscheinlichkeit solcher Winter ist nicht häufiger als einmal in 200 Jahren gegeben. Im oberen Teil des Gletschers, wo gewöhnlich die Höhe des Neuschnees etwa 9–11 m beträgt, häuften sich im Frühjahr 1987 bis zu 17 m Schnee an.

Für die Beobachtungsperiode war die Anzahl der Jahre mit positiven und negativen Massenbilanzen gleich groß. Für den gesamten Zeitabschnitt war der Mittelwert der Massenbilanz negativ (–100 mm Wasseräquivalent). Ihre Komponenten, Akkumulation und Ablation, entsprachen 2380 bzw. 2480 mm.

Beachtenswert ist weiterhin die zweijährige Zyklizität ausgewählter Merkmale. Infolgedessen ändert der Gradient der Massenbilanz fast jährlich sein Vorzeichen (Abb. 47).

Die Änderungen von Akkumulation und Ablation sind in ihren Bilanzeffekten eindeutig. Dadurch verbessern sich die Budgetbedingungen für den Gletscher. Charakteristisch war die Periode Ende der 70er Jahre, als die klimatischen Verhältnisse das Gletscherregime außerordentlich begünstigten und die geglättete 4-Jahreskurve der Massenbilanz sogar leicht in den Bereich der positiven Werte geriet. Darauf reagierte der Gletscher mit der Bildung des Endmoränenwalls 1980.

Für den Beobachtungszeitraum fallen in drei von vier Fällen die Abweichungen der Akkumulation und Ablation von ihren Mittelwerten nach ihrem Bilanzeffekt zusammen. Ein Jahr mit verminderter Akkumulation ist häufig durch eine Erhöhung der Ablation gekennzeichnet und umgekehrt. Diese allgemeine Gesetzmäßigkeit wurde von V. M. KOTLJAKOV und O. P. ČIŽOV für die Gletscher mit ozeanischem Klima erkannt (KOTLJAKOV 1986, ČIŽOV 1982). In den ersten 10 Beobachtungsjahren gab es am Dshankuat eine 100 %ige Übereinstimmung mit dieser Gesetzmäßigkeit. Für Gletscher dieses Typs sagte ČIŽOV (1982) einen Wechsel vom Rückzug zum Vorstoß voraus. Tatsächlich vollzog sich in den letzten Jahren nach der stationären Lage auch ein langsamer Vorschub, hauptsächlich durch das Niederschlagswachstum im Winter. Das geschah trotz einer im Mittel noch negativen Massenbilanz. Sie wanderte in den Bereich positiver Werte, wohin seit 1986/87 auch alle Kurven gehen, sowohl die realen als auch die geglätteten (Abb. 47).

3.4.6.
Dynamik des Dshankuat-Gletschers seit dem 17. Jahrhundert

Von den bislang bekannten spät- und postpleistozänen Vergletscherungsphasen im Kaukasus ist die jüngste, die holozäne, im rezenten Relief gut zu erkennen. Das dritte Stadium der holozänen Vergletscherung begann im zentralen Kaukasus im 14. Jh., hatte seine Maximalausdehnung im 17. und 18. Jh. und war noch um 1850 sichtbar. Es wird nach der alpinen Chronologie als Fernau-Stadium bezeichnet. Die Glet-

Abbildung 48
Der Dshankuat-Gletscher 1932
(Foto: FROLOV, 1932)

scher hatten sich 1–5 km weiter als heute vorgeschoben und hinterließen deutliche End- und Ufermoränen bis zu 100 m Höhe. Die Schneegrenzdepression betrug mehr als 100 m.

Im Gletscherbecken des Dshankuats sind anhand geomorphologischer Merkmale insgesamt 5 Stadien seit dem 17. Jh. erkennbar (Abb. 43). Zur Datierung der entsprechenden Endmoränen wurden lichenometrische und dendrochronologische Untersuchungen durchgeführt (TURMANINA 1971). Die gewonnenen Daten ließen sich dadurch verifizieren, daß die beiden jüngsten Stadien aus der Literatur (RENGARTEN 1915) bzw. von Befragungen der Bevölkerung her bekannt waren. Seine maximale Ausdehnung erreichte der Gletscher im Fernau-Stadium gegen Ende des 17. bis Anfang des 18. Jh. Die Gletscherstirn befand sich etwa 1450 m von ihrer heutigen Lage entfernt. Das nächste, im Relief gut ausgeprägte Rückzugstadium wurde mit 1820 datiert und befand sich ca. 1100 m vor dem rezenten Gletscher. Um 1850 kam es zu einem begrenzten Vorstoß von etwa 200 m, dessen Moränen besonders gut erkennbar sind. Da zu dieser Zeit der deutsche Forscher H. ABICH erste Zeichnungen von Gletschern des Elbrusgebietes anfertigte, wird dieses Stadium in der russischen Literatur häufig auch als „Abich"-Stadium bezeichnet. Ab Mitte des 19. Jh. bis ins erste Jahrzehnt unseres Jahrhunderts hatte sich der Gletscher wieder zurückgezogen. Eine nächste Stillstandsphase wurde auf das Jahr 1910 datiert. In dieser Zeit befand sich das Gletscherende rund 800 m von seiner heutigen Lage entfernt. Dieses Stadium wurde von RENGARTEN (1915) beschrieben. Die letzte größere Endmoräne befindet sich 500 m vor der rezenten Gletscherstirn und stellt einen Eishalt im Jahre 1930 dar (Abb. 48).

Die Höhenlage des Moränenmaterials der einzelnen Stadien sowie Gletscherschliffe an den Felswänden zeugen davon, daß die Reduzierung der Gletschermächtigkeit seit dem Maximalvorstoß des Fernau-Stadiums am größten im Bereich der Zunge war und gletscheraufwärts progressiv abnimmt. Daraus schlußfolgerte man, daß sich die Stärke des Gletschers im oberen Akkumulationsgebiet nur unbedeutend verändert hat (GOLUBEV u. a. 1978). Die kleineren Gletscher Wisjatschi und Wiatau waren nach diesen Erkenntnissen, die mit den Beschreibungen RENGARTENS (1915) übereinstimmen, Anfang dieses Jahrhunderts noch miteinander verbunden. Sie bildeten den rechten Zufluß des Dshankuats. Heute geht man allgemein davon aus, daß im 17. Jh. eine zusammenhängende Gletschermasse existierte, die den Ausgangspunkt für die gegenwärtig im Becken des Dshankuats befindlichen Gletscher darstellt. Aus den Daten der Gletscherstände seit dem Fernau-Stadium wurden von GOLUBEV u. a. (1978) die Eismächtigkeiten der einzelnen Stadien und daraus die wichtigsten morphologischen Parameter für die einzelnen Stadien rekonstruiert (Tab. 15). Die aufgeführten Schwankungen der Gletscherlänge geben jedoch nur annähernd Auskunft über die Flächen- und Volumenänderungen zur selben Zeit. Die Zahlen in Tabelle 15 verdeutlichen, daß die Volumenreduzierung des Dshankuats seit dem Fernau-Stadium hauptsächlich durch abnehmende Mächtigkeit erfolgte (80–90 %). In einzelnen morphologisch-tektonischen Zonen wurde der Gletscher während der letzten 100 Jahre 70–80 m dünner. Radiometrische Eisdatierungen von Bohrkernen aus dem Zungenbereich (^{210}Pb) ergaben, daß eine vollständige Eiserneuerung in 108 ± 5 Jahren erfolgt (POPOVNIN 1993).

Um die gegenwärtige Entwicklung der Vergletscherungsgeschichte richtig einordnen und interpretieren zu können, wurde eine Rekonstruktion der Jahreswerte der Massenbilanz für die letzten 120 Jahre vorgenommen. Die Grundlage dafür bildeten die Gletscherflächen und das Volumen des Schmelzwasserabflusses. Hierbei wurde vom theoretischen Prinzip des Aktualismus und damit von der Annahme einer in dieser Zeit unveränderten glaziometeorologischen Kausalität ausgegangen, wie sie sich während der Beobachtungsperiode seit 1968 gezeigt hat. Für die Berechnungen wurden Daten der meteorologischen Stationen Terskol (seit 1963) und Pjatigorsk (seit 1872) verwendet.

Als Ausgangsinformation dienten auch lichenometrische und pflanzensoziologische Daten sowie die wiederholten fotogrammetrischen Kartierungen. Für den Berechnungsalgorithmus wurden die monoparametrischen Abhängigkeiten der Akkumulation von der Summe der winterlichen Niederschläge (September–Mai) sowie der Ablation von dem sommerlichen Mittel der Lufttemperaturen (Juni–August) berücksichtigt (DJURGEROV u. POPOVNIN 1988). Die Gletscherfläche wurde durch Extrapolation in gewichteten Proportionen mit den Jahresbilanzgrößen zwischen den vorher festgelegten Gletscherkonturen bestimmt (BERRI u. a. 1974).

Im Gletscherabfluß wurde der dominierende Trend der Gletscherentwicklung festgestellt. Er ging von 15–16 Mio. m³/Jahr während der zweiten Hälfte des 19. Jh. auf 8–9 Mio. m³/Jahr in der Gegenwart zurück. Im Durchschnitt ist der Abfluß in den letzten 120 Jahren (seit 1872) um 40 % gesunken. Eine derartige Veränderung ist für eine Degradation der Vergletscherung auf Grund der fortschreitenden Erwärmung durchaus typisch. Das Überwiegen der Ablation gegenüber der Akkumulation tritt in 79 von 120 Jahren auf (66 %). Auch das zeugt von einer stabilen Tendenz zur Degradation des Dshankuat-Gletschers für das untersuchte Zeitintervall. Der langjährige Mittelwert der Massenbilanz für 1872 bis 1991 von –430 mm Wasseräquivalent stimmt praktisch mit dem Wert überein, der von GOLUBEV u. a. (1978) nach indirekten Merkmalen für das gesamte regressive Stadium seit dem Fernau-Maximum um 1700 mit –460 mm (±180 mm) errechnet wurde.

Die Akkumulation lag bis zum Jahre 1910 leicht über dem Durchschnitt und anschließend niedriger. Die Tendenz zu ihrem Wachstum dominierte erst wieder in den letzten 25 Jahren.

Im Ablationsgang lassen sich zwei große Zyklen mit intensivem Tauen ausgliedern: Ende des vorigen Jahrhunderts und 1940–1960. Seit Mitte der 60er Jahre liegt die Ablation unter dem langjährigen Mittel. Die allgemeine Tendenz ist jedoch schwach entwickelt. Bei der aus Akkumulation und Ablation resultierenden Größe, der Massenbilanz, lassen sich für den 120-jährigen Zyklus generell drei Phasen unterscheiden: Zunächst ist eine für den Gletscher günstige Phase bis weit in die 20er Jahre unseres Jahrhunderts erkennbar. Danach begann eine ungünstige, bis in die Mitte der 60er Jahre reichende, mit den schlechtesten Bedingungen der Gletscherspeisung um 1950. Schließlich ist seit etwa 25 Jahren eine dritte Phase auszumachen, in der wieder eine Verbesserung des Gletscherzustandes eintrat. Die Kurve exponentieller Glättung illustriert die Dynamik der Parameter (Abb. 47).

Auf der Grundlage meteorologischer Daten von Pjatigorsk und Terskol sind die Jahreswerte von Akkumulation, Ablation und Massenbilanz seit 1872 (Beginn der meteorologischen Messungen in Pjatigorsk) rekonstruiert worden (POPOVNIN 1987). Es dominieren negative Massenbilanzen (66 %). Die Durchschnittswerte dieser über 100jährigen Reihe liegen in der Akkumulation bei 2170 mm, in der Ablation bei 2620 mm und in der Massenbilanz bei –430 mm Wasseräquivalent. Die Bilanzextreme lagen 1954 bei –3460 mm und 1987 bei +1540 mm. Die Kurve der Akkumulation zeigt über dem Durchschnitt liegende Werte vor allem 1875–1910 und darunterliegende Werte 1925–1950. Seitdem überwiegt die Tendenz zum Akkumulationsanstieg mit einer Verstärkung in den letzten 20 Jahren. Ab der zweiten Hälfte der 70er Jahre sind im Jahrhundertdurchschnitt deutlich höhere winterliche Schneemengen zu beobachten.

Im Verlauf der Ablationskurve sind zwei große Phasen intensiver Abschmelzprozesse erkennbar: Ende des vorigen Jahrhunderts und 1940–1960. Eine Gesamttendenz ist schwer auszumachen, obwohl in den letzten 35 Jahren die Ablation zweifellos sinkt. Die Massenbilanz zeigte bis etwa 1920 eine für den Gletscher günstige Entwicklung mit Annäherung an den Nullwert. Danach begann ein Zeitabschnitt mit vorwiegend negativen Bilanzwerten, der bis Mitte der 70er Jahre anhielt. Unterbrochen wurde diese Phase nur 1928–1933, als der Gletscher seinen Eishaushalt deutlich verbesserte. Für diese Zeit wurde auch ein Stillstandsstadium datiert. Seit 1980 etwa setzt der schon beschriebene Prozeß der Verbesserung des Haushaltes ein.

Interessant ist auch die Rekonstruktion des Gletscherabflusses (POPOVNIN 1987). Es zeichnet sich ein allgemeiner Trend zum Sinken der jährlichen Abflußrate von 15–16 Mio. m^3 Wasser zu Beginn des Jahrhunderts auf 8,3 Mio. m^3 gegenwärtig ab, d. h. um ca. 47 %. Ein übernormaler Abfluß wurde bis 1910 sowie in einer kurzen Periode Anfang der 50er Jahre durch den absoluten Höhepunkt der Ablation registriert. Der Gesamtcharakter der Veränderung der Abflußrate ist für das Stadium der einsetzenden Vereisungsdegradation jedoch typisch. In frühen Abschnitten der Deglaziation stieg der Abfluß zunächst an, um später dann durch die Volumen- und Flächenreduzierung des Gletschers insgesamt abzusinken. Seit 1974 ist wiederum ein leichter Anstieg des Gletscherabflusses zu erkennen.

Die Auswertung der meteorologischen Daten seit 1872 zeigte, daß optimale Bedingungen für das Gletscherregime im zentralen Kaukasus dann gegeben waren, wenn westliche Luftzirkulationen (W) vorherrschten. Eine dominierende meridonale (C) oder östliche Zirkulation (E) dagegen förderte die Degradation der Gletscher. Die gegenwärtige Verbesserung der Massenbilanz erfolgt jedoch bei vorwiegend östlichen Zirkulationen sowie bei erhöhten Anomalien im Sonnenzyklus (Theorie der Doppelmaximalwerte der Sonnenaktivität im hundertjährigen Zyklus von ČISTJAKOV 1981). Das Fehlen derartiger Paradoxa im gesamten meteorologischen Beobachtungszeitraum seit 1872 führt zu der Annahme, daß eine neue Steuerungsgröße auf die Prozesse des Massenaustauschs Einfluß nimmt, die nur anthropogen sein kann.

3.4.7.
Prognostische Aussagen zur Entwicklung des Dshankuat-Gletschers in den nächsten Jahrzehnten

Die sich in letzter Zeit abzeichnende Verbesserung des Gletscherhaushalts am Dshankuat ist nicht nur vom Standpunkt der natürlichen Zyklizität der WOLFschen Zahlen und des Wandels der atmosphärischen Zirkulation (nach GIRS 1971) zu erklären. Nach der Rekonstruktion der Massenbilanz seit 1872 ergibt sich, daß für die Kaukasusgletscher die Vorherrschaft des westlichen Zirkulationstyps (W) optimal ist, während der meridionale Typ (C) die Degradation der Vergletscherung am meisten begünstigt. Einer analogen Gesetzmäßigkeit sind fast alle Gletscher des atlantischen Sektors Eurasiens unterworfen, von denen ebenfalls eine lange Bilanzreihe vorliegt (Abb. 49). Die gegenwärtige Aktivierung dieser Gletscher vollzieht sich jedoch im Rahmen des östlichen Zirkulationstyps (E), der ebenfalls nicht der günstigste für die Vergletscherung ist (TJULINA 1989).

Die Prognose der Budgetentwicklung des Dshankuat-Gletschers soll anhand der langjährigen glaziologischen Datenreihen (seit 1968) und der Rekonstruktion der Entwicklung in den letzten 120 Jahren nach meteorologischen Parametern bis zum Jahre 2025 erfolgen. Für die Wahrscheinlichkeitsprognose ist nach dem Modell von BROWN (1963) ein adaptiver Algorithmus gewählt worden, der mit Hilfe von Iterationen eine Autoprojektion der aktuelleren Daten auf die langjährige Reihe vornimmt. Für die Modellierung wurde ein linearer Trend mit einer Exponentialabgleichung angenommen. Auf der Basis der Daten seit 1872 konnten wichtige Parameter des Gletscherhaushaltes prognostiziert werden (Tab. 17). Danach ist bis zum Jahre 2025 ein bedeutender Anstieg der Akkumulation auf durchschnittlich 3225 mm zu erwarten, was in der bisherigen Reihe seit 1872 beispiellos wäre. Die Ablation steigt geringfügig auf durchschnittlich 2640 mm. Durch den wesentlichen Akkumulationsüberschuß geht die Bilanz stabil in den Bereich positiver Werte. Die Abflußmenge steigt ebenfalls leicht an. Die Fehlergröße wird für die Akkumulationsprognose noch mit 28 % angegeben. Bei den übrigen Parametern liegt sie bei 18–20 %.

Abbildung 49
Schwankungen der Mittelwerte der Massenbilanz ausgewählter Gletscher des atlantischen Sektors Eurasiens (in mm Wasseräquivalent; nach Daten des WGMS)

1 – Dshankuat (zentraler Kaukasus)
2 – Zej (östlicher Kaukasus, Nordossetien)
3 – Besengi (zentraler Kaukasus)
4 – Kasbek-Gletscher (östl. Kaukasus, Georgien)
5 – Limmerngletscher (Alpen, Schweiz)
6 – Hintereisferner (Alpen, Österreich)
7 – Sarenn (Alpen, Frankreich)
8 – Großer Aletschgletscher (Alpen, Schweiz)
9 – IGAN (Inst. für Geographie der AdW, Nordural)
10 – Storglaciären (Zentralskandinivien, Schweden)

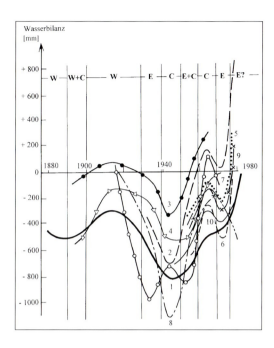

Die Prognose der Höhe der Firnlinie basiert auf ihrem funktionalen Zusammenhang mit der Massenbilanz (POPOVNIN 1987). Nach deren Stabilisierung Ende des Jahrhunderts und mit dem positiven Haushalt der folgenden Jahrzehnte wird sich die Schneegrenzdepression für den Prognosezeitpunkt 2025 auf 90–140 m einstellen.

Insgesamt kommen bis zum Jahr 2025 alle Anzeichen einer Verbesserung des Budgets zum Tragen, was als Übergang zu einem Vorstoß in-

Tabelle 17
Ausgewählte Parameter der Massenbilanz des Dshankuat-Gletschers und ihre Prognose für das Jahr 2025

Parameter	Mittelwert		Prognose 2025	
	1968–1977	1988–1992		
1	2	3	4	
Akkumulation [mm Wasseräquivalent]	2230	2400	3030 –	3420
Ablation [mm Wasseräquivalent]	2490	2410	2490 –	2790
Massenbilanz [mm Wasseräquivalent]	–260	–10	+240 –	+630
			+540 –	+930
Höhe der Firnlinie [m HN]*	3270	3270**	3180 –	3130
Volumen [km³]	0,180	0,165**	0,202 –	0,227
Fläche [km²]	3,20	2,98**	3,31 –	3,63
Länge [km]	3,0	2,91**	3,25 –	3,39
Gletscherabfluß [Mio. m³/Jahr]	8,05	7,94**	9,1 –	9,3

* HN = Höhennull (bezogen auf den Pegel Kronstadt).
** Werte für 1990

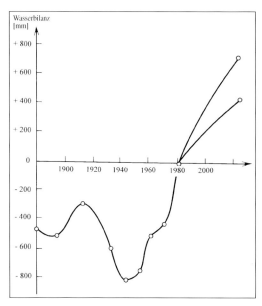

Abbildung 50
Rekonstruierte, gemessene und prognostizierte Mittelwerte der Massenbilanz des Dshankuat-Gletschers für den Zeitraum 1872–2025

terpretiert werden kann, der sich in einer Volumen- und Flächenvergrößerung äußert. Die Gletscherstirn dürfte dann nahe der Endmoräne aus dem Jahre 1930 liegen, also 420–560 m weiter vorstoßen. Hauptursache für diese Budgetentwicklung sind die generell prognostizierten anwachsenden Schneemengen. Die Prognosen sind eng mit dem grundlegenden klimatischen Szenarium korreliert, das BUDYKO (1980) für die nächsten Jahrzehnte aufgestellt hat. Der dort prognostizierte Temperaturanstieg löst aber im zentralen Kaukasus keine allgemein angenommene Degradation der Vergletscherung aus, sondern im Gegenteil ein Wachstum der Massenbilanz auf Grund zunehmender winterlicher Niederschläge. SCHLESINGER (1986) demonstrierte in einem Computerexperiment, daß sich der anthropogen bedingte Treibhauseffekt in den höheren Breiten vor allem durch steigende Temperaturen, in den Hochgebirgen der Mittelbreiten jedoch durch größere Schneemengen auswirkt. Ursache für diese höheren Niederschlagswerte wird eine erhöhte Verdunstung auf der dann vergrößerten Fläche der Weltmeere sein. Die daraus resultierende verstärkte winterliche Akkumulation der Hochgebirgsgletscher wird auch nicht durch eine eventuell intensivere Sommerschmelze kompensiert werden können. Die Budgetentwicklung des Repräsentativgletschers Dshankuat liefert für die technogene Version des globalen Klimaszenariums weitere Argumente.

Die Spezifik der gegenwärtigen Entwicklung besteht darin, daß der Dshankuat-Gletscher und wegen seiner Repräsentativität möglicherweise auch die Mehrzahl der Gletscher auf der Nordabdachung des zentralen Kaukasus an der Schwelle qualitativer Veränderungen stehen, die keine Analogien seit Mitte des 19. Jh. aufweisen. Das reale Tempo der Veränderung bestätigt schon jetzt die kühnsten Prognosevarianten, die auf der Konzeption von BUDYKO (1980) basieren. Die Wahrscheinlichkeit der weiteren Verbesserung des Haushaltszustandes des Dshankuat-Gletschers wird noch realer angesichts des bevorstehenden Zusammenwirkens der natürlichen und technogenen Einwirkung. Im folgenden Sonnenzyklus ist ein Vorherrschen der westlichen atmosphärischen Zirkulation (W) zu erwarten. Die Periode dieses für die Gletscherspeisung günstigen Zustandes könnte so lange anhalten, wie die Zunahme von CO_2 in der Atmosphäre nicht gestoppt wird oder solange die winterlichen Temperaturen im glazialen Gürtel selbst nicht gegen 0 °C gehen.

Die Abbildung 50 zeigt die Synthese der oben dargelegten Budgetentwicklung des Dshankuats für den Zeitraum 1872–2025.

4.
Kryogene und periglaziale Prozesse im Elbrusgebiet

ALEKSANDR D. OLEJNIKOV, VENIAMIN F. PEROV, NATAL'JA A. VOLODIČEVA
u. IRINA A. LABUTINA

4.1.
Die Lawinentätigkeit
(ALEKSANDR D. OLEJNIKOV)

Das Elbrusgebiet ist für die Lawinentätigkeit im gesamten Kaukasus repräsentativ. Der alpine Reliefcharakter, die entsprechenden Niederschlagsmengen und die Mächtigkeit der Schneedecke führen zur Bildung von Lawinen verschiedener Typen und Ausmaße. Auf der Übersichtskarte „Lawinengefährdete Regionen der UdSSR" im Maßstab 1 : 7,5 Mio. gehört das Elbrusgebiet zu den Regionen mit bedeutender Lawinengefahr (TUŠINSKIJ 1971). Diese Gebiete sind gekennzeichnet durch eine tiefe Reliefzerschneidung von 1000–1500 m. Die Anzahl der potentiellen Lawinen pro Talkilometer beträgt 7 und mehr. Im Baksantal zwischen der Station Asau und dem Ort Terskol finden sich auf einer Strecke von 4 km allein auf der rechten, nordexponierten Talflanke 19 Lawinensammelbecken mit einer Größe von 1,5 bis 130 ha. Sie gehören verschiedenen morphologischen Typen der Lawineneinzugsgebiete vom Erosionsabriß bis zum Gletscherkar an. Gerade der letztgenannte Typ ist im Elbrusgebiet häufig vertreten. Unter den Bedingungen erhöhter Schneeakkumulationen sind sie die Ursprungsherde gigantischer Lawinen mit Volumina von mehreren Millionen Kubikmetern.

In den oberen Hangbereichen des Baksantales liegt die Schneedecke 9 Monate: von September/Oktober bis Mai/Juni. An diese Monate sind die frühesten und spätesten Termine von Lawinen gebunden, die den Talboden erreichen. Die Mächtigkeit der Schneedecke differiert entsprechend der Exposition. An den nordexponierten Hängen übersteigt sie oft 3–4 m. In Schneewehen oder Wächten sind Schneemächtigkeiten von 13–15 m anzutreffen. Die südexponierten Hänge bleiben bis zu einer Höhe von 2500 m nicht selten schneelos. Aus diesem Grund entfallen 90 % aller Lawinen im Elbrusgebiet auf Hangabschnitte mit nördlicher Exposition. Die Frequenz der Lawinenabgänge an Südhängen wird durch die Häufigkeit anomaler, heftiger Schneefälle auf dieser Talseite bestimmt. Lawinen von diesen Hängen gehören dann mit zu den gefährlichsten, da eine hemmende Waldvegetation auf den Südhängen meist fehlt.

Nach Daten der meteorologischen Station Terskol (2154 m) fallen in der Zeit von November bis März im Mittel etwa 300 mm Niederschlag bei einer langjährigen Mitteltemperatur in dieser Periode von –4,5 °C. Über die Schneebedeckung im Elbrusgebiet gibt Tabelle 18 Auskunft. Im Zeitraum von 1960 bis 1990 waren die schneereichsten Winter 1962/63, 1967/68, 1975/76, 1978/79 und 1986/87. In schneearmen Wintern betrug die Anzahl der Lawinentage durchschnittlich 26, in schneereichen dagegen 38. Das Maximum wurde für den Winter 1983/84 mit 50 Lawinentagen registriert. Die intensivsten Schneefälle wurden bei Lufttemperaturen von –2 bis –4 °C beobachtet.

Seit 1967 werden am Oberlauf des Baksan durch Glaziologen der Moskauer Universität systematische Untersuchungen des Lawinenregimes durchgeführt. Sie umfassen die Registrierung und Beschreibung niedergegangener Lawinen, die Stratigraphie und physikalisch-mechanische Eigenschaften der Schneeschichten, meteorologische Messungen sowie fotogrammetrische Arbeiten. Für die Periode 1967–1980

Jahr	Nieder-schlag [mm]	Mittlere Lufttem-peratur [°C]	Mittlere Mächtigkeit in einzelnen Monatsdekaden [cm]															Bewertung der Mächtigkeit*
			November			Dezember			Januar			Februar			März			
			I	II	III	I	II	III	I	II	III	I	II	III	I	II	III	
1	2	3	4	5	6	7	8	9	10	11	12	13	14	15	16	17	18	19
1962/63	582	−3,3	6	1	0	7	42	98	70	127	161	138	133	152	139	143	157	sm
1965/66	308	−1,9	3	32	27	26	36	41	77	77	74	74	64	54	43	37	13	mm
1967/68	473	−5,0	0	1	23	26	41	59	63	99	88	82	84	93	114	150	134	sm
1968/69	129	−4,5	0	0	0	4	8	5	5	2	8	8	8	5	3	2	1	gm
1969/70	387	−3,0	18	6	2	4	13	32	27	24	21	44	96	78	82	78	68	mm
1973/74	264	−5,8	14	15	29	71	72	69	68	68	69	67	54	44	28	8	0	mm
1975/76	298	−6,6	5	10	11	12	16	43	56	91	104	95	94	92	97	90	58	sm
1977/78	247	−3,9	0	3	4	44	41	36	34	35	35	36	52	64	56	50	42	mm
1978/79	346	−4,6	6	6	1	11	33	35	89	79	72	95	89	88	84	69	44	sm
1979/80	234	−4,9	1	1	2	7	1	7	11	13	32	42	31	24	31	11	0	gm
1980/81	319	−3,2	3	4	9	38	48	50	61	70	57	64	66	64	70	61	47	mm
1981/82	367	−5,7	24	40	36	38	61	71	102	87	83	90	89	83	86	95	83	sm
1986/87	520	−5,0	4	7	11	10	9	64	97	113	112	167	139	136	140	147	134	sm
Mittel	274	−4,5	4	6	11	22	32	38	43	54	55	57	58	56	59	55	43	

* sm = sehr mächtig; mm = mittelmächtig; gm = geringmächtig

Tabelle 18
Die winterliche Schneedecke im Elbrusgebiet (Daten der meteorologischen Station Terskol, 2154 m)

wurde eine Statistik der natürlichen Lawinenabgänge im Gebiet zwischen der Siedlung Terskol und der Station Asau im oberen Baksantal zusammengestellt. Ab 1981 beginnt eine neue Beobachtungs- und Meßreihe, da seitdem im Elbrusgebiet Maßnahmen zur künstlichen Lawinenzerstörung mittels Artillerie durchgeführt werden. Im schneereichen Winter 1986/87 zum Beispiel wurden mehr als 900 Geschosse zur Beseitigung von überschüssigen Schneemassen an den Hängen abgefeuert. Es muß allerdings festgestellt werden, daß die Beschießungen nicht immer den gewünschten Effekt eines ökologischen und ungefährlichen Lawinenabganges erbrachten. Unkontrollierte Lawinen zerstörten Waldflächen und gefährdeten Menschenleben.

Im Elbrusgebiet untergliedert man die Lawinen in 5 genetische Typen:

– Lawinen, die sich noch während des Schneefalls oder unmittelbar danach lösen;
– Lawinen, die sich in flachen Schneegestöbern bilden;
– Lawinen, die bei Temperaturstürzen und den damit verbundenen Volumenverringerungen in den oberen Schneeschichten entstehen;
– Lawinen, die durch strahlungsbedingte Erwärmung und einsetzende Schneeschmelze vor allem an südexponierten Hängen abgehen;
– Lawinen, die bei Advektion warmer Luft oder durch Regenfälle auf die Schneedecke einsetzen.

In den Wintern von 1967 bis 1980 wurden für dieses Gebiet 1090 sich selbst auslösende Lawinen registriert. Entsprechend ihrer Laufstrecke wurden vier Größen ausgegliedert (Abb. 51):

1. kleine Lawinen, die am Hang, in der Zone ihres Entstehens oder im Lawinenkanal zum Halt kommen;
2. Lawinen mittlerer Größe, die im Bereich des minerogenen Lawinenkegels am Talboden zum Halt kommen;
3. große Lawinen, die den gesamten minerogenen Lawinenkegel bedecken;
4. sehr große, katastrophale Lawinen, die weit über den minerogenen Lawinenkegel und ihre gewöhnliche Verbreitung hinausgehen.

Der Grad der Lawinengefahr in einzelnen Wintern wurde nach der Häufigkeit des Auftretens der jeweiligen Lawinengröße bestimmt.

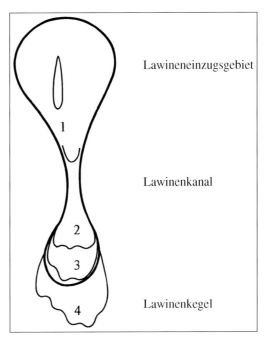

Abbildung 51
Lawinengrößen entsprechend ihrer Laufstrecke

Von der Gesamtzahl der spontanen Lawinen (1090) waren 804 (74 %) durch Neuschnee verursacht, 145 (13 %) durch strahlungsbedingte Erwärmung, 101 (9 %) durch flache Schneegestöber, 36 (3,5 %) durch advektive Erwärmung und 4 (0,5 %) durch temperaturbedingte Schrumpfung des Schnees. Die Zahlen weisen anschaulich auf die große Bedeutung von Schneefällen für die Lawinenentstehung im Elbrusgebiet hin. Dieser Lawinentyp macht auch 90 % der Lawinen aus, die den Talboden erreichen und oftmals katastrophale Auswirkungen haben. Auf Grund der statistischen Daten und unter Berücksichtigung besonders dieses Typs waren die Winter 1967/68, 1973/74, 1975/76, 1978/79, 1986/87 und 1992/93 die lawinenreichsten. Es waren für das Elbrusgebiet auch Jahre mit Lawinenkatastrophen. Im Winter 1967/68 gingen zwischen Terskol und Asau mehrere sehr große Lawinen nieder, die einen Teil des dortigen Nadelwaldes vernichteten. Eine „Jahrhundertlawine" wurde 1973/74 beobachtet. Ihr Volumen umfaßte 1,6 Mio. m³, und die Schneemächtigkeit an der Abrißlinie betrug 7,6 m. Diese Lawine zerstörte etwa 15 ha Nadelwald im Alter

Abbildung 52
Lawinenschäden in Terskol
1976 (Foto: Fundus der MGU)

Abbildung 53
Alljährlich niedergehende
Lawine am Tscheget-Hang
(Foto: Fundus der MGU)

von mehr als 100 Jahren. Nach ergiebigen Schneefällen im Januar 1976 traten im Elbrusgebiet zahlreiche verheerende Lawinen auf. Große Schneemengen sammelten sich dabei auch auf den Südhängen an. Von dort ging am 18. Januar gegen Mittag in der Nähe des Hotels „Itkol" eine Lawine mit einem Volumen von 350 000 m^3 nieder, in der 11 Menschen umkamen. Am selben Tag erreichte eine Lawine vom nordexponierten Tscheget-Hang die Siedlung Terskol (Abb. 52) und begrub 2 Kinder unter sich.

Im Winter 1986/87, dem schneereichsten im Kaukasus seit Beginn der instrumentellen Messungen 1872, war das gesamte Elbrusgebiet durch Lawinen blockiert. Anwohner und Touristen mußten evakuiert werden, sehr viel Vieh starb in den Schneemassen.

Die Lawinenkatastrophe im Januar 1993 wurde ebenfalls durch gewaltige Schneefälle hervorgerufen, die eine Woche anhielten und von orkanartigen Stürmen begleitet waren. Auf Grund der Umlagerung durch Schneegestöber waren besonders die südexponierten Hänge mit Schnee überladen. Von dort lösten sich einige sehr große Lawinen, die Dutzende Hektar Nadelwald vernichteten und 5 Menschen verschütteten.

Aus diesen Beispielen läßt sich ableiten, daß vor allem durch das günstige Zusammentreffen oroklimatischer Bedingungen der hohe Grad der Lawinengefährdung hervorgerufen wird.

Auf dem nur 4 km langen Abschnitt detaillierter Untersuchungen zwischen Terskol und Asau betrug die durchschnittliche Anzahl der Lawinen seit 1967 pro Winter 60–200 (Abb. 53 u. 54). Das Volumen einzelner Lawinen erreichte zum Teil mehr als 1 Mio. m³, und die Druckkraft betrug bis zu 100 t/m².

Nach den im Elbrusgebiet und in anderen Regionen des Kaukasus erfaßten Daten läßt sich feststellen, daß bei zwei- und mehrfacher Überschreitung der mittleren monatlichen Niederschlagsmenge im Winter sehr große Lawinen ausgelöst werden können. Als Ausdruck dieser Größe kann ein monatlicher Koeffizient (K_m) der Niederschlagsanomalie wie folgt errechnet werden:

$$K_m = x_i / \overline{x_i}.$$

Darin sind:
x_i = tatsächliche Niederschlagsmenge des jeweiligen Monats,
$\overline{x_i}$ = langjährige mittlere Niederschlagsmenge in der Periode November bis März.

Der Koeffizient K_m liegt in der Regel zwischen 0 und 1. Er kann den Wert 1 übertreffen, wenn in einem Monat mehr Niederschläge fallen als im langjährigen Mittel des gesamten Winters. Die kritische Größe von K_m entspricht dem Doppelten der mittleren monatlichen Niederschlagsmenge. Absolut differiert dieser K_m-Wert zwischen einzelnen Gebirgen natürlich, relativ jedoch ist K_m bei vergleichbarer Dauer der kalten Jahreszeit immer gleich. So ergibt sich bei einer 5monatigen Winterperiode (November bis März) und einer kritischen Größe von 2 ein relativer Wert von

$$K_m = 2 \cdot 1 / 5 = 0,4.$$

Für das Elbrusgebiet folgt daraus bei einer Winterperiode von 5 Monaten mit einem langjährigen Niederschlagsmittel für diesen Zeitraum von 280 mm ein absoluter Wert von

$$K_m = 0,4 \cdot 280 = 112.$$

In allen Fällen von katastrophalen Lawinenabgängen im oberen Baksantal von 1967/68 bis

Abbildung 54
„Hauslawine" der Station Asau 1989 vom Tscheget-Hang (Foto: ZOLOTARËV, 1989)

Jahr	Monat					Gesamter Winter
	November	Dezember	Januar	Februar	März	
1	2	3	4	5	6	7
1967/68	0,18	*0,41*	*0,49*	0,16	*0,45*	1,69
1968/69	0,08	0,06	0,02	0,06	0,24	0,46
1969/70	0,13	0,25	0,04	*0,50*	*0,43*	1,35
1970/71	0,28	0,21	0,01	0,14	*0,42*	1,06
1971/72	0,29	0,25	0,08	0,02	0,10	0,65
1972/73	0,12	0,05	0,08	0,15	0,27	0,67
1973/74	0,38	*0,48*	0,02	0,01	0,06	0,95
1974/75	0,27	0,08	0,12	0,15	0,28	0,90
1975/76	0,11	0,21	*0,62*	0,08	0,05	1,07
1976/77	0,15	0,17	0,01	0,06	*0,41*	0,80
1977/78	0,12	0,27	0,03	0,32	0,18	0,92
1978/79	0,08	0,28	*0,54*	0,29	0,07	1,26
1979/80	*0,46*	0,05	0,21	0,00	0,11	0,83

Tabelle 19 Verteilung der Koeffizienten für die Niederschlagsanomalie K_m im Zeitraum 1967/68 bis 1979/80 (nach Daten der meteorologischen Station Terskol, 2154 m)

1979/80 war der relative K_m-Wert im jeweiligen Monat größer als 0,4 (Tab. 19). Auch die Rückverfolgung der Werte bis 1952 erbrachte als Ergebnis, daß bei schadenverursachenden Lawinen ähnlich hohe K_m-Werte auftraten. Derartige Lawinen gingen im Februar des Jahres 1956 (K_m = 0,46), im März 1958 (K_m = 0,55), im Dezember 1962 (K_m = 0,59) und im Januar 1963 (K_m = 0,87) nieder. Seit den 50er Jahren trat im Elbrusgebiet nicht ein Fall katastrophaler Lawinen in Monaten mit einem K_m-Wert von < 0,4 auf.

Die Niederschläge in derartigen anomalen Monaten zeigten noch eine weitere Besonderheit. Sie besteht darin, daß bis zu 70 % der Niederschlagssumme in diesen Monaten an 4 bis 5 zeitlich eng zusammenliegenden Tagen fallen. Das heißt nicht nur, daß die absolute Schneemenge die Lawinengefahr, sondern in großem Maße auch deren Verteilung bestimmt. So waren die 70er Jahre beispielsweise nur mäßig schneereich, jedoch fielen die winterlichen Niederschläge zeitlich sehr konzentriert. Die statistische Verteilung solcher Niederschläge in den letzten Dekaden zeigt folgendes Bild:

    1950–1959: 20 %
    1960–1969: 20 %
    1970–1979: 45 %
    1980–1989: 15 %.

Die 70er Jahre waren demzufolge das Jahrzehnt der größten Häufung katastrophaler Lawinenabgänge im 20. Jh.

Auf der Basis der meteorologischen Daten seit 1872 und dendrochronologischer Untersuchungen an Lawinenschäden konnten die Bedingungen für die Lawinenbildung in diesem Zeitraum rekonstruiert werden. Zunächst wurde der Zusammenhang von hohen K_m-Werten mit verschiedenen Typen der atmosphärischen Zirkulation (W = westliche, E = östliche, C = meridionale) überprüft. Es zeigte sich, daß in 80 % der Fälle anomal hohe Winterniederschläge im zentralen Kaukasus mit dem meridionalen Typ der Zirkulation zusammenfallen. Insgesamt ließen sich 4 Perioden mit dominierendem meridionalen Typ „C" ausgliedern. Diese Zeiträume (1891–1902, 1926–1932, 1940–1951 und 1955–1968) waren auch Phasen verstärkter Lawinenabgänge, wie aus dendrochronologischen Untersuchungen hervorgeht.

Am Beispiel des Elbrusgebietes wird sichtbar, daß das Auftreten einer großen Anzahl verheerender Lawinen nicht nur das Ergebnis schneereicher Winter ist, sondern auch kurzzeitige, extreme Niederschläge eine entscheidende Rolle spielen.

Für eine langfristige Lawinenprognose sind sowohl globale Klimaänderungen als auch die Klimastabilität zu berücksichtigen. Für den gesamten zentralen Kaukasus wurde der Versuch einer Lawinenprognose für die Szenarien einer Erwärmung, einer Abkühlung und einer fortschreitenden Klimaunbeständigkeit unternommen.

Nach Auffassung einer Reihe von Wissenschaftlern wird für das erste Viertel des 21. Jh.

eine anthropogen bedingte Erhöhung der Globaltemperatur um 1–3 °C erwartet. Dies würde in den mittleren Höhenlagen des Kaukasus (1000–2000 m) zu einem Wechsel vom gemäßigten zum warmen Typ der Schneeakkumulation führen. Das heißt, es werden Winter mit 1–2 °C höheren Mitteltemperaturen dominieren, in denen mehr als die Hälfte der Niederschläge in flüssiger Form fällt. Die Folge wären Winter mit unbeständiger Schneedecke oder gar schneelose Winter, und die Lawinengefahr würde geringer. In den Hochgebirgsregionen, also auch im Elbrusgebiet, führte diese globale Erwärmung, die von verstärkten winterlichen Niederschlägen begleitet wird, zum Anstieg der Schneemenge und damit zur Aktivierung großer Lawinen.

Demgegenüber wird bei einer allgemeinen Abkühlung eine Zunahme der Dauer und der Rauhigkeit der Winter erwartet. Winter ähnlichen Typs riefen in den Jahren 1955/56, 1967/68, 1975/76 und 1986/87 ein massenhaftes Auftreten von Lawinen hervor. Daher muß auch in diesem Fall mit einer Erhöhung der Lawinenfrequenz und ihrer Ausmaße gerechnet werden.

Das dritte Szenario berücksichtigt das ebenfalls auf anthropogene Einflüsse zurückzuführende verstärkte Auftreten klimatischer Anomalien. Handelt es sich dabei um die obenerwähnten extremen Schneefälle in kurzen Zeiträumen, so ist im Elbrusgebiet mit dem Auftreten katastrophaler Lawinen häufiger zu rechnen. Auch in den mittleren Höhenlagen kann die anomale Entwicklung atmosphärischer Prozesse intensive Schneefälle ermöglichen, die von Lawinentätigkeit begleitet sind.

4.2.
Seli – verheerende Schlammströme
(Veniamin F. Perov)

Als Seli werden gerichtete Rinnenströme, bestehend aus einem Gemisch von Wasser bzw. Schnee und Eis sowie klastischen Materialien, bezeichnet, die sich im Einzugsgebiet kleinerer Gebirgsflüsse bilden. Sie werden durch ihr plötzliches Entstehen, die Kurzfristigkeit der Wirkung (meist 1–3 Stunden) und durch den Wellencharakter ihrer Bewegung besonders gefährlich, wobei ihre zerstörerische Wirkung für Menschen und Natur sowohl mit dem eigentlichen Fließvorgang als auch mit den Folgen der Abgänge verknüpft ist. Die drohende Gefahr geht sowohl von der möglichen hohen Geschwindigkeit (5–10 m/s) als auch von der hohen Dichte (1100–2400 kg/m^3) der sich talabwärts bewegenden Massen aus. Die Folgen der Schlammströme äußern sich vor allem in einer kräftigen Tiefen- und Seitenerosion sowie durch gewaltige Ablagerungen von Schlamm- und Steinmassen im Auslaufbereich.

Faktoren für die Bildung von Schlammströmen im Elbrusgebiet sind das große Gefälle der Wasserläufe, angesammelte Schuttmassen im Flußbett und an den Hängen, eine bedeutende Abflußmenge und daraus resultierend eine entsprechende Durchfeuchtung der Lockergesteinsmassen. Im Einzugsgebiet des Baksans sind es besonders ergiebige Niederschläge, die zur Auslösung von Selströmen führen, seltener eine intensive Eis- und Schneeschmelze. Darüber hinaus werden Seli auch durch anthropogene Eingriffe innerhalb der Einzugsgebiete verursacht.

Erste Mitteilungen über Schlammströme im Einzugsgebiet des Baksans erschienen am Ende des 19. Jh. Tepcov (1892) berichtete über einen Selstrom im Tal des Syltransu, eines Nebenflusses des Kyrtyk, der im Jahre 1881 ausgelöst wurde und verheerende Folgen mit sich brachte. Im Dorf Werchni Baksan wurden u. a. 10 Häuser mitgerissen, und zahlreiche Einwohner verloren ihr Leben. In einem Artikel von Ivanov (1902) ist nachzulesen, daß sich im Flußbett des Asau infolge des Durchbruchs eines temporären, auf der Oberfläche des Großen Asau-Gletschers ausgebildeten Stausees ein gewaltiger Selstrom entwickelte. Dubjanskij (1914) erwähnte einen Sel, der 1912 im Tal des Garabaschi ausgelöst wurde und bis in das Tal des Asau hineinschwappte.

Die meisten Daten wurden in der zweiten Hälfte des 20. Jh. gesammelt. Detaillierte Beschreibungen der im Gebiet Kabardino-Balkariens niedergegangenen Schlammströme enthalten die Arbeiten von Kovalëv (1950, 1955, 1957, 1961, 1970) sowie von Gerasimov (1967, 1968, 1974, 1980). Die Kartierung langjähriger Beobachtungen fand ihren Niederschlag in Beiträgen von Sejnova (1967, 1992) sowie von Flejšman u. a. (1972). Weitere Publikationen widmen sich der Analyse einzelner Selströme (Zaporožčenko 1985), der Prognosemethodik der durch Starkregen ausgelösten Seli (Andreev u.

SEJNOVA 1984) sowie der Ausbildung glazialer Seli (DOKUKIN 1985).

Die Bedingungen für die Selibildung sind bereits in der Geologie und Geomorphologie des Baksantales gegeben. Vom Ober- zum Unterlaufbereich des Einzugsgebietes lassen sich 4 Hauptregionen ausgliedern:

1. Die Region der Haupt- und Seitenkette bis zur Stadt Tyrnyaus wird aus einem glazialnivalen Hochgebirgsrelief bis über 4000 m Höhe mit rezenter Vergletscherung und aktiven Verwitterungsprozessen gebildet. Präkambrische Granite und kristalline Schiefer sind die Hauptgesteine, die durch metamorphe und magmatische Gesteine des Paläozoikums ergänzt werden.

2. In der sich anschließenden Region eines niedrigeren Reliefs mit plateauartigen Gipfeln bis zum Dorf Bylym dominieren die für Denudationsprozesse anfälligen Tonschiefer und Sandsteine des mittleren und unteren Jura.

3. Die Mittelgebirgsregion ist aufgebaut aus monoklinalen Kämmen (Cuestas), die aus jurassischen und kretazischen Kalken gebildet werden. Dazu sind die Bereiche der Felsenkette, die das Baksantal nördlich vom Dorf Bylym quert, sowie die Kreidekette mit Höhen bis zu 1500 m in der Nähe des Dorfes Sajukowo zu rechnen.

4. Die kaukasische Vorlandregion schließt diese Gliederung ab.

Auch die klimatischen Bedingungen der genannten Regionen begünstigen die Entstehung von Selströmen. Die jährliche Niederschlagssumme beträgt nach Angaben der meteorologischen Station Terskol (2154 m) 900–1000 mm im Jahr, wovon ca. 50 % in den Sommermonaten fallen. Von wesentlicher Bedeutung sind dabei Sturzregen mit täglichen Niederschlagssummen von ca. 20 mm, von denen in der Sommerperiode durchschnittlich fünf registriert werden. Das gemessene Tagesmaximum betrug 69,9 mm (SIDOROVA 1992). Der oberflächige Abfluß wird durch den hohen Anteil waldfreier Areale intensiviert.

Ein weiterer Faktor der Begünstigung von Selströmen sind die Degradationserscheinungen an den rezenten Gletschern des Elbrusgebietes und damit ein vermehrter Schmelzwasseranfall. Seit Ende des 19. Jh. nahm die vergletscherte Fläche im Einzugsgbiet des Baksan um ca. 43 % ab. Die rezent bedeckte Fläche von 132,9 km^2 wird von 156 Gletschern gebildet. Sie entstanden durch Zerfall und Zergliederung aus der ehemals wesentlich bedeutenderen Gletschermasse, wobei 85 Gletscher völlig neu entstanden und die Anzahl der sich verkleinernden Gletscher auf 49 % stieg (Kap. 3.). Diese Situation spiegelt die allgemeine Vereisungsdegradation auf der Nordabdachung des zentralen Kaukasus wider, in deren Verlauf im obengenannten Zeitraum das Gletschervolumen um 51 % und die vergletscherte Fläche um 41 % reduziert wurde. Die Anzahl der Gletscher stieg um 55 %. Die Untergrenze der Gletscher wanderte um etwa 180 m hangaufwärts.

Im Ober- und Mittellauf des Baksantales sind Selibecken weit verbreitet, wobei deren Netz in der Hochgebirgsregion am dichtesten ist. Die meisten Zuflüsse des Baksan weisen somit eine Selstromaktivität auf. In der Felsen- und Kreidekette wird das Netz der Selibecken spärlicher, bevor es sich in der Vorlandzone völlig verliert (Abb. 55).

Die Selibecken sind hinsichtlich ihres Ausmaßes und ihrer Morphologie sehr vielgestaltig. Die kleinsten von ihnen, sogenannte Hangformen, umfassen eine Fläche von gewöhnlich weniger als 2 km^2. Sie nehmen Erosionskerben und Depressionen an der Hangoberfläche ein, während ihr Längsprofil dem des Hanges sehr nahe kommt. Das Abtragsvolumen von Lockergestein durch Hangseli beträgt durchschnittlich 1000–10 000 m^3.

In der Hauptklasse der Selibecken (Strombett- oder Talseli) lassen sich hinsichtlich des Aufbaus zwei Typen ausgliedern: einfache und kombinierte Seli (PEROV 1989). Die überwiegende Mehrheit der Selibecken (36 von 41) gehört zum einfachen Typ (Abb. 55). Sie nehmen gewöhnlich junge Erosionstäler mit U-förmigem Querprofil ein, die über permanente oder periodische Wasserführung verfügen. Die Akkumulation der Schlamm- und Gesteinsmassen ist auf den Schwemmfächern konzentriert, dessen Volumen mehrere tausend Kubikmeter erreichen kann und in den aktivsten Becken bei 100 000–200 000 m^3 liegt.

Die kombinierten Selibecken nehmen Täler 2. und 3. Ordnung ein. Sie bestehen aus mehreren einfachen Selibecken, die durch einen Hauptselstrom und einen jeweiligen Schwemmkegel

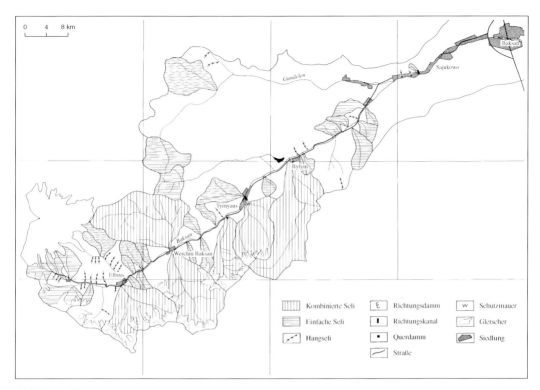

Abbildung 55
Seli im Einzugsgebiet des Baksan

miteinander verbunden sind. Infolge der Abnahme des Gefälles kann sich die Akkumulation sowohl im Bereich des Hauptschwemmkegels als auch auf dem Schwemmkegel des jeweiligen einzelnen Selstrombeckens vollziehen, wie es z. B. am Talboden des Flusses Adyrsu zu beobachten ist. In den kombinierten Selstrombecken bilden sich häufig Seli unterschiedlicher Genese. Das Volumen der Abtragsmassen beträgt 100 000 bis 3 Mio. m³. Die Hauptparameter der Selibecken sind in Tabelle 20 wiedergegeben.

Hinsichtlich ihrer Genese lassen sich die Selstromphänomene in 3 Klassen untergliedern (nach FLEJŠMAN u. PEROV 1986):

– Sturzregen-, glaziale und nivale Seli,
– vulkanogene, seismische und limnogene Seli,
– anthropogene Seli infolge direkter oder indirekter Einwirkung.

Die überwiegende Mehrheit aller Seli, ob als Einzelereignis oder in Form massenhafter Seliabgänge, werden im Einzugsgebiet des Baksan durch ergiebige Sturzregen verursacht (69 %), die während der sommerlichen Jahreszeit Niederschlagshöhen von 20 bis 25 mm/Ereignis liefern können (SEJNOVA 1992). Glaziale Selströme, die ohne Beteiligung von Regen durch das intensive Austauen von Eis verursacht werden, sind dagegen wesenlich seltener (10 %). Für sie sind vor allem kombinierte Selstrombecken typisch. Die meisten derartiger Abgänge finden in den Monaten Juli und August statt. Sie erreichen hinsichtlich der ausgetragenen Schuttmassen die höchste Wirksamkeit. Der Ausbruch von Gletscherstauseen verursacht zu etwa 7 % den Abgang von Schlammströmen, wohingegen Solifluktionserscheinungen in den oberen Moränendecken auf Grund von Wasserüberschuß immerhin mit 14 % am Auslösen von Selstromereignissen beteiligt sind. Untergeordnet ist dagegen die Bedeutung nival ausgelöster Selströme, die durch das Austauen von Schneeflecken im Frühjahr und zu Beginn des Sommers entste-

Typ des Einzugsgebietes	Mittlere Fläche [km²]*	Mittlere Tallänge [km]*	Mittleres Gefälle des Wasserlaufes [‰]*
1	2	3	4
Einfacher Typ	16,7 (2–55)	5,9 (2–13)	320 (93–500)
Kombinierter Typ	107,8 (78–140)	19,2 (12–26)	103 (85–130)

Tabelle 20
Morphometrische Parameter der Einzugsgebiete von Seli im Baksantal

* Minimal- und Maximalwerte in Klammern.

hen. Sie bilden sich im wesentlichen als Hangseli, seltener in kleinen Becken. Alle genannten Selitypen wurden seit 1895 im Elbrusgebiet beobachtet.

Mit der fortschreitenden Erschließung des Baksantales nahm auch die Anzahl anthropogen ausgelöster Seli mit direkter Wirkung zu. Sie bilden sich an Bergwerkshalden aus taubem Gestein, wie es am südwestlichen Stadtrand von Tyrnyaus und im Tal des Lampashiko beim Dorf Sajukowo beobachtet wurde. In den Tälern des Kleinen und Großen Mukulan bei Tyrnyaus, in denen sich früher keine bzw. nur sehr selten Selströme bildeten, kam es seit 1970 zu einer bedeutenden Anhäufung von Abraumhalden des Wolfram-Molybdän-Bergwerkes in Tyrnyaus und damit zu einem sprunghaften Anstieg anthropogen ausgelöster Seli (Abb. 56 u. 57). In einzelnen Jahren konnten 10–20 Schlammströme registriert werden. Gleiches gilt für das Tal des Lampashiko, in dem zunächst keine Abgänge verzeichnet wurden. Der erste Selstrom wurde 1981 auf den Halden eines Tuffbandes ausgelöst, wonach weitere Seli folgten.

Anthropogen ausgelöste Seli mit indirekter Wirkung werden im Baksantal überwiegend durch die Degradation der Boden- und Vegetationsdecke hervorgerufen. Sie konnten nahe den Siedlungen Tegenekli und Sajukowo sowie auf der Waldwiese Asau registriert werden. Als Folgeerscheinung bildeten sich Hangselibecken. Die jeweiligen Schwemmkegel liegen im Bereich des Hangfußes. Die Abtragsmenge ist allerdings eher unbedeutend.

Das Seliregime wird von der sogenannten Seliperiode bestimmt. Dabei handelt es sich um denjenigen Abschnitt des Jahres, in denen ein Selstrom möglich ist und dessen Wiederholung erfolgen kann. Die seligefährdete Periode fällt im Baksantal in den Zeitraum von April bis September, wobei innerhalb der Monate Juli und August die höchste Gefährdung zu verzeichnen ist. In dieser Zeit wurden etwa 50 % aller Abgänge registriert.

Innerhalb des Beobachtungszeitraums 1940 bis 1980 stellt sich die prozentuale monatliche Verteilung der Schlammströme im Baksantal wie folgt dar:

April	2 %
Mai	4 %
Juni	5 %
Juli	41 %
August	46 %
September	2 %.

Diese Daten sind sehr gut mit Angaben aus anderen Teilen des zentralen Kaukasus korrelierbar (RUBCOV 1969). Im Einzugsgebiet des Baksan kann die durchschnittliche Häufigkeit von Selströmen ebenso wie im gesamten zentralen Kaukasus mit einmal innerhalb von 12 Jahren angegeben werden. Es lassen sich jedoch zwei Häufigkeitsgruppen mit einmal in 5–11 Jahren bzw. einmal innerhalb von 14–30 Jahren ausgliedern. Besonders aktive Selibecken befinden sich in der Region rezenter Vergletscherungen, im Hochgebirgsrelief, weniger aktive in den Mittelgebirgsbereichen.

Entsprechend den genetischen Selitypen läßt sich deren Regime grundsätzlich voneinander unterscheiden. Sturzregenseli entstehen im Verlauf der gesamten selstromgefährdeten Periode. Nivale Seli werden nur während der Monate Mai bis Juni und glaziale Schlammströme von Juli bis August ausgelöst. Letztere entstehen recht selten. Der Abgang von durch Regenwasser ausgelösten Seli ist hingegen wesentlich häufiger zu beobachten. Sie werden hinsichtlich ihrer Häufigkeit nur noch von anthropogen bedingten Selströmen mit direkter Wirkung übertroffen, deren durchschnittliche Anzahl bei 10–12 Abgängen pro Saison liegt. Sie weisen offensichtlich eine unmittelbare Abhängigkeit vom Niederschlagsregime auf. Das Auftreten massen-

Abbildung 56
Abraumhalde des Wolfram-Molybdän-Bergbaus als Ausgangspunkt anthropogener Seli (Foto: Fundus der MGU)

Abbildung 57
Selstrom, der 1968 auf die Stadt Tyrnyaus niederging (Foto: Fundus der MGU)

hafter Seliabgänge ist nicht selten, wie Ereignisse in den Jahren 1967 und 1977 im Baksantal zeigen.

Hinsichtlich ihrer stofflichen Zusammensetzung lassen sich die Seli innerhalb des Baksaner-Einzugsgebietes zwei Gruppen zuordnen. Zum einen ist das die Gruppe der Schlamm-Stein-Seli, zum anderen handelt es sich um Wasser-Stein-Seli. Die erste Gruppe ist bei allen Formen der Hangbecken und bei Strombettseli der Mittelgebirsregion typisch. Hauptquelle der festen Bestandteile der Hangseli sind deluviale Decken. Der bedeutende Anteil an Feinerde innerhalb der Strombettseli resultiert aus der intensiven Verwitterung der anstehenden Sedimentgesteine. Die Wasser-Stein-Seli überwiegen in den Selstrombetten der Hochgebirgszone, in der das anstehende Felsgestein in glazialer Überarbeitung als Hauptlieferant von Lokkermaterial dient.

In strukturgeologischer Hinsicht sind praktisch alle Selströme zur Kategorie diskordanter Seli zu rechnen. Diese weisen Elemente einer Sortierung innerhalb der Akkumulationszone auf.

Das Volumen einmaliger Austräge von Schuttseli ist von der Größe und der Struktur des Sel-

Abbildung 58
Selstrom auf das Alpinistenlager „Dshailyk" im oberen Adyrsu-Tal 1984
(Foto: Fundus der MGU)

strombeckens sowie der Menge des darin enthaltenen Lockermaterials abhängig. Gewöhnlich beträgt der Abtrag bei Hangseli zwischen 1000 und 5000 bis maximal 10 000 m^3. Die Mehrheit der Seli, die innerhalb einfacher Selstrombetten gebildet werden, weist Austragsmengen von 10 000 bis 50 000 m^3 auf. Unter günstigen Bedingungen der Zulieferung fester Bestandteile und der Morphologie des Einzugsgebietes kann diese Menge bis auf 100 000–200 000 m^3 anwachsen. Beispiele dafür sind in den Einzugsgebieten der Flüsse Kubasanty und Kyrtyk zu finden. Seli, die sich in kombinierten Becken bilden, tragen gewöhnlich 100 000–500 000 m^3 Schutt ab. Die bisher maximal gemessene Abtragsmenge wurde am Adyrsu im Jahre 1940 mit 3 Mio. m^3 registriert. Die Menge durch anthropogene Seli ausgetragenen Materials schwankt zwischen einigen tausend bis zu 150 000 m^3.

Auf Grund des hohen Erschließungsgrades des Baksantales durch Siedlungen, Wirtschaft und Rekreation haben Selstromereignisse zwangsläufig katastrophale Folgen. Der bereits angeführte Selstrom glazialer Herkunft des Jahres 1940 bildet an der linken Talflanke des Adyrsu-Tales mit seinen 3 Mio. m^3 Volumen einen Schwemmkegel von 2 km Länge und 0,4 km Breite. Unter ihm wurden zwei Alpinistenlager begraben, die sich im Mittellauf des Flusses befanden. Im selben Tal, diesmal jedoch an der rechten Talflanke, wurde durch Starkregen und daraus resultierende Durchfeuchtung von Moränenmaterial 1984 ein anderer Selstrom ausgelöst, der das neu errichtete Alpinistenlager „Dshailyk" mit seinen Gebäuden und dem angrenzenden Sportplatz unter 320 000 m^3 Gesteinsschutt begrub (Abb. 58 u. Anhang, Abb. XIV). Die Selstromereignisse des Jahres 1960 führten bei Tyrnyaus zum Austrag von 100 000–400 000 m^3 Schlamm, wodurch zahlreiche Gebäude der Stadt beschädigt wurden. Der Sel des Jahres 1977 an gleicher Stelle zerstörte Teile des zu dieser Zeit im Bau befindlichen Selirichtungskanals.

Eine lang anhaltende Regenperiode, die mit einem Starkregen endete, löste im Oberlaufbereich des Baksantales am 5. August 1967 einen massenhaften Abgang von Selströmen aus. Insgesamt 7 Strombett- und 16 Hangseli schütteten 600 000 m^3 Schlamm- und Gesteinsmassen talwärts, wodurch drei Brücken und die wichtigste Straße auf 9 km Länge zerstört wurden. Die Aufräumarbeiten dauerten mehr als 2 Wochen. Mächtige Selströme mit einer Abtragsmenge von 100 000 m^3 wurden im selben Jahr in den Tälern der Flüsse Kyrtyk, Kubasanty und Sagajewski ausgelöst. Im Dorf Werchni Baksan wurden dadurch 18 Häuser fortgerissen und 10 weitere beschädigt. Der Sel im Tal des Baches Sagajewski überdeckte die dort verlaufende Straße mit einer Schlammschicht von 5 m Mächtigkeit auf einer Länge von 0,5 km.

Um die wirtschaftlichen Einrichtungen innerhalb des Baksantales effektiver zu schützen, wurden ingenieurtechnische Anlagen errichtet, die jedoch nur einen passiven Schutz bieten. Seit 1960 wurden eine Reihe von Schutzmaßnahmen durchgeführt (Abb. 55). Um das Stadtgebiet von Tyrnyaus vor Selströmen aus dem Tal des Gerchoshansu zu schützen, wurde ein Richtungskanal mit einer Länge von 400 m und einer Breite von 20 m angelegt. Die beim Selstromereignis von 1977 teilweise zerstörte Anlage wurde später wieder neu errichtet. Im Unterlauf des Flusses baute man 1980 einen Querdamm aus Stahlbeton mit einer Höhe von 38 m. Um Selströme aus dem Tal des Kubasanty an einigen Indrustrieanlagen der Siedlung Nejtrino vorbeizuleiten, wurde 1972 ein selstromlenkender Damm aus Stahlbetonelementen auf einer Länge von 400 m mit einer Höhe von 4 m angelegt. Nach der verheerenden Selstromkatastrophe von 1967 wurden die betroffenen Teile des Dorfes Werchni Baksan auf dem ungefährdeten rechten Ufer des Baksans neu aufgebaut.

Weil im Jahre 1970 ein anthropoger Selstrom mit nachfolgendem Bergsturz die Straße am Zusammenfluß der Bäche Kleiner und Großer Mukulan verschüttet hatte, wurde auf einen Neubau an derselben Stelle verzichtet. Einen ca. 3 km langen Straßenabschnitt verlegte man auf die rechte Uferseite. Da hier jedoch das Tal des selstromgefährdeten Flusses Tjutjusu den neuen Straßenabschnitt quert, wurde ein Selirichtungskanal angelegt. Nach Abgang eines anthropogenen Selstromes im Tal des Lampashiko bei der Siedlung Sajukowo im Jahre 1981 wurde ebenfalls ein solcher Kanal gebaut, um die Bauernhöfe und die Straßen vor weiterer Verschüttung zu bewahren.

4.3.
Die Steingletscher und ihre Beziehung zur rezenten Vergletscherung
(Natal'ja. A. Volodičeva u. Irina A. Labutina)

Eine der Komponenten des nival-glazialen Komplexes im Elbrusgebiet sind die Steingletscher (in der alpinen Terminologie als „Blockgletscher" bezeichnet). Im Gegensatz zum allgemein guten Erkundungsstand der Gletscher, Lawinen und Selströme sind die Steingletscher bisher nicht ausreichend untersucht. Als erster hat Mjagkov (1967) im Rahmen einer glazialmorphologischen Kartierung die Steingletscher aufgenommem. Krasnoslobodcev (1971) erarbeitete eine Charakteristik und einen Katalog der Steingletscher auf der Nordabdachung des zentralen Kaukasus mit Hilfe von Luftbildmaterial. Diese Arbeiten fanden ihre Fortsetzung in weiteren Untersuchungen von Bruchanda (1976) und Dokukin (1987). In den 80er und 90er Jahren haben Glaziologen der Moskauer Universität Feldarbeiten an Steingletschern durchgeführt und eine Beschreibung ihres Baus und ihrer räumlichen Verteilung vorgelegt. Die Untersuchungen zum Bau der Steingletscher und die Altersbestimmungen erfolgten in den oberen Abschnitten der Täler Dongusorun, Adylsu und Syltransu unter Verwendung geomorphologischer und lichenometrischer Methoden.

Die Steingletscher des Elbrusgebietes entwickelten sich entweder zwischen dem historischen und dem Fernau-Stadium, zwischen den einzelnen Vorstoßphasen oder nach dem letzten Vorstoß des Fernau-Stadiums im 19. Jh. Sie liegen alle über 2800 m hoch. Gegenwärtig bilden sich Steingletscher vorrangig im Zusammenhang mit der Degradation der Vergletscherung in den Karen, auf den von den Gletschern freigegeben Flächen. Die kristallinen Gesteine der Haupt- und Seitenkette des zentralen Kaukasus, die bei ihrer Verwitterung scharfkantigen Schutt verschiedenster Größe hinterlassen, sind die Ausgangsmaterialien für die Bildung der Steingletscher. Als weitere wesentliche Größen sind der Relieftyp und die Reliefform sowie der Grad der vertikalen und horizontalen Reliefzerschneidung zu nennen. Kare und konkav gewölbte Hänge von Trogtälern sind günstige Formen für die Akkumulation von Klastika und ihre kryogene Transformation. Je länger die Hänge sind und je konkaver ihre Neigung, desto größer ist die Fläche für die Steinansammlung. Auch die Kontinentalität des Klimas, die relative Schneearmut an den Südhängen und die intensive Frostverwitterung begünstigen die Bildung von Steingletschern im Elbrusgebiet.

Die Rolle der rezenten Vergletscherung ist bei der Bildung von Steingletschern unterschiedlich. Während der Rückverlagerung der Gletscherfront wird Moränenmaterial freigesetzt, das als Grundlage für die Entstehung der Steingletscher dient. Das von Moränenmaterial bedeckte Toteis bildet den Eiskern, während die glaziären Schmelzwässer eine zusätzliche Speisung ergeben. Bei weiterem Anwachsen der Vergletscherung dagegen können die vordringenden Gletscher schon gebildete Steingletscher deformieren oder epigenetisch umformen. Dabei kann sich durch Vorschieben eines Steingletschers eine Verwürgung oder eine gänzliche Verschüttung ergeben.

Alle untersuchten Steingletscher des Elbrusgebietes entstanden während regressiver Phasen der Vergletscherung entweder vor, während oder nach dem Fernau-Stadium. In den Vorstoßphasen zwischen dem 14. und 19. Jh. wurde ein großer Teil der vorher gebildeten Steingletscher von den anwachsenen Gletschern bedeckt. Die größten und aktivsten Gletscher dieser Phasen haben die ehemaligen Steingletscher beseitigt. Damit ist das völlige Fehlen der Steingletscher dieses Alters auf der Hauptkette erklärbar, wo die Fernau-Vergletscherung bedeutend kräftiger war als auf der Seitenkette. An den Hängen der Hauptkette findet man nur Steingletscher, die sich nach dem Fernau-Stadium, also seit Mitte des 19. Jh., gebildet haben. Auf der Seitenkette dagegen wurde ein breites Alters- und Formenspektrum von Steingletschern registriert. Hier sind auch Steingletscher anzutreffen, die vor dem Fernau-Stadium entstanden sind. In niedrigeren Höhenlagen, wo es wärmer und trockener ist, gingen sie in passive Formen über, weil der Eiskern in ihnen fast vollständig oder teilweise auftaute. Auf ihren Oberflächen hat sich dann meist Rasen angesiedelt, und es treten Thermokarsterscheinungen auf.

Die Steingletscher des Elbrusgebietes unterscheiden sich nicht nur nach ihrem Alter, sondern auch nach morphologischem Typ, Form, Abmessungen, Oberflächencharakter und innerem Bau. Von der Morphologie her lassen sie sich in Wand-, Hang-, Kar-, Kar-Tal- und Talsteingletscher unterteilen, wobei die des Kar- und Kar-Taltyps überwiegen. Nur zwei von den insgesamt 69 kartierten Steingletschern sind Wandgletscher. Der Form nach trifft man auf Lobus- und Zungentypen sowie deren Übergangsformen. Ein Lobus-Steingletscher befindet sich unmittelbar vor dem Gletscher Dongusorun. Dieser Typ ist mehr an eine geschlossene Verbreitung von Permafrost gebunden.

In ihrem inneren Bau sind die verschiedenen Typen von Steingletschern relativ gleich. Unterschiede zeigen sich nur in der Mächtigkeit, die von einigen Metern bis einigen Dutzend Metern reicht. In einer Tiefe von etwa 3 m geht die Grobschuttdecke mit Blockdurchmessern bis zu 4 m allmählich in kleinere Blöcke bis hin zu Steinen mit einem Durchmesser von 10 bis 20 cm über. Diese sind durch noch feineren Gesteinsschutt und Sand in einem Eiszement verbacken, der teilweise in einen kompakten Eiskern übergeht.

Die Materialversorgung der Steingletscher geschieht entweder aus Moränen oder durch Bergstürze bzw. Lawinen. Bei der Speisung der Steingletscher mit Schuttmaterial spielen Lawinen eine besondere Rolle, da sie Gesteinsschuttmassen an den Hangfüßen akkumulieren. In den Sommermonaten sind solche Lawinenschneeflecken Schmelzwasserquellen. Bei den negativen Temperaturen an der Basis des Schuttmaterials bildet sich ein Infiltrationseiskern oder Eiszement. Nicht selten wandeln sich die Lawinenschneeflecken, die unter neuerlichen Schuttmassen begraben werden, langsam in Eiskörper um und nehmen dann die charakteristischen Züge von Steingletschern an. In Bereichen größerer Lawinenkegel, in denen die Schneeflecken eine Mächtigkeit von mehr als 1–2 m erreichen, ist die Bildung von Steingletschern ausgeschlossen, da die stärkere Schneedecke ein Gefrieren des Grobschutts verhindert.

Ein charakteristisches Merkmal von Steingletschern ist das Vorhandensein eines Eiskerns oder von Eiszement, wodurch die Fähigkeit zu eigenständiger Bewegung entsteht. Mit der Bewegung der Steingletscher ist auch die Entstehung von bogenförmigen Wällen und frontalen Stufen verbunden (Abb. 59). An der Oberfläche bilden sich durch Austauen der Eiskörper oft Thermokarsttrichter. Andere Prozesse, wie Seli, Lawinen oder Solifluktion, lassen auf den Steingletschern Längsrinnen entstehen. Alle diese Erscheinungen sind auf Luftbildern gut zu dechiffrieren.

Die Steingletscher im Elbrusgebiet wurden 1990–1992 anhand von Luftbildern und terrestrischen Erkundungen kartiert. Ihre charakteristischen äußeren Merkmale ermöglichen eine hinreichend genaue Differenzierung gegenüber anderen Reliefformen. Das Alter läßt sich nach indirekten Merkmalen wie Grad des Bewuchses, Feuchtigkeit und Ausbildung von Mikroreliefformen bestimmen oder mit Hilfe von lichenometrischen Methoden datieren. Steingletscher aus der Zeit vor dem Fernau-Stadium wei-

Abbildung 59
Steingletscher im oberen
Dongusorun-Tal 1973
(Foto: Fundus der MGU)

sen einen stärkeren Bewuchs, vor allem mit Flechten auf. Ihr Mikrorelief hat einen ausgeglicheneren und verwascheneren Charakter. Die Frontwälle oder -stufen sind nicht mehr deutlich ausgeprägt. Dagegen weisen Steingletscher, die sich nach dem Fernau-Stadium bildeten, einen bedeutend besseren Erhaltungszustand auf. Flechten trifft man nur fragmentarisch. Vorherrschend ist hier die Schwefelflechte, *Rhizocarpon geographicum* („Landkartenflechte"), weshalb diese Steingletscher auf Luftbildern auch heller erscheinen als ältere, auf denen meist schwarze Schaumflechten dominieren. Rezente Steingletscher zeichnen sich durch die Frische der Formen aus. Auf ihnen gibt es weder Flechten noch sonstige Vegetation, so daß sie auf Luftbildern in einem sehr hellen Ton erscheinen.

Die Art der Materialspeisung ist ebenfalls recht gut zu erkennen. Sind Moränenablagerungen das Ausgangsmaterial, so alternieren Hügel verschiedener Höhe und Form mit vorwiegend rundlichen Senken zwischen ihnen. Von Lawinenschwemmkegeln und Schuttschleppen gespeiste Steingletscher zeigen ein weitverzweigtes Bild mit einer Rinnenstruktur an der Oberfläche.

Hauptkriterien bei der Kartierung der Steingletscher im Maßstab 1 : 100 000 waren ihre Lage im Relief und ihr Alter (Abb. 60). Dabei wurden zunächst verschiedene Typen ausgeschieden, die sich in der Abbildung auf Kar- und Hangtypen beschränken. Der Kartierungsmaßstab ermöglichte nur eine zeitliche Gliederung in „alte" Steingletscher, die sich posthistorisch-präfernauisch bzw. während des Fernau-Stadiums im 14.–17. Jh. bildeten, „junge" Steingletscher, deren Entstehung im 17.–19. Jh. lag, und „embryonale", d. h. sich gegenwärtig bildende Steingletscher. In Abbildung 61 sind am Beispiel der Steingletscher im oberen Islamtschat-Tal deren Grundcharakteristika dargestellt. Die Karte zeigt sowohl das Alter als auch die Genese des klastischen Ausgangsmaterials und das Mikrorelief an der Oberfläche von Steingletschern.

Bei den rezenten Steingletschern lassen sich durch die Interpretation der topographischen Karten PASTUCHOVS aus dem Jahre 1889 zwei Entwicklungsstadien unterscheiden. In einer ersten Phase bildeten sich Steingletscher Ende des 19. bis Anfang des 20. Jh. (subrezente Steingletscher), und zum anderen sind es die sich gegenwärtig bildenden, embryonalen Steingletscher. Alle „alten" Steingletscher der Abbildungen 59 und 60 sind Bildungen aus sedimentärem Moränenmaterial (Tillit).

Im Elbrusgebiet wurden 69 Steingletscher kartiert, wobei Bildungen verschiedenen Alters, die aufeinanderfolgen, als ein Steingletscher aufgenommen wurden. Nach ihrer Lage im Relief überwiegen die Kar-Steingletscher mit 75%. Sie liegen bis auf zwei Ausnahmen in gletscherfreien Karen und haben eine Größe von 0,1–0,5 km². Meistens bestehen sie aus Moränenmaterial. Unter den embryonalen Steingletschern herr-

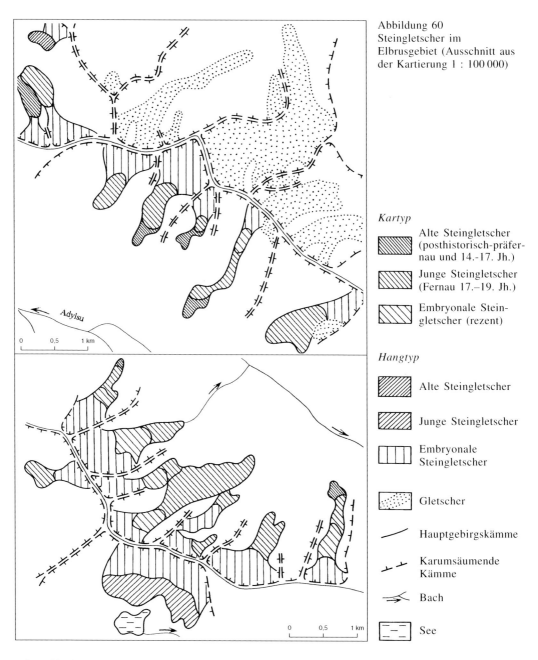

Abbildung 60
Steingletscher im Elbrusgebiet (Ausschnitt aus der Kartierung 1 : 100 000)

schen die des Hangtyps vor, die ihr Material in den von Lawinen und anderen Hang- und Wandabtragungsprozessen gebildeten Schuttschleppen finden. Diese Hang-Steingletscher weisen nur Größen unter 0,1 km² auf. Dem Alter nach dominieren im Elbrusgebiet „junge", d. h. im 17.–19. Jh. gebildete, und subrezente, Ende des 19. bis Anfang des 20. Jh. entstandene Steingletscher (45 %). Die „alten", posthistorisch-präfernauisch und im 14.–17. Jh. entstandenen sowie die „embryonalen", sich gegenwärtig entwickelnden Steingletscher umfassen je 27,5 %.

Die räumliche Verteilung der Steingletscher ist sehr unterschiedlich. Im Bereich der Haupt-

Die Steingletscher und ihre Beziehung zur rezenten Vergletscherung 117

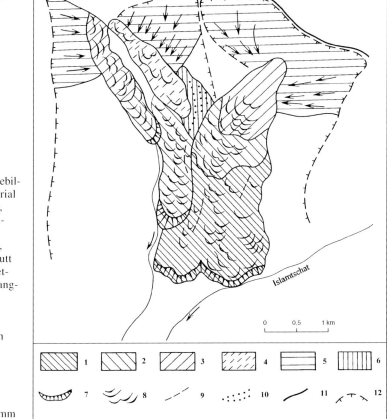

Abbildung 61
Steingletscher am Oberlauf des Islamtschat-Baches im Einzugsgebiet der Malka

1– Alter Steingletscher, gebildet aus Moränenmaterial
2– Junger Steingletscher, gebildet aus Moränenmaterial
3– Junger Steingletscher, gebildet aus Hangschutt
4– Embryonaler Steingletscher, gebildet aus Hangschutt
5– Speisungsgebiet (Schuttschleppen)
6– Moränenablagerungen
7– Frontstufe
8– Wall
9– Längsrinne
10– Moränenkamm
11– Hauptgebirgskamm
12– Karumsäumender Kamm
13– Lawinenbahn
14– Bach

kette und ihrer Ausläufer sind fast alle Kare mit rezenten, aktiven Gletschern belegt. Hier existieren jedoch nur wenige Steingletscher, die ausschließlich an südexponierten Abschnitten zu finden sind. So gibt es im Tal des Adylsu-Flusses am rechten Talhang in Südwestexposition eine Reihe von Karen, die von mittelgroßen Steingletschern in einer genetischen Abfolge eingenommen werden. Die jüngsten liegen in den höchsten Karen in unmittelbarer Nähe der Hauptkette, in denen auch noch rezente Kargletscher auftreten. Je weiter man sich von der Hauptkette entfernt, desto älter werden die Steingletscher in den dann auch tiefer liegenden Karen (Abb. 60, oben).

Auf der Seitenkette bis zur Mündung des Kyrtyks in den Baksan wurde eine bedeutend größere Anzahl von Steingletschern kartiert. Meist sind es Bildungen aus Moränenmaterial des Fernau-Stadiums, die sich rezent weiterentwickeln. Die Südhänge der Seitenkette sind seit Ende des 19. Jh. eisfrei, so daß sich in ihren Karen Steingletscher aller Altersgruppen befinden. In den nordexponierten Karen der Seitenkette begann die Bildung der Steingletscher erst später (Abb. 60, unten). Der in Abbildung 61 dargestellte südexponierte Steingletscher war auf der militärtopographischen Karte Pastuchovs von 1889 noch als Kargletscher kartiert. Der Hauptteil des Steingletschers gehört zur „jungen" Generation.

4.4.
Kryogene Phänomene
(NATAL'JA A. VOLODIČEVA)

Die kryogenen Phänomene im Elbrusgebiet, die hier beschrieben werden sollen, sind eng mit dem Verbreitungsgebiet des Dauerfrostbodens verbunden. Als Hauptfaktoren, die die Bildung von Permafrost und kryogenen Reliefformen beeinflussen, sind die klimatischen Bedingungen sowie Besonderheiten der Vegetationsdecke und das hydrologische Regime zu nennen. Reliefmerkmale wie Höhenlage, Exposition und Hangneigung bestimmen in entscheidendem Maße die klimatischen Verhältnisse für den Ablauf kryogener Prozesse.

Im zentralen Kaukasus lassen sich drei Höhengürtel ausgliedern, die durch unterschiedliche Permafrost-, Solifluktions- und Nivationsprozesse gekennzeichnet sind. Das oberste dieser Verbreitungsgebiete nimmt den gesamten Raum der nivalen Höhenstufe ein und wird nach unten durch die Schneegrenze in 3600–3800 m Höhe abgeschlossen. In der noch darüber liegenden glazialen Höhenstufe sind derartige Prozesse nicht vertreten. Der Dauerfrostboden ist in diesem Gürtel inselartig verbreitet und hauptsächlich an Hänge nördlicher Exposition gebunden. Seine Mächtigkeit kann mehrere Meter betragen. Charakteristisch ist ebenfalls eine Gefrornis, die sich unter Schneeflecken und an der Peripherie von begrabenen Schnee-, Firn- und Eismassen bildet. Hier sind vor allem Frostverwitterung, Nivation und gravitativ bedingte Rutschungsprozesse zu beobachten, denen die Hauptrolle bei der Modellierung des Mikroreliefs in diesem Bereich zufällt.

Das mittlere Verbreitungsgebiet erstreckt sich unterhalb der Schneegrenze und entspricht der alpinen und subalpinen Höhenstufe. Seine untere Begrenzung fällt mit der oberen Waldgrenze (1800–2300 m) zusammen. In dieser Stufe überwiegen auf nordexponierten Hängen Permafrostmassive, die eine Mächtigkeit von 15 bis 20 m erreichen können. Der saisonale Dauerfrostboden wirkt sich hier auf die geomorphologischen Prozesse besonders aus. Dominierend sind Hangphänomene, wie Solifluktionsterrassen bzw. -girlanden und Blockmeere, sowie flächenhafte Erscheinungen, wie Steinpflaster und Thufure periglazialer Entstehung (Anhang, Abb. XV).

Abbildung 62
Aufgegrabenes Profil eines Thufurs
(Foto: VOLODIČEVA, 1980)

Das untere Verbreitungsgebiet, in 1800 bis 1500 bzw. 1300 m Höhe gelegen, bildet das Vorkommen von reliktischen (pleistozäne Steingletscher) und saisonalen (Thufure) kryogenen Formen. Hier ist nur noch kurzzeitig ausgebildete Bodengefrornis anzutreffen, deren Mächtigkeit von 0,5 m fast unbedeutend ist. Diesem Bereich sind vor allem Mikroprozesse der kryogenen Reliefbildung zuzuordnen, wie beispielsweise Thufure und Kammeis.

Die kryogene Morphogenese ist auf der Nordabdachung des zentralen Kaukasus insgesamt recht gut ausgebildet und tritt gewöhnlich in bestimmten Formenkomplexen auf. Die polygonal-strukturellen Formen in den Höhenlagen 3000–3800 m sind an subhorizontale Oberflächen und sanft geneigte Hänge geknüpft. In erster Linie handelt es sich um Mikroformen mit

Abbildung 63
Solifluktionserscheinungen
auf Moränenmaterial der
Garabaschi-Ufermoräne
(Foto: SCHULZ, 1992)

Abbildung 64
Solifluktionsprozesse
(Foto: VOLODIČEVA, 1980)

einem unterschiedlichen Grad der Sortierung klastischen Materials. Dazu gehören Steinringe und Steinnetze sowie die verschiedensten Formen von Feinerdeflecken zwischen Gesteinsschutt. Dieses Mikrorelief ist meistens vorgeformt durch Trockenrisse oder Texturrisse und hat Ausmaße von 10 cm bis 2 m Durchmesser. Ein derartiges kryogenes Mikrorelief ist beispielsweise auf dem Moränenüberzug der Gletscher des Elbrussüdhanges zu beobachten. Auf den schwach geneigten Oberflächen ist das Strukturrelief durch wechselndes Auftauen und Wiedergefrieren bei ausreichender Durchfeuchtung des Feinschutts gebildet worden. Solche Strukturböden trifft man im Höhenintervall von 2500 bis 3800 m häufig an der Peripherie großer

Schneeflecken. Das kleinhügelige Mikrorelief setzt sich aus mit Gras bedeckten Thufurhorsten zusammen, die durch feinerdige Frostaufbrüche gebildet werden (Abb. 62). Diese Thufure haben eine kuppelförmige Gestalt, ihre Höhe beträgt 35–50 cm und ihr Durchmesser an der Basis 50–80 cm. Sie treten größtenteils in sogenannten Thufurfeldern zu Dutzenden auf. Mit zunehmender Hangneigung verändert sich ihre Form. Sie verwandeln sich dann in Fließbildungen in Gestalt welliger Terrassen und Zungen.

Solifluktion ist ziemlich weit auf den bewachsenen und mit genügend mächtigen, feinerdigen Decken versehenen Hängen verbreitet. Sie führt zur Bildung von Solifluktionsterrassen und -girlanden, die den Hängen ein stufenförmiges Aussehen verleihen. Solifluidale Bildungen sind in einer Höhe von 2200–3000 m anzutreffen (Abb. 63 u. 64).

Zu den Formen des Meso- und Mikroreliefs, die durch Nivation entstanden sind, gehören Kare, Nischen und Stufen. Die Nivationsprozesse vollziehen sich in einem breiten Höhenintervall bis zur subalpinen Höhenstufe hinunter. Am intensivsten sind sie an den Rändern von Lawinen und aufgewehten Schneeflecken in 2700 bis 3200 m Höhe.

Bestimmte Hohlformen im kryogenen Relief sind an Thermokarstprozesse gebunden. Thermokarsttrichter mit einem Durchmesser von 3–5 m und einer Tiefe von etwa 2 m entstehen durch austauendes Toteis im Moränenmaterial. Man kann sie in der Nähe der großen Gletscher Asau und Irik beobachten.

Eine Sonderform im kryogenen Reliefkomplex stellen begrabene Schneeflecken dar. Sie sind vor allem an steilen nordexponierten Hangfüßen in 2700–3300 m Höhe anzutreffen, wohin sowohl große Schneemengen als auch Schuttmaterial durch Lawinentätigkeit gelangen. Der herantransportierte Gesteinsschutt bedeckt als wärmeisolierende Hülle die Schneeflächen und macht sie zu beständigen, mehrjährigen Bildungen.

5.
Glazialmorphologische Beschreibung der Täler im Elbrusgebiet

Natal'ja A. Volodičeva u. Otfried Baume

5.1.
Großer und Kleiner Asau

Der Gletscherkomplex des Großen und Kleinen Asau liegt am Südhang des Elbrus im Taloberlaufgebiet des Flusses Baksan (Abb. 65). Der Flußlauf des Baksan bildet sich durch das Zusammenfließen von Gerinnen und Bächen, die ihren Anfang in den gegenwärtigen Gletschern des Großen und Kleinen Asau nehmen. Der Gletscherbach des Großen Asau zerschneidet eine steilwandige, enge Schlucht, die vor ungefähr 100 Jahren noch vom Gletscher Großer Asau eingenommen wurde (Anhang, Abb. XIII). Das obere Baksantal ist auf einem tektonischen Tiefenbruch, der die Seitenkette und den kaukasischen Hauptkamm trennt, angelegt und erstreckt sich etwa von West nach Ost. Die Hänge der Kämme sind aus kristallinen Schiefern und Gneisen des Proterozoikums aufgebaut. Sie haben einen stufenförmigen Bau, was durch die Blockschollen des Megaantikinoriums und die Einwirkungen von Längsbrüchen bedingt ist.

Auf der Südabdachung des Elbrus wird das kristalline Fundament der Seitenkette von andesitisch-dazitischen Laven des Mittelpleistozäns bedeckt, auf denen Ströme von holozänen tuffbrekzienartigen Andesit-Dazit-Laven liegen. Der westlichste Ausbiß der mittelpleistozänen Laven befindet sich auf dem linken Gletscherbord des Großen Asau, wo in einer Höhe von 2550 m über den Graniten dunkelgraue Andesit-Dazit-Laven mit wunderschön ausgebildeten Säulenabsonderungen aufgeschlossen sind (Anhang, Abb. XIII). Sechseckige Säulen mit Höhen bis zu 5–7 m und Durchmessern von 0,5 bis 0,7 m wechseln sich mit fächerförmigen und bogenförmigen Säulen ab, die im Prozeß der glazialen Exaration zerstückelt und buchstäblich zersägt wurden. Höher im Anschnitt wird die Farbe der Lava heller bzw. rotbraun, und die Säulenabsonderung geht in Lavabrekzien über. Diese Lavaströme lassen sich talabwärts im Asautal als Steilhänge mit Höhen von mehr als 150 m verfolgen, die dann unter den holozänen Laven verschwinden. Am Eintritt in die Schlucht des Flusses Asau senkt sich der Lavastrom bis zum Boden des Tales; an seinen Steilhängen hinterließ die glaziale Überarbeitung mit Schrammen, Kratzern und Formen der Exquamation Spuren ihrer Tätigkeit. Sehr wahrscheinlich ist an dieser Stelle das niedrigste Niveau der Unterlage eines holozänen Lavastromes (2300 m).

Eine charakteristische Besonderheit der Lavaströme in diesem Gebiet ist das kräftig zerschnittene Relief, das eine chaotische Anhäufung größerer und mittlerer Lavabrocken mit einem Durchmesser von 3–6 m aufweist. Sie bewahrten die Formen der primären Erstarrung der Laven, auf die gegenwärtig nur die Frostverwitterung Einfluß nimmt. Insgesamt bilden die holozänen Lavaströme auf dem Südhang des Elbrus das obere Stockwerk in 3200–3400 m Höhe, wo sie oft von Schneeflecken, Firnfeldern und Gletschern bedeckt sind. Solche Ausbisse holozäner Laven gibt es in der Zone der Eisscheide des Großen und Kleinen Asau, in der Umgebung der Schutzhütte „Prijut-11" (4050 m), am Pastuchow-Felsen (4680 m), an den Hängen des Ostgipfels des Elbrus und auf dem Aktscherjakol-Grat, wo wahrscheinlich der jüngste Lavaerguß stattfand. An einzelnen Stellen waren die holozänen Laven nicht durch glazia-

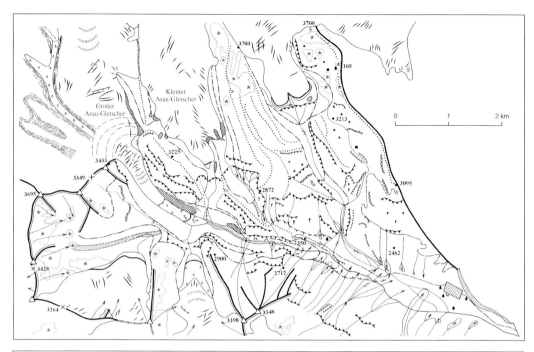

Abbildung 65
Glazialmorphologie der Täler des Großen und Kleinen Asau-Gletschers

le Ablagerungen des historischen Gletscherstadiums oder des Fernau-Stadiums bedeckt.

Das rezente Tälerrelief entstand zu einem nicht unerheblichen Teil unter dem Einfluß der mittelpleistozänen und holozänen Stadien der Vergletscherung. Spuren der pleistozänen Vergletscherungen haben sich als Trogtäler erhalten, aber auch als pleistozäne Kare, die gegenwärtig durch Schneeflecken oder kleine Gletscher ausgefüllt sind. Die Trogschultern befinden sich in 2600–2800 m auf dem linken und in Höhen von 2700–2900 m auf dem rechten

Hang des Baksantales (Anhang, Abb. II). Talabwärts im Baksantal trifft man oberhalb der Siedlung Tegenekli, linksseitig im Tal, Spuren der jungpleistozänen Vergletscherung, ebenso im Trogtal des Flusses Kyrtyk, am rechten Talhang des Flusses Schchelda sowie an anderen Stellen. Ein großer Teil der akkumulativen Glazialbildungen pleistozänen Alters ist zerstört und durch aktive Hangprozesse sowie durch Selströme und Lawinen umgelagert worden.

Die Geschichte der holozänen Phasen der Vergletscherung ist in diesem Gebiet in engem Zusammenhang mit dem Vulkanismus zu sehen. Im Oberlaufgebiet des Baksans erhielten sich die Moränen des Fernau-Stadiums der Vergletscherung links im Tal auf der Waldwiese Asau als bewachsene Wälle und Senken, die von einem hochstämmigen Kiefernwald (bis 450 Jahre) bedeckt sind. Die Lehr- und Forschungsstation der Moskauer Staatlichen Universität liegt auf Moränenablagerungen und glazifluvialen Sedimenten (Anhang, Abb. I). In unmittelbarer Nähe befinden sich wiederum die Moränenablagerungen des Fernau-Stadiums der Vergletscherung aus dem 14.–17. Jh. Etwas weiter talabwärts unterhalb der Station ziehen die Moränenwälle des 14. und 17. Jh. herunter und sind dort von den Seliablagerungen aus dem Fluß Garabaschi bedeckt (Abb. 65).

Der Gletscher Großer Asau wurde im 19. Jh. aus vier Strömen gespeist. Zwei davon flossen von den Elbrushängen herab: ein Zweig des Kleinen Asau-Gletschers und der Strom des eigentlichen Gletschers Großer Asau. Die beiden anderen nahmen ihren Anfang an den Hängen der Hauptkette von den Gletschern Tschiper-Asau und Asauski.

Im Jahre 1849 machte der deutsche Forscher H. ABICH auf das Vordringen des Gletschers Großer Asau mit der Bildung von Endmoränen aufmerksam (Kap. 1.). In seiner Zeichnung (Abb. 3) trat der vordringende Gletscher aus der engen Schlucht des Asau heraus und bedeckte den gesamten Talboden. Dabei senkte sich die rechte Flanke des Gletschers tiefer herab als die linke, die zu einem großen Teil aus Toteis bestand. Die Höhe der Gletscherfront erreichte 150 bis 200 m. Seitlich des Gletscherrandes verblieb der unberührte Kiefernwald auf den Ablagerungen des Fernau-Stadiums. Das gegenwärtige Alter einzelner Bäume erreicht in diesem Wald bis zu 450 Jahre. Die Gletschergrenze des Großen Asau aus der Mitte des 19. Jh. wird in der Nähe des Baches durch eine 3–5 m hohe Endmoräne markiert, die sich an die Moräne des 17. Jh. anlehnt. Auf der Moränenoberfläche wächst ein Kiefernwald mit einem Alter von etwa 100 Jahren. Vor dieser Moräne erreicht das Alter der Bäume 250 Jahre. Lichenometrische Datierungen der Flechten auf den Geschieben ergaben gar ein maximales Alter der Flechte *Rhizocarpon geographicum* von etwa 300 Jahren, was wiederum auf das oben beschriebene Fernau-Stadium hinweist. Mitte des 19. Jh. schob sich der Gletscher Asau tiefer als alle anderen Gletscher, die ebenfalls in dieser Zeit vorstießen, ins Tal hinab. Das Gletscherende des Großen Asau lag in einer Höhe von ca. 2240 m (nach ABICH), das des Gletschers Garabaschi in einer Höhe von 2700 m und das des Terskol-Gletschers in 2550 m.

Talaufwärts vom sichelförmigen Endmoränenwall des „Abich"-Stadiums bis zur Schlucht sind eine Reihe kleinerer stadialer Wälle von 2–3 m Höhe zu beobachten, die Gletscherhalte der Jahre 1876, 1884, 1890 und 1911 markieren (nach historischen Karten und Fotos rekonstruiert).

Im Jahre 1932 konnte OREŠNIKOVA den stationären Gletscher in einer Höhe von 2300 m verfolgen. Die Gletscherfront, die mit steiler Stirn zum Fluß abfiel und dabei eine Moräne mit geringer Höhe von 2–3 m bildete, war ca. 20 m hoch. Am linken Flußufer ist sie gut zu erkennen. Von der Schlucht bis zu diesem Gletscherhalt haben sich Terrassen mit Höhen bis zu 3–5 m erhalten. An den Wänden der Schlucht sind linksseitig die Spuren glazialer Exaration in Form von Schrammen, Furchen und Desquamationen auf den Laven sowie Gletscherschliffe und Polierungen auf kristallinem Gestein auf der rechten Talseite erhalten geblieben.

Die Ende des 19. Jh. durchgeführten Beobachtungen beschrieben den Zerfall des Gletscherkomplexes, der sich aus den obengenannten vier Gletscherströmen zusammensetzte. Ihr jeweiliger Zusammenfluß wird durch Geschiebe, Moränenwälle, Riegel der Felsstufen in Höhen von 2780–2660 m sowie durch Spuren der glazigenen Bearbeitung dokumentiert. Daraus läßt sich ableiten, daß seit Ende des 19. Jh. ein schneller Rückgang des Gletschers Großer Asau erfolgte (Abb. 35 u. 36).

Bis zum Jahre 1947 zog sich der Gletscher nach KOVALËV (1961) auf eine Höhe von 2400 m zurück. Gerade in diesem Abschnitt des Asautales liegt ein mittelpleistozäner Lavastrom, der den im 19. Jh. vorstoßenden Gletscher abriegelte. Deshalb war hier die größte Eismächtigkeit im Tal (350–400 m) zu beobachten, wobei es zur Akkumulation von Moränenpackungen kam. Gegen Mitte des 20. Jh. befand sich an dieser Stelle ein großes Massiv von absterbendem Eis, das von einer mächtigen Schuttdecke aus Moränenmaterial bedeckt war, die in die Seitenmoräne überging (KOVALËV 1955). An den Talflanken sind Spuren glazialer Exaration nachweisbar. Gegenwärtig entwickeln sich in diesem Talabschnitt aktive Hangprozesse, und am linken Talhang bildeten sich Schwemmkegel in Form von „Eieruhren" mit Höhen von 70 bis 80 m. Zwei große Lawinen vom rechten Hang schufen einen Akkumulationskegel am Hangfuß und bildeten Abrißnischen im anstehenden Gestein auf der gegenüberliegenden Hangseite.

Im Jahre 1957 lag der Gletscher Großer Asau in einer Höhe von 2410 m mit einer zugespitzten, schmalen Zunge. Er verkörperte einen typischen Talgletscher, der ein von der Tektonik gebildetes und durch die glaziale Erosion bearbeitetes Tal ausfüllt. Die Gletscherzunge bestand aus drei Teilen: einem zentralen, der praktisch eine reine Eisoberfläche aufwies, einem rechten, der von einer geringmächtigen Moränendecke aus Blöcken kristallinen Gesteins bedeckt war, und einem linken, der von einer Deckmoräne aus Lavamaterial überzogen wurde. Die Formen des Mikroreliefs zeugen vom Absterben des Eises in diesem Abschnitt. An der Oberfläche der Gletscherzunge vollzog sich das Austauen der Innenmoräne mit der Bildung einer dünnen (2–3 cm) Schicht aus Kiesen und kleinen Gesteinsbrocken.

Der lebende Eiskörper hatte zur Zeit der Beobachtungen im Internationalen Geophysikalischen Jahr 1957–1959 fast bis zum Gletscherbruch keine großen Spalten. Der linke Teil des Gletschers war größtenteils von einer Moränendecke überzogen, und die Formen des Mikroreliefs zeigen ein fortschreitendes Absterben des Eises an. Mit einer mittleren Geschwindigkeit von etwa 25 m/Jahr zog sich der Gletscher zurück. Die Verminderung der Eismächtigkeit setzte sich fort, wovon die Abnahme der Höhe seiner Oberfläche um 3–4 m seit dem Jahr 1947 vom Gletscherende bis zum Gletscherbruch zeugt. Zwischen der Zunge des Gletschers von 1957 und seiner Begrenzung im Jahre 1947 lagen Toteisreste mit typischen Rändern, Überschiebungen und Brüchen, die unter einer mehr oder weniger mächtigen Moränendecke begraben waren.

Das Toteis, das heute von einer Moränendecke mit Mächtigkeiten von mehr als 1–2 m verhüllt wird, hat sich nur vor dem Lavastrom mit den sechseckigen Erstarrungsformen erhalten. Die schräggestellten Seitenmoränen an der linken Talflanke in Form von Moränenpyramiden mit einer Höhe von 3–5 m aus dunkelgrauem Lavamaterial zeichnen sich deutlich auf dem hellgrauen Hintergrund kristallinen Gesteins ab. In diesem Toteisbereich entwickeln sich kryogene Prozesse. Beispielsweise läßt der Thermokarst hier Trichter mit einer Tiefe von 1–1,5 m entstehen (Abb. 66), Solifluktionserscheinungen treten auf, die Streifenböden bilden, und es kommt zur Materialsortierung, zum Aufbruch von Sedimenten und zur Bildung von thixotropen Böden. Nachts bildet sich in der Zeit negativer Temperaturen Kammeis. Im Sommer sind die Moränen Quelle fester Bestandteile der Selströme. Seit Mitte des 19. Jh. bis 1957 zog sich der Gletscher Großer Asau fast 2,5 km zurück, das Eisvolumen verminderte sich um ca. 0,57 km^3, die mittlere Höhenabnahme der Oberfläche betrug rund 40 m, und die Gletscherfläche nahm um 1,63 km^2 ab.

Von 1957 bis 1987 zog sich der Gletscher unter geringfügigen Oszillationen zurück. Im Jahre 1965 lag er stationär bei 2450 m und hatte einen kleinen Moränenwall gebildet, während sich danach über 10 Jahre eine Rückverlagerung der Gletscherfront vollzog. Fotogrammetrische Aufnahmen belegen, daß er im Jahre 1980 wiederum vorzustoßen begann und in einer Höhe von 2500 m in anstehenden Gesteinen kristalliner Zusammensetzung lag, während sowohl in den Schichten der Innen- und der Obermoräne Lavamaterial überwog. Im Jahre 1983 begann ein erneuter Rückzug des Eisrandes, der sich auch gegenwärtig fortsetzt. Seitdem entstand am äußersten Gletscherende eine Moränenhülle von 3–4 cm bis zu 1 m Mächtigkeit, bestehend aus Feinschutt mit großen Blöcken. Die von der Deckmoräne verhüllte Eisfläche wuchs an und nahm die Hälfte der Gletscherzunge ein. Im linken Teil des Gletschers bildeten sich Setzungen und Einsturztrichter, die von seinem langsamen Absterben zeugen.

Abbildung 66
Thermokarsterscheinungen im
Moränenvorfeld des Großen
Asau-Gletschers
(Foto: BAUME, 1992)

Oberhalb des Gletscherbruchs bis zu einer Höhe von 3800 m vollzog sich ebenfalls eine Eisabnahme durch die Absenkung der Oberflächenhöhe und das Austauen der Grundmoräne sowie der subglazialen Reliefformen mit der Bildung von Nunatakkern. Von 1957 bis 1987 zog sich der Gletscher um fast 0,5 km zurück, und seine Oberfläche verringerte sich um 0,43 km². Der Verlust an Eismasse betrug 0,071 km³, und die Höhe der Oberfläche fiel um 5,7 m. Im Jahre 1993 lag das Ende der Gletscherzunge des Großen Asau in einer Höhe von 2528 m (Anhang, Abb. VII).

Trotz dieser allgemeinen Degradation erhöhte sich im Jahre 1990 im mittleren Teil der Zunge die Oberfläche, woraufhin die Bildung einer kinematischen Welle begann. Im Sommer 1994 wurden ein langsameres Vorschieben der Gletscherzunge und ihre Zerlegung festgestellt.

Neben den Klimaschwankungen beeinflussen auch das Untereisrelief und der Talquerschnitt die Bewegung des Großen Asau-Gletschers. Das Längsprofil weist Stufen im subglazialen Gletscherbett in Höhen von 4900–4600 m, 3800 bis 3600 m, 3200–3000 m und 2700–2600 m auf, was zur Erhöhung der Bewegungsgeschwindigkeit des Eises an diesen Stellen führt. Zwischen den Stufen liegen Abschnitte mit günstigen Akkumulationsbedingungen und langsamerem Eisfließen. In einer Höhe von 3500–3200 m liegt das riesige, mit Eis gefüllte Becken Chotju-Tau (Abb. 67), aus dem durch einen engen Schlund (270 m breit) der Gletscher herausfließt. Dort kommt es zu einem mächtigen Stau und daran anschließend zu einem Abbruch von Eisblöcken talabwärts. Ein Gletscherstau fand ebenfalls am Austritt des mittelpleistozänen Lavastromes statt, an dessen Hangfuß der Gletscher im Jahre 1947 lag, und zwar am Eingang in die enge Schlucht, nach deren Durchfließen der Gletscher sich im Bereich der heutigen Waldwiese Asau noch Mitte des 19. Jh. über den ganzen Talboden ausbreitete.

Aus diesen Tatsachen kann geschlußfolgert werden, daß sich der Gletscher Asau pulsierend bewegt, und zwar mit deutlichen Relaxationsschwankungen, die zu Veränderungen des dynamischen Regimes und der Umverteilung von Eissubstanz in ihm führen. Die kräftige Umverteilung von Substanzmasse im Gletscher führt in der Regel beim Durchgang des Gletschers durch einen engen Schlund zunächst zu einer Verringerung seines Volumens, dann aber zu einer Vergrößerung der Eismassen unterhalb dieses Abschnittes und zu einer nachfolgenden Belebung des Gletschers. Die Gletscherstirn hat dabei ein konvexes Profil, ist in große Blöcke aufgespalten und hat das Aussehen von „Tigertatzen". Etwa ein solches Bild bot sich H. ABICH beim Besuch des Gletschers Asau im Jahre 1849 (Abb. 3). Bei pulsierenden Gletschern verliert der untere Teil am Ende der Bewegung den Zufluß von Eis aus dem Nährgebiet, und die Agenzien der Ablation lassen allmählich nach. Dabei bilden sich häufig große Toteisfelder, was für den Gletscher Großer Asau typisch ist. Mög-

Abbildung 67
Das Akkumulationsgebiet
des Gletschers Großer Asau
im Chotju-Tau-Becken
(Foto: BAUME, 1994)

licherweise wurde die Aktivierung des Gletschers in der Mitte des 19. Jh. nicht nur durch klimatische Gründe hervorgerufen, sondern auch durch seine pulsierende Bewegung. Das rasche Zurückweichen des Gletschers im 20. Jh. fiel mit dem Verlust der seitlichen Zuflüsse zusammen und führte zur aktuellen Degradation, obwohl sich die Pulsation in Form von kleinen Vorstößen in den 1980er Jahren und 1990–1993 bemerkbar machte.

Der Kleine Asau-Gletscher liegt größtenteils auf den Lavaablagerungen des Elbrus. Nur sein Zungenende befindet sich auf einem Vorsprung des kristallinen Fundaments (Abb. 65). Der Gletscher trennte sich vom Hauptstrom am Ende des 19. Jh. und begann allmählich mit einer mittleren Geschwindigkeit von 7 m/Jahr zurückzuschmelzen. Heute hat das Gletscherende zwei Loben in einer Höhe von etwa 3000 m. Der linke Lobus liegt auf einem kristallinen Riegel, während der flachere und stärker zerstörte rechte tiefer herunterreicht als der linke. Er weist allerdings eine 1,5–2 m geringere Mächtigkeit und eine große Moränenlast auf. Dazwischen befinden sich Kämme von Lavaströmen. Alle äußeren Anzeichen zeugen von einem Rückzug des Gletschers. Das Nährgebiet des Kleinen Asau, das bis in die 20er Jahre unseres Jahrhunderts mit dem des Großen Asau vereint war, hat sich im Rahmen der Degradation der Vergletscherung vom gemeinsamen Eisfeld gelöst, so daß der Gletscher eine stabilere Lage einnehmen konnte und eine bessere Speisung als der Große Asau aufweist. Hiermit ist u. a. auch das bedeutend geringere Tempo seines Rückzuges zu erklären. Nach der Karte von PASTUCHOV aus dem Jahre 1887 lag die Zunge des Kleinen Asau damals in einer Höhe von 2850 m. Bis zum Jahre 1957 hatte sich das Zungenende auf 3036 m und im Jahre 1987 auf 3077 m zurückgezogen. Der Getscherrückgang betrug im Zeitraum 1887–1957 637 m, in den Jahren 1957 bis 1987 jedoch nur 200 m. Die Gletscherfläche verringerte sich dementsprechend um 1,02 bzw. 0,02 km^2, wobei die Höhe der Oberfläche um 19 bzw. 2,7 m absank. Seit der Mitte des vorigen Jahrhunderts setzte auf den eisfreien Flächen eine Aktivierung der Denudation ein. Dadurch bildete sich eine talartige Vertiefung, in der ein Bach aus dem rechten Gletscherlobus fließt. Die Grundmoräne ist anfällig für kryogene Prozesse mit Bildungen des Thermokarstes sowie verschiedenen solifluidalen Formen. Der Bach aus dem linken Lobus des Gletschers durchquert den gesamten Moränenkomplex des 17.–20. Jh., ist schwach in zwei Riegelstufen in Höhen von 3000 und 2850 m eingeschnitten und stürzt dann als Wasserfall mit einer Höhe von 40 m oberhalb der Schlucht in den Fluß Asau. Die Moränen des Kleinen Asau, die sein weitestes Vorrücken im 19. Jh. markieren, grenzen den Gletscher deutlich ab. Die Ufermoränen erheben sich um 45–50 m über den rezenten Talboden, und an den Riegelwänden haben sich Spuren der glazialen Bearbeitung erhalten. Die Wälle der frontalen stadialen Moränen auf dem

Talboden sind durch Hangprozesse und Wasserabfluß beseitigt. Die Gletschergrenzen im Fernau-Stadium wurden durch geomorphologische Kartierungen und lichenometrische Untersuchungen bestimmt.

5.2. Garabaschi

Der Gletscher Garabaschi liegt östlich vom Gletscherkomplex des Großen und Kleinen Asau und ist von ihm durch eine definierte Eisscheide abgegrenzt, die entlang eines Lavastromes verläuft, der sich vom Ostgipfel des Elbrus zu den Felsen von „Prijut-11" hinabsenkt. Von seinem östlichen Nachbarn, dem Gletscher Terskol, ist der Garabaschi durch eine nur undeutlich ausgeprägte Eisscheide getrennt, die vom Ostgipfel des Elbrus über ein Firnfeld zur Eisbasis (Ledowaja basa) in 3700 m Höhe zieht (Abb. 19).

Somit beginnt das Firnfeld des Gletschers Garabaschi unmittelbar am Elbrusgipfel als ziemlich schmaler, steil herabstürzender Eisstrom, dessen Mächtigkeit in Höhen von 4700–4600 m im Lee des Pastuchow-Felsens mehr als 200 m erreicht. Der Garabaschi-Eisstrom verbreitet sich in Höhen von 4300–4200 m, und im Ablationsgebiet hat er seine größte Breite mit etwa 1,5–2 km. Am Rande des Riegels, der aus mittelpleistozänen Laven besteht, liegt die Gletscherzunge mit einem breiten Doppellobus. Der Riegel ist stufenförmig aufgebaut, wobei die drei unteren Stufen eisfrei sind. Sie zeigen aber Spuren glazialer Bearbeitung in Form von Gletscherschrammen, Furchen und glazialer Polierung. Auf der höchsten Stufe liegt das heutige Gletscherende, das durch Radialspalten zerschnitten wird und durch Ausbisse der Grundmoräne gekennzeichnet ist.

Gegenwärtig bildet sich am Gletscherrand ein ablativer Moränenwall mit einer Höhe von 1,5–2 m. Hier sammeln sich die Schmelzwässer zu einem kleinen See, von dem der Bach Garabaschi seinen Anfang nimmt. Im Vergleich zum Zeitraum des Internationalen Geophysikalischen Jahres 1957–1959 hat die Gletscheroberfläche, außer an der Randzone, im ganzen kaum eine Veränderung erfahren. Das Gletscherende zog sich auf der gesamten Front um ungefähr 50 m zurück, wobei diese Bewegungen auf der rechten Flanke ein geringeres Ausmaß hatten.

Die Oberflächenhöhe am Gletscherrand verringerte sich um 10–20 m, was sich besonders auf dem Riegel bemerkbar macht. Die Dechiffrierung von Luftbildern zeigte sehr deutlich, daß sich das Spaltensystem und die Zeichnung von Schneeflecken auf der Gletscherzunge praktisch nicht verändert haben. Das Gletscherende liegt in einer Höhe von 3316 m (Kartierungen von 1987). Nach 1957 nahm die Fläche des Gletschers um 0,09 km² ab. Die Verkürzung des Gletschers betrug 70 m. Die mittlere Höhe der Gletscheroberfläche ging gegenüber der des Jahres 1957 um 3 m zurück.

Die Ufermoränen des Gletschers Garabaschi sind an beiden Talflanken sehr gut ausgebildet. Aus 3700 m Höhe zieht sich auf der rechten Talflanke ein scharfer Kamm der Ufermoräne des 17.–19. Jh. direkt bis zur engen Schlucht in 2900 m herab. Er zeichnet die Grenze des Gletschers Garabaschi während des maximalen Vorstoßes zum Fernau-Stadium und besonders in der Mitte des 19. Jh. deutlich nach. Der Moränenwall des 17. Jh. ist an den holozänen Lavafluß angelehnt, wodurch die Frische der Erstarrungsformen der andesitisch-dazitischen Laven erhalten blieb.

Zwischen den Moränenwällen des 19. und 20. Jh. sind kleinere Vertiefungen vorhanden, die von einem stationären oder rückschreitenden Gletscher zeugen. Hier entsteht durch kryogene Prozesse ein nival-kryogenes Relief mit Absatzterrassen, Fließerdegürteln, solifluidalem Fließen und Blockmeeren. Zwischen den Moränen des 19. Jh. und der heutigen Gletschergrenze bildeten sich einige Abschnitte mit Toteis, die von einer fortschreitenden Einengung der Gletscherflächen seit Beginn des 20. Jh. zeugen.

Zwischen der rechten Ufermoräne des Fernau-Stadiums und dem holozänen Lavastrom erstreckt sich ein großes Trockental, das in seinem Zentrum durch einen Lavariegel getrennt wird. Das Tal ist eine holozäne Bildung, die wahrscheinlich seit Beginn des Holozäns bis zum Fernau-Stadium nicht mit Eis erfüllt war. Während des letzten Gletschervorstoßes erreichten dessen Grenzen ebenfalls nicht den Lavastrom. Dieser selbst zeigt keine Spuren glazialer Überformung. Das Tal weist keine Spuren eines rezenten oder älteren Schmelzwasserabflusses auf. Auf seinem Boden dominieren Prozesse der Frostverwitterung und nivalen Destruktion, während an den Moränenhängen So-

Abbildung 68
Moränenablagerungen an der linken Flanke des Gletschers Garabaschi
(Foto: BAUME, 1992)

lifluktion auftritt (Abb. 65). Die Zusammensetzung des kiesig-sandigen Materials, das den Talboden auskleidet, deutet auf die Existenz von Toteis in historischer Zeit hin.

Die linke Ufermoräne, ebenfalls ein gut ausgebildeter Höhenzug mit scharfem Kamm (Abb. 68), senkt sich zur oberen Riegelstufe von der „Ledowaja basa" bis auf eine Höhe von 3700 m herab. Vom Riegel bis zur Schlucht sind an der linken Talflanke zahlreiche Spuren von glazialer Tätigkeit, von Schmelzwässern und nivalen sowie Hangsturz-Hangrutsch-Prozessen zu erkennen, weshalb hier kein Moränenmaterial gefunden wird. Der Abtransport des Moränenmaterials wird oft durch den Ausbruch kleinerer Seen hervorgerufen, die durch Thermokarst im Toteisbereich entstehen.

Die linke Talflanke des Garabaschi hat im Abschnitt unterhalb der „Ledowaja basa" bis zur Höhe „105er Piket" (3381 m) einen ziemlich komplizierten Aufbau, bedingt durch die Bildung eines abgetrennten Minigletschers seit Beginn der historischen Zeit bis zum Fernau-Stadium, der einen gut ausgeprägten Moränenkomplex mit Eishalten in Höhen von 3200 m und 3000 m aufweist. Gegenwärtig bleiben oft in den Hügel-Wannen-Formen des Moränenreliefs „übersommernde" Schneegestöber- und Gesimsschneefelder erhalten. Hier nimmt ein Bach seinen Anfang, der zwischen zwei Lavaströmen unterhalb von „Nowy krugosor" (Neuer Rundblick) und weiter über den Wasserfall „Dewitschi kosy" (Mädchenzöpfe) in die Schlucht Garabaschi fließt. Das Tal dieses Baches zeigt einen typischen Trogtalbau mit steilen Hängen und einem ebenen Talboden, auf dem kryogene Prozesse wie Frostdestruktion, Golez-Denudation, Bildung von Steinpolygonen und Fließerdegürteln ablaufen sowie thixotrope Böden und Solifluktionsterrassen zu finden sind. Hier ist sogar im Sommer auf dem Boden die Bildung von Kammeis zu beobachten, was von nächtlichem Gefrieren zeugt. Die Landschaft dieses Abschnittes vermittelt den Eindruck einer Kältewüste.

Der Fluß Garabaschi nimmt seinen Anfang aus drei Wasserläufen unterhalb des Riegels. Der Bach fließt zunächst in stärker geneigtem Gelände, das mit rezenten Moränenablagerungen ausgekleidet ist; danach tritt er in eine enge Schlucht ein, in der die Schichten der jung- und mittelpleistozänen Laven angeschnitten sind. Die steilen Wände zeigen Spuren glazialer Überformung, während sich in den oberen, flacheren Regionen Ufermoränen erhalten haben, die kryogenen Prozessen ausgesetzt sind. In 2900 m Höhe befindet sich an der rechten Talflanke die Ufermoräne aus der Mitte des 19. Jh. An der linken Talflanke ist die Grenze undeutlich. Hier gab es vermutlich einen Gletscherstau mit Eisdicken von 250–300 m.

Die Grenze des historischen Stadiums der Vergletscherung ist in der Garabaschi-Schlucht undeutlich ausgebildet. Durch indirekte geomorphologische Merkmale wurde sie in einer Höhe von etwa 2500 m ermittelt. Die Spuren älterer Gletscher sind an Steilstufen mittelplei-

Abbildung 69
Selikegel des Garabaschi
beim Eintritt in das
Baksantal
(Foto: BAUME, 1991)

stozäner Lavaströme in absoluten Höhen von 2900–2800 m auf der rechten Talflanke der Garabaschi-Schlucht festgestellt worden.

Auf den breiten Stufen der Lavaströme bildeten sich kryogene und nivale Denudationsflächen. In 2850 m Höhe entstand ein kleiner See aus Schneeschmelzwasser. Um diesen See entwickelte sich ein Gürtel von Thufuren (Anhang, Abb. XV). Diese weisen hier die klassischen Horstformen mit Höhen von 0,3–0,5 m auf. Neben den Thufuren bilden sich auf ebenen Flächen „Stein-Medaillons" und Steinpolygone. Insgesamt sind die Talflanken des Flusses Garabaschi ein hervorragendes Studienobjekt für kryogene Prozesse im Hochgebirge.

Das Tal des Flusses Garabaschi war mehrfach gewaltigen Selströmen, vorwiegend glazialen Typs, ausgesetzt. Für die Entstehung von Seli existieren hier alle notwendigen Voraussetzungen: die Akkumulation lockeren Moränenmaterials, eine ausreichende Menge von glazialen Schmelzwässern und Wasser von Ausbrüchen kleinerer Gletscherstauseen sowie eine große Hangneigung, die den Anfangsabriß lockerer Moränenmassen begünstigt.

Der pleistozäne Garabaschi-Gletscher war zweifellos einer der Zuflüsse des Baksangletschers. Ähnlich wie beim Großen Asau-Gletscher könnten das stufenförmige Längsprofil seines Bettes und die Ausformung des Tales eine Belebung des Eisstromes hervorgerufen und bei der großen Eismächtigkeit die Bildung glazialer Pulsationen im Haupttal ermöglicht haben. Die Entstehung von Toteis nach dem Aufhören der Pulsationen und sein späteres Austauen führten dann zu mächtigen Selströmen und darum zur Bildung von Selikegeln an den Hangfüßen.

Nach mehrfacher Selitätigkeit im Mündungsbereich des Garabaschi bildete sich ein kräftiger Selischwemmfächer heraus (Abb. 69). In den vergangenen Jahrzehnten wurden größere Schlammströme 1947, 1957, 1968 und 1983 beschrieben. Die mitgeführten Massen erreichten den Mittelabschnitt des linken Baksanufers. Im Jahre 1983 ging ein kleiner Selstrom quer durch das Tal abwärts und hinterließ charakteristische Vertiefungen und Wälle. Genetisch gesehen, handelt es sich um typische glaziale Seli, und nach der Korngrößenzusammensetzung lassen sie sich den turbulenten Wasser-Stein-Schlammströmen zuordnen.

Der gewaltige Schlammstromkegel des Garabaschi wurde durch Seli unterschiedlichen Alters in drei Teile geteilt, die jeweils die Form eines Dreiecks haben. Der rechte Teil grenzt an die Waldwiese Asau und zeigt an den heute bereits hochstämmigen Kiefern Selispuren aus den Jahren 1957 und 1983. Der mittlere Abschnitt ist mit alten Bäumen bestanden und weist keinerlei Selispuren der letzten Jahrzehnte auf. Der linke Teil besteht aus relativ frischen Seliwällen (1947, 1957, 1968), auf denen sich Kiefernjungwuchs angesiedelt hat. Der Fluß Garabaschi hat in diesem Abschnitt den Charakter eines Wildwassers, das den aufkommenden Wald unterdrückt.

Die Ausmaße der heute festzustellenden älteren Seliablagerungen (etwa 1000 m breit) belegen die unvergleichlich größeren Dimensionen dieser Phänomene nach dem historischen Vergletscherungsstadium. Der Schwemmkegel des Garabaschi ist am Übergang in das obere Baksantal mit Kiefernwald bestanden, dessen Bäume teilweise ein Alter von 350–400 Jahren haben. Vermutlich vollzog sich gegen Ende des ersten Jahrtausends u. Z. eine Aktivierung der Selitätigkeit als Reaktion auf das Zurückweichen des Gletschers und das Austauen von Toteis. Mit der Zunahme schneereicherer Winter zu Beginn des Fernau-Stadiums und dem Nachlassen der Seliaktivität begann die Wiederbewaldung mit Kiefern.

5.3. Terskol

Die Zunge des Gletschers Terskol liegt als vierfingriger Lobus auf einem steilen Riegel, von dem Eisbrocken und Geschiebe der Ablationsmoräne herabfallen (Abb. 70). Der Riegel hat einen zweistufigen Bau und besteht aus kristallinen Gesteinen des Elbrus-Fundamentes, d. h. aus Graniten und Granodioriten. Die eisfreie Oberfläche des Riegels stellt ein typisches Relief kleiner Felsrundhöcker dar. Am rechten Zungenteil des Gletschers ist der Kontakt kristalliner Gesteine mit den Laven mittelpleistozänen Alters sichtbar. Das Gletscherende liegt nach Kartierungen aus dem Jahre 1987 in einer Höhe von 2990 m. Im Vergleich zu 1957 kam es zu einer Rückverlegung von 60 m, seine Fläche verringerte sich um 0,04 km^2, und die mittlere Höhenveränderung der Oberfläche beträgt –2,9 m.

Ein großer Teil des Nährgebietes und des Ablationsgebietes des Gletschers ist von großen Bruchspalten zerstückelt, die sich allmählich gletscheraufwärts schließen. Der Gletscher wird von den Südosthängen des Elbrus-Ostgipfels gespeist. In einer Höhe von 4000–4500 m befindet sich die Zone der größten Schneeanhäufung, die sich durch das Herüberwehen von Schnee bildet, der im Winter an den Elbrushängen überwiegend durch westliche Winde abgelagert wird. In der Zeit des Maximums der Schneeanhäufung, im Frühjahr, geschieht hier die Schneeakkumulation in Form von mehrere Meter mächtigen Schneewehen.

Die Eisscheide läßt sich nach Osten gegen den Gletscher Irik durch die Veränderungen der Zeichnung von Spalten und Eisströmen sowie anhand der abgrenzenden holozänen Lavawälle verfolgen (Abb. 19). Noch bis in das 19. Jh. zog sich von diesen Wällen der Eisstrom in das Becken des Gletschers Terskol hinein, was sowohl an den Moränenwällen als auch an den Überbleibseln der Schneeflecken deutlich zu sehen ist. In diesem Abschnitt bildet sich gegenwärtig ein Steingletscher, der eine typische postglaziale Bildung dargestellt.

Wegen der ungleichmäßigen Schneeakkumulation und der Expositionsunterschiede ist die Gletscheroberfläche asymmetrisch ausgebildet. Die Oberflächenerniedrigung im rechten Teil des Gletschers steht einer beträchtlichen Erhöhung (bis zu 20 m) im linken gegenüber, was sich besonders deutlich im Gletscherzungenbereich bemerkbar macht. Die rezente Degradation der Vergletscherung kommt nicht nur im Rückschreiten des unteren Gletscherrandes, sondern auch im Freiwerden der Moräne und in der Bildung von Toteis an den Flanken zum Ausdruck, vor allem unterhalb der „Ledowaja basa", an der rechten Flanke in einer Höhe von 3200–3350 m (Abb. 70).

Ende des vorigen Jahrhunderts hing die Gletscherzunge des Terskol, wie auf einem Foto von DÉCHY 1886 (Abb. 7) zu erkennen ist, bis zum Riegelfuß als eine breite, asymmetrische Tatze herunter. Zu Beginn des 20. Jh. schrieb BUŠ (1914), daß der Gletscher haupsächlich auf der linken Flanke eine neue Endmoräne vor sich herschob, während der rechte Zungenteil am Riegel hing und Eisstürze verursachte. Hier bildete sich ein niedriger Moränenwall heraus, dessen Reste man noch heute in 2625 m Höhe sehen kann.

Schon im Jahre 1929 stellte FROLOV (1934) fest, daß der linke Gletscherteil insgesamt bis zum Riegelfuß herabgesunken war. Nach SOLOV'ËV (1935) hatte der Gletscher bereits im Jahre 1933 das typische Aussehen eines Hängegletschers. An die Stelle des Moränenwalls dieser Zeit ist am Riegelfuß ein typisch hügliges Wannen-Moränenrelief getreten. Zur selben Zeit vollzog sich die völlige Trennung des linken Seitenzustroms, der aus einem ausgedehnten Kessel herauszieht. Unterhalb dieses Abschnittes ist eine Endmoräne des 19. Jh. als zugespitzte Zunge deutlich erkennbar. Sie besteht

Abbildung 70
Das Elbrusmassiv mit dem
Terskol-Gletscher 1986
(Foto: Fundus der MGU)

überwiegend aus hellgrauen Graniten und Granodioriten.

Die Gletschergrenzen aus der Mitte des 19. Jh. sind ebenfalls besonders am linken unteren Talhang (2650 m) deutlich ausgeprägt, vermutlich wegen des kräftigeren Eisstromes auf dieser Seite, der durch vom Terskolak (3800 m) kommende Eismassen verstärkt wurde. Unterhalb der Moräne des 19. Jh. erhebt sich auf dem Talboden ein akkumulativer, länglicher Restberg von 5–10 m Höhe, der heute mit Gras bedeckt bzw. von einem weitständigen Birkenhorst bewachsen ist. Er besteht aus Moränenmaterial mit guter Zurundung der Steine sowie sehr viel Sand und Schutt, der sich unter dem Schutz großer Geschiebe erhalten hat, die den Restberg in seinem oberen Teil aufbauen. Wahrscheinlich handelt es sich um den Rest einer Moräne aus dem Fernau-Stadium.

Durch Luftbildinterpretation, Felduntersuchungen und lichenometrische Vermessungen konnte die Lage des Gletschers während des Fernau-Maximums im 14.–17. Jh. in etwa 2550 m und im historischen Stadium in einer Höhe von etwa 2480–2450 m festgelegt werden (Abb. 71). Noch ältere Moränenablagerungen sind auf dem Talboden von Lawinen- und Seliablagerungen unterschiedlichen Alters und Ausmaßes bedeckt.

Art und Umfang dieser Ablagerungen sind in hohem Maße durch die Unterschiede im Bau des Terskol-Tales bedingt. Das Tal des Flusses Terskol ist auf einer tektonischen Linie angelegt, hat ein gerades Flußbett, aber einen asymmetrischen Bau. Der rechte Hang ist von zahlreichen Lavaströmen, die vom Elbrus herab in Richtung „Ledowaja basa" flossen, aufgebaut. Die Lavablöcke hängen buchstäblich einer über dem anderen. Sie vermitteln den Eindruck von einer Überschiebung und Setzung großer Blöcke. Aus diesem Grund weist der Hang ein Stufenprofil auf, das stellenweise sehr steil ist und durch geradlinige Erosionsfurchen zersägt wird, durch die im Winter Schneelawinen abgehen. Im Sommer überwiegen Bergstürze und Rutschungen. Im oberen Teil des Hanges, besonders nahe am Gletscher, laufen nival-solifluidale Prozesse ab. Am Hangfuß entstehen steile Lawinen-Rutschungsschwemmfächer, die stellenweise zusammenwachsen und Schutthalden bilden, die durch das Gerinnebett des Flusses Terskol unterschnitten sind (Abb. 70). In vielen Wasserleiten liegen, bedingt durch die Nordexposition des Hanges, sogar im Sommer noch Schneeflecken.

Der linke Talhang ist südwestexponiert. Er steigt bis auf maximal 3790 m an und ist als Ausläufer der Seitenkette aus kristallinen Gesteinen aufgebaut. Das Hangprofil ist im oberen Bereich (3700–3200 m) durch große Steilheit gekennzeichnet. In Höhen von 3100–2800 m läßt sich talabwärts die pleistozäne Trogschulter verfolgen. Unterhalb der Trogschulter wird der Hang flacher (bis 25°), und hier wird die Abtragung allmählich von der Akkumulation abgelöst. Vom Wasserscheidenkamm gehen kleine-

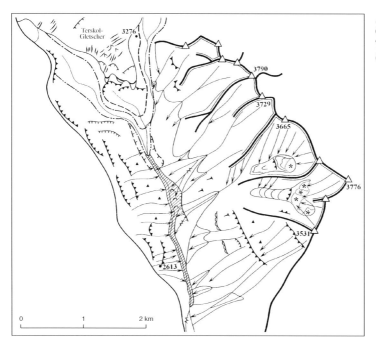

Abbildung 71
Glazialmorphologie des
Terskol-Tales
(Zeichenerklärung s. Abb. 65)

re Grate ab, die den Hang in sechs größere nival-glaziale Kare unterteilen, in denen noch bis ins 19. Jh. kleinere Gletscher lagen. Gegenwärtig sind die beiden am weitesten talwärts gelegenen Kare mit nordwestlicher Orientierung von Steingletschern und jahreszeitlichen Schneeflecken ausgefüllt. Die Steingletscher werden durch Bergstürze und Lawinen, die von den Karwänden abgehen, gespeist. Aus jedem Kar nimmt ein Bachlauf seinen Anfang, wobei sich eine Erosionsrinne bildet, die zeitweilig oder ständig Wasser führt.

Die Erosionsrinnen dienen auch den großen Schneelawinen, die nach intensiven Schneefällen abgehen, als Bewegungsbahnen. Die größte und für die Anwohner gefährlichste Lawine geht am Ausgang in das Baksantal vom linken Hang aus. Sie tritt sehr häufig auf und zerstört buchstäblich jährlich die Viehställe im Ort Terskol.

Im Frühjahr und Sommer bilden sich auf dem linken Talhang Selströme. Sie erzeugen gemeinsam mit den Lawinen geschlossene Schuttfächer (Anhang, Abb. VIII). Diese Seliablagerungen überdecken zum Teil die Moränenkomplexe des 14.–17. Jh., einschließlich derjenigen des historischen Stadiums. Im mittleren Teil des Tales zerschneiden die Selströme unterschiedlich alte glaziale Akkumulationsterrassen, die sich nur in diesem Talabschnitt gut erhalten haben. Allem Anschein nach existierten sie auf der gesamten Tallänge, sind jedoch nur noch in Fragmenten zu erkennen. Der größte Selstrom hat im unteren Talabschnitt einen kompliziert strukturierten Schwemmfächer, der vier Altersgruppen von Terrassen zerschneidet. Der letzte Selstrom wurde in diesem Abschnitt im Jahre 1968 beobachtet. Er vernichtete über 100 Jahre alte Bäume. Die Breite des Stromes erreichte 30 m und überdeckte alluviale Ablagerungen. Wasser-Stein-Seli überwiegen hier. Ihre Ablagerungen, Wälle aus grobblockigem Material mit einer Höhe von bis zu 2–3 m, ziehen sich entlang perennierender Wasserläufe oder des Gerinnebettes des Hauptflusses und vermitteln den Eindruck von glazialen Bildungen.

Diese intensiven Hangprozesse hemmen die Bodenbildung und das Wachstum der Baumvegetation. Kiefernwald trifft man nur im unteren Teil des Tales bis in Höhen von 2500 m an. Der Wald ist durch die häufig niedergehenden Lawinen sehr spärlich, und der Viehaustrieb stört seine natürliche Wiederherstellung in den Jahren mit Lawinenruhe.

Am Talausgang zum Baksan zerschneidet der Terskol-Fluß eine 25 m hohe Akkumulationsterrasse, die aus fluvioglazialem und Moränenmaterial aufgebaut ist. In diesem Talabschnitt flossen wahrscheinlich noch im Spätglazial die Gletscher Asau und Terskol zusammen. Beim anschließenden Zurückschmelzen des Gletschers Terskol ist es möglich gewesen, daß sich die Ufermoräne des Hauptgletschers erhalten konnte. Durch diese Terrasse abgelenkt, fließt heute der Terskol parallel zur linken Talflanke des Baksans und bildet ein neues Delta gegenüber der Einmündung des Dongusoruns.

5.4.
Irik und Iriktschat

Unterhalb der Ortschaft Elbrus (1750 m), die auf einem ausgedehnten glazial-proluvialen Schwemmfächer liegt, mündet der Fluß Irik in den Baksan. Er nimmt seinen Anfang am gleichnamigen Gletscher an den Südosthängen des Elbrus und vereinigt sich mit dem Iriktschat. Die Talkonfiguration des Flusses Irik und seiner Zuflüsse, der Blockbau der Hänge und die tiefen, geradlinigen Einschnitte in ihnen weisen auf eine tektonische Anlage des gesamten Tales hin. Sie lassen eine relative Jugendlichkeit und ein sich fortsetzendes Einschneiden des Flusses in das anstehende Gestein vermuten, das stellenweise von pleistozänen Lockermassen bedeckt wird.

Der Gletscher Irik ist in der zweiten Hälfte des 19. Jh. mehrfach besucht worden. Daher gibt es heute detaillierte Beschreibungen seiner Schwankungen. Im Jahre 1871 fand ABICH den Gletscher in der letzten Phase seines Vorrückens, welches der deutlich ausgeprägte Wall von Ufermoränen bestätigte (Abb. 72). Am Ende des 19. Jh. begann, nach der Karte von PASTUCHOV (1899) zu urteilen, das Zurückweichen des Gletschers, das sich mit geringen Fluktuationen bis heute fortsetzt. Die Rückzugsgeschwindigkeit des Gletschers erreichte in einzelnen Zeitabschnitten 17–20 m/Jahr. Der Verlust an Eisfläche beträgt im Vergleich zur Periode des Internationalen Geophysikalischen Jahres (1957 bis 1959) 0,1 km^2, während die lineare Abnahme im selben Zeitraum 355 m erreichte. Das war fast dreimal weniger als die Längenänderung des Gletschers im Zeitraum 1887–1957. Von 1957 bis 1987 betrug die mittlere Absenkung der Gletscheroberfläche 6,2 m. Das Ende des rezenten Gletschers liegt in einer Höhe von 2623 m, während es sich im Jahre 1957 in einer Höhe von 2608 m befand.

Das Akkumulationsgebiet des Irik-Gletschers beginnt am Osthang des Elbrus-Ostgipfels. Im Norden wird es vom Aktscherjakol-Lavastrom begrenzt, der aus dem parasitären Krater in einer Höhe von 5200 m herauszieht. In einer Höhe von ungefähr 3800 m ist die Lavamauer von Eis bedeckt. Hier bildete sich mit der Verlagerung des Schnees durch Schneetreiben ein plateauartiges Eisfeld, aus dem sich der Eisstrom nach Süden in das Tal des Irik, nach Osten in das Tal des Iriktschat und nach Norden in das Eisfeld des Dshikiugankes aufteilt. Die südwestliche Eisscheide der Gletscher Irik und Terskol verläuft auf dem Kamm des Terskolak-Grates und dem andesitisch-dazitischen Lavastrom, der unter dem Eis vom Ostgipfel des Elbrus hervorquillt. Das Akkumulationsgebiet des Gletschers ist also ziemlich ausgedehnt, von Firn- und Schneeansammlungen bedeckt und hat vermutlich eine bedeutende Mächtigkeit. Im Höhengürtel von 4100 bis 3700 m gibt es praktisch keine Spalten. Wo die Gletscherzunge in das enge Tal zwischen den Abzweigungen von Terskolak und Iriktschatkala eintritt, beginnt die Zone der Bruchstörungen, die in den ersten Gletscherbruch übergeht. Das stufenartige Längsprofil des Gletschers wird durch die Stufen im darunterliegenden Anstehenden bestimmt. Die zweite Stufe des Gletscherbruches liegt in einer Höhe von 3570–3380 m. Unterhalb des Gletscherbruches liegt die Zone der Gletscherdeformation mit anschließender Bildung von Wall- oder Schichtogiven, typischen Reliefformen der Oberflächen von Talgletschern.

Die Grenze des Nährgebietes des Irik-Gletschers verläuft in einer Höhe von 3550 m, und somit gelangen Teile des Gletscherbruches zusammen mit der Zunge des Talgletschers in das Ablationsgebiet. Die West-Ost-Erstreckung des oberen Irik-Gletschers spiegelt sich im Zustand seiner Zunge wider, die entscheidend von der Hangexposition abhängt. Im unteren Zungenbereich ist eine klassische Mittelmoräne ausgebildet, in der das mitgeführte Moränenmaterial austaut (Anhang, Abb. IX). Auf dem rechten, nordexponierten Talhang haben sich Kargletscher mit gut ausgeprägten Moränenkomplexen erhalten. Allmählich entstehen bei weiterer Einengung an ihren unteren Rändern Steingletscher des moränengespeisten Typs. An der

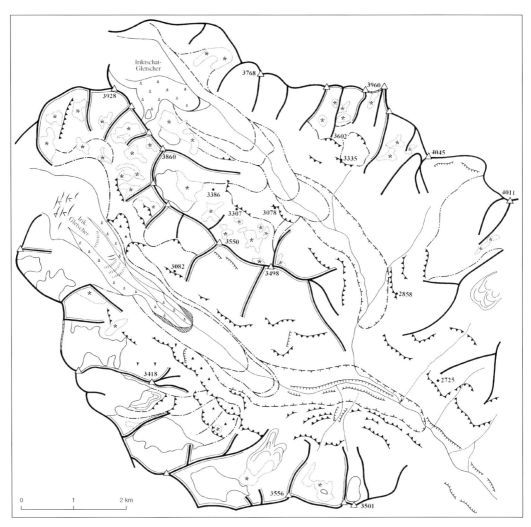

Abbildung 72
Glazialmorphologie des Irik- und Iriktschat-Tales (Zeichenerklärung s. Abb. 65)

linken, südexponierten Talflanke treten nur noch Schneeflecken in den Karen in Höhen über 3200 m auf. In den gletscher- und schneefreien Karen werden Solifluktionsprozesse aktiviert.

Der obere Teil des Irik-Tales hat einen U-förmigen Querschnitt mit Riegelstufen in Höhen von 3100–3000 m und 2800–2700 m. Die vom Eis befreiten Teile der Felsen tragen Spuren der Gletscherpolierung mit Furchen, Schrammen und Oberflächenexquamation. An den Hangfüßen haben sich die Ufermoränen des Fernau-Maximums (17. Jh.) und des „Abich"-Stadiums (Mitte 19. Jh.) gut erhalten. Auf dem Talboden lassen sich in unterschiedlich guten Erhaltungsstufen kleinere, sichelartige Reste von Endmoränenwällen des 19. Jh. erkennen. Der Moränenwall des Fernau-Maximums endet an einer breiten Terrasse mit einer Höhe von 10–45 m. Die Terrasse wird vom Fluß angeschnitten. Sie hat eine fast horizontale Oberfläche und baut sich aus gut gerundeten, nicht sortierten Geschieben vulkanischer und kristalliner Gesteine auf, die durch geschichtete Sande vorwiegend vulkanischer Herkunft zementiert wurden.

Abbildung 73
Das obere Irik-Tal mit gut sichtbarer Ufermoräne des historischen Stadiums und der glazialen Terrasse
(Foto: BAUME, 1992)

Die Terrasse erstreckt sich auf beiden Flußufern bis zu einer Höhe von ca. 2300 m. Untersuchungen in diesem Abschnitt lassen darauf schließen, daß es sich um eine glaziale und fluvioglaziale Genese handelt und daß das Alter nahe dem historischen Stadium der Vergletscherung liegt (Abb. 72 u. 73).

Das Relief des Talbodens vom unteren Ende der Terrasse bis zur Mündungsstufe wurde zwar glazial angelegt, wird jedoch ganz wesentlich durch aktive Hangprozesse umgestaltet. Der Zustand des Reliefs verändert sich praktisch jedes Jahr. Unter dem Einfluß von Lawinen, häufigen Rutschungen und Steinschlägen, durch Hochwässer im Frühjahr und Sommer und infolge von kryogenen Prozessen, die das Gefrieren der Böden und die Bildung von Thufuren bewirken, sowie von solifluidalem Abfließen und Abrutschen wird das Tal ständig modifiziert.

Die Ufermoränen des Irik-Gletschers halten die Lawinenablagerungen wie natürliche Dämme zurück. Allerdings sind besonders große Lawinen in der Lage, ein derartiges Hindernis zu durchbrechen, wie dies an der rechten Ufermoräne im mittleren Teil der Gletscherzunge zu sehen ist. Nahe der Gletschergrenze des Fernau-Stadiums liegt ein Schwemmfächer großer Lawinen, der Wälle bildete, die stark an Moränenablagerungen erinnern. Unmittelbar vor dem Gletscherrand entstanden Hügel, die aus Rückständen von Toteis bestehen. Diese Formen sind Schmelzwasserströmen ausgesetzt, die sie zerstören und ihre Reste in linienhafter Anordnung zurücklassen.

Unterhalb der Gletschergrenze des historischen Stadiums (in einer Höhe von 2300 m) verläuft das Irik-Tal in Nordwest-Südost-Richtung. Die relative Höhe der Hänge nimmt zu. An ihren Flanken sind Trogschultern in Höhen von 2700 m und etwa bei 2400 m zu beobachten. Im Winter und Frühjahr sind hier die Lawinen außerordentlich aktiv. Sie vernichten den Kiefernwald, bilden Akkumulationsformen auf dem Talboden als Fächer und Lawinenhügel sowie Aufschlaggruben mit kleinen Wällen. Im mittleren Talabschnitt hat eine mächtige Lawine von der rechten Talflanke die Flußalluvionen herausgetragen und auf das gegenüberliegende Ufer auf eine Terrasse mit einer Höhe von mehr als 5 m umgelagert. Im Sommer gehen mit den Wasserströmen von den Hängen oft Schlamm-Stein- und Wasser-Stein-Seli ab. Aufgrund seiner Schattenlage und der günstigen Windverhältnisse im Winter ist der rechte Talhang bewaldet, der linke dagegen durch die Einwirkung großer Lawinen und Steinschläge nur mit einer spärlichen Rasendecke versehen. Die Einwohner der Siedlung Elbrus betreiben hier Viehtrift, was die Erosionsprozesse an den Hängen zusätzlich verstärkt.

Bei seinem Eintritt in das Baksantal bildet der Irik eine Mündungsstufe mit einer Höhe von 300 m. Diese tektonisch angelegte und für glaziale Hängetäler typische Mündungsstufe ist Resultat einer weniger kräftigen glazialen Aus-

Abbildung 74
Erdpyramiden im unteren
Irik-Tal (Foto: BAUME, 1989)

räumung des Seitentales gegenüber dem Haupttal. Sie wird in Abhängigkeit vom Material und vom Alter entweder durch Wasserfälle bzw. Katarakte oder, wie beim Irik, durch tief eingeschnittene Klammtäler überwunden. Gleichartige Mündungsstufen sind im Elbrusgebiet an den Talausgängen von Jusengi und Adyrsu zu finden.

Kurz oberhalb der Mündungsstufe sind am Irik Reste von Moränenablagerungen des pleistozänen Irik-Gletschers als 5–7 m hohe Erdpyramiden erhalten geblieben, die von großen Geschieben gekrönt werden, so daß diese Formen bis in die Gegenwart hinein vor der Zerstörung bewahrt blieben (Abb. 74). Sie haben nach ŠČERBAKOVA (1973) ein mittelpleistozänes Alter.

Im oberen Teil des Irik-Tales mündet von links das Hängetal des Iriktschat-Flusses in den Trog. Es hat eine Mündungsstufe von etwa 200 m Höhe und einen Selischwemmfächer an der Basis, der von einem Wasserlauf zerschnitten ist.

Der Gletscher Iriktschat hat im historischen Stadium der Vergletscherung das Tal des Irik nicht erreicht (Abb. 72). Er lag in einer Höhe von etwa 2750 m mit einer ziemlich schmalen Zunge auf der Oberfläche der Mündungsstufe, die ein Riegelteil des Hauptales ist. Der Gletscher Iriktschat ist einer der kleinen Talgletscher des Elbrusgebietes. Sein Tal hat von der Mündungsstufe bis zum Gletscher eine Länge von insgesamt 4,5 km. Der Talboden liegt in Höhen von 2700–3200 m. Das ist wesentlich höher als die obere Waldgrenze, weshalb hier alpine und subalpine Kräuterwiesen und oberhalb 3000 m Flechten und Moose auf den Steintrümmern dominieren.

Die Gletschergrenze der historischen Zeit ist durch Hangprozesse an beiden Talflanken stark zerstört worden. Diese Zerstörung geht besonders vom linken Hang mit seinen zahlreichen Wasserläufen, Hangrutschungen und winterlichen Lawinen aus. Im oberen Hangteil treten hier auch kryogene Prozesse auf. Gegenwärtig kommt es dort zur Bildung von Steingletschern.

Talaufwärts lassen sich Moränenkomplexe des 14.–17. Jh., aus der Mitte und vom Ende des 19. Jh. sowie des Jahres 1957 nachweisen, die in Höhen von 2850 m, 2900 m, 3050 m und 3100 m liegen (Abb. 72). Die Gletschergrenze der Mitte des 19. Jh. läßt sich leicht am gut erhaltenen Endmoränenhügel rekonstruieren. Unterhalb davon beginnen die alpinen Wiesen. Zwischen den Grenzen des Gletschers aus dem Jahre 1957 und denen vom Ende des 19. Jh. ist eine Anhäufung von Moränenmaterial in Form von Hügeln und dazwischen liegenden Senken festzustellen. Wahrscheinlich ist die stationäre Lage der Mehrzahl der Gletscher des Elbrus in den 1930er Jahren so bestimmt worden.

Das Akkumulationsgebiet des Gletschers Iriktschat ist eingeschränkt, weil der Irik-Gletscher den Hauptstrom des Eises vom Ostgipfel, von der Seite des jüngsten Lavastromes her erhält. Dennoch nehmen wir an, daß die Fläche des Nährgebietes des gesamten Gletschers um einiges größer ist, als es durch die Untersuchungen der Jahre 1957–1959 festgestellt wurde. Im IGJ wurde die Vermutung über ein schnelles Verschwinden des Gletschers Iriktschat geäußert. Diese Prognose hat sich aber wegen der Ungenauigkeit der Grenzziehung des Nährgebietes und der nicht berücksichtigten Materialzufuhr aus Lawinen, die vom rechten Hang auf die Gletscherzunge gelangen, nicht bestätigt. Im Zeitraum 1957–1987 ist der Gletscher um 250 m geschrumpft, vom Ende des 19. Jh. bis zum Jahre 1957 um mehr als 1000 m. Die mittlere Höhenabnahme seiner Oberfläche betrug 2,9 m.

Das heutige Ende der Gletscherzunge hat eine geringe Mächtigkeit und ist mehr als 250 m von einer Moränenhülle überzogen. Der Gletscher ist asymmetrisch. Der rechte Teil ist höher als der linke, da sich der Gletscher offenbar von der linken und trockenen Flanke (südliche Exposition) schneller zurückzieht. Das Fehlen von Spalten auf der Gletscherzunge zeugt sowohl von seiner geringen Mächtigkeit als auch von seiner schwachen Aktivität und seiner Schrumpfung.

5.5. Dongusorun

Der Fluß Dongusorun ist der rechte obere Nebenfluß des Baksans. Das Dongusorun-Tal ist durch große Reliefkontraste gekennzeichnet. Seine Mündung liegt in einer Höhe von 2000 m, und die Höhen der Berggipfel in der Hauptkette erreichen in diesem Abschnitt 3500–4454 m. Es überwiegen kristalline Gesteine, graue Granite und Granitgneise, während im Abzweig des Tscheget-Massivs metamorphe und stark dislozierte Schiefer mit Quarzitinjektionen vorkommen. Deutlich zeigt sich die Bruchtektonik durch Verwerfungen und Überschiebungen an der Dongusorun-Wand und an den Hängen des Gipfels Nakratau, in der geradlinigen Zeichnung des Gewässernetzes sowie in einer Vielzahl von Klüften und Lineamenten an den Hängen der Gebirgsumrandung. Der Reliefkontrast wird noch durch die Anhäufung von großem Geschiebe sowie unsortiertem und schlecht gerundetem Material auf dem Boden und an den Hängen des Tales unterstrichen, das trotz seines spezifischen Baus ein typisches Trogtal ist.

Im glazial-nivalen System des Tales des Dongusorun nimmt der gleichnamige Gletscher eine zentrale Stellung ein und bestimmt die Ausbildung anderer Naturprozesse. Der Berg Dongusorun (4454 m) erhebt sich über den Gletscher und wird von einer etwa 200 m mächtigen Eiskappe gekrönt (Anhang, Abb. X). Diese höchste Erhebung der Hauptkette im Elbrusgebiet ist mit dem Pik Nakra (4269 m) durch einen Grat verbunden. Nach Osten weisen diese Gipfel der Hauptkette einen beträchtlichen Einschnitt im Dongusorun-Paß (3203 m) auf, über den die kürzeste Verbindung aus dem Baksantal nach Swanetien führt. Der Hang, der sich nach Norden vom Paß ins Tal heruntersenkt, ist mit kleineren Gletschern bedeckt. Aus ihnen nimmt der Bach Dongusorun seinen Anfang, der durch einen Moränenwall in 2830 m Höhe noch einmal aufgestaut wird und einen Eisstausee bildet. Der Bach fließt aus dem See heraus, entwässert die lockeren Moränenablagerungen des oberen Talkessels und mündet dann in den großen See Dongusorun, der unter einer Riegelstufe in einer Höhe von 2515 m liegt.

Das Tal des Dongusorun läßt sich in vier Segmente aufteilen (Abb. 75), und zwar in

– den oberen Talkessel, der von 3711 bis 2600 m reicht und in dessen einem Teil der Obere See (2877 m) liegt, während der andere von einem Steingletscher eingenommen wird;

– den Gletscher Dongusorun vom Akkumulationsgebiet (4400–2950 m) bis zum Zungenende (2400 m) mit den rezenten End- und Seitenmoränen in Höhen von 2100–2900 m und

– das Seitental mit dem Kar-Talgletscher Medweshi (Bärengletscher), auch Kjunnjumak genannt, der von 3100 bis 3785 m Höhe reicht und dessen Bach ebenfalls in den See Dongusorun fließt.

Die Reliefanalyse im Dongusorun-Tal bestätigt die dominierende Rolle der pleistozänen und heutigen Gletscher, die die ursprüngliche Oberfläche überformt haben. Im Pleistozän war der Gletscher Dongusorun ein Nebengletscher des Großen Baksan-Gletschers, der im Spätpleistozän zerfiel. Im unteren Teil des Dongusorun-Tales befindet sich am rechten Ufer über der Tscheget-Waldwiese (Tschegetskaja Poljana, 2000 m) eine terrassenartige Fläche von 25 bis 30 m Höhe, die aus großen Geschieben und Geröllen aufgebaut ist. Aufgrund geomorphologi-

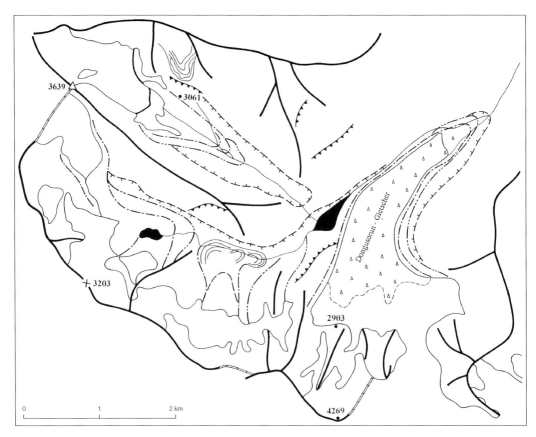

Abbildung 75
Glazialmorphologie des Dongusorun-Tales (Zeichenerklärung s. Abb. 65)

scher Merkmale sind diese Ablagerungen als End- und Ufermoränen des Gletschers Dongusorun aus dem Spätpleistozän anzusprechen. In der nachfolgenden Entwicklung des Talreliefs unterlagen diese Moränenablagerungen der Einwirkung von fluvialen und Seliprozessen. Zudem wurden sie durch einen Lawinenschwemmfächer von den Hängen des Berges Kogutaibaschi bedeckt. In diesem Hangabschnitt gingen mehrmals verheerende Lawinen nieder, die die gesamte Tscheget-Waldwiese in Mitleidenschaft zogen. Derartige Lawinenabgänge ereigneten sich hier in den Jahren 1949, 1954 und 1987. Sie vernichteten Wald und zerstörten touristische Bauten.

Der rezente Gletscher Dongusorun nimmt seinen Anfang an den Hängen und Wänden der Hauptkette, wo die absolute Höhe der Gipfel 4000 m und mehr erreicht. Er wird von Schnee-, Eisstürzen und Lawinen gespeist, die sich ständig von den Steilhängen des Berges Dongusorun und dem Wandgletscher „Sieben" lösen (Aussehen wie eine „7"; Anhang, Abb. IV). Deshalb liegt die untere Grenze des Nährgebietes am Fuß des Steilhanges im Bereich eines Lawinen-Schwemmkegels mit 2870–2800 m Höhe ziemlich niedrig. Hier beginnt die Gletscherzunge, die in großen Teilen von einer Obermoräne verhüllt ist. Der Dongusorun ist ein typischer Talgletscher, der keine seitlichen Zuströme hat. Die mächtige Deckmoräne ist der Grund dafür, daß sich der Dongusorun-Gletscher seit Ende des 19. Jh. in seiner Lage praktisch nicht veränderte. Sie hat eine stark ablationshemmende, sogar konservierende Wirkung.

Im historischen Stadium der Vergletscherung, das nach geomorphologischen Merkmalen bestimmt wurde, lag das Ende der Gletscherzun-

Abbildung 76
Dongusorun-See mit Ufermoräne und rezenter Zunge des Dongusorun-Gletschers
(Foto: BAUME, 1990)

ge in einer Höhe von 2150 m. Aus dieser Zeit stammen vor allem die Ufermoränen an den Talflanken. Im Fernau-Stadium nahm der Gletscher etwa die gleiche Position ein (Abb. 75). In der Mitte des 19. Jh. bildete er Moränenablagerungen, die sich im Randbereich ausgezeichnet erhalten haben und die Flanken des rezenten Gletschers darstellen. Die Wälle dieser Ufermoränen mit ihren deutlich ausgeprägten Kämmen bilden die Kontur der gesamten heutigen Zunge, da sie praktisch in die rezenten Seitenmoränen übergehen. Der Außenhang der Ufermoränen erreicht oberhalb des Sees Dongusorun Höhen von etwa 150 m und nahe der Gletscherzunge ungefähr 50 m (Abb. 76).

Die Hänge des unteren Talabschnitts unterliegen der Lawineneinwirkung. Auf der linken Talflanke, an den südlich und südöstlich exponierten Hängen des Tscheget-Massivs, lassen sich lehrbuchhaft die Höhenstufen der Vegetation beobachten. Die Nadelwaldstufe, hier in einer Höhe von 2000 bis 2300 m, hat eine ungleichmäßig zerlappte obere Grenze. Das ist durch die Einwirkung der jährlich dort niedergehenden Lawinen und der Schneelast zu erklären. In Höhen bis zu 2500 m sind in einzelnen Abschnitten der ostexponierten Hänge Flecken mit spärlicher alpiner Wiese und mit Birkengestrüpp anzutreffen. Die Hänge südöstlicher Exposition haben in den oberen Teilen günstige Bedingungen für die Schneeakkumulation, so daß von dort im Winter oftmals große Lawinen zu Tal gehen. In Höhen von 2500–2700 m sind sie mit artenreicher alpiner und subalpiner Vegetation bedeckt und teilweise von dichtem Gestrüpp des Kaukasischen Rhododendron (*Rhododendron caucasicum*) bewachsen. In Höhen bis zu 2900 m nehmen Abschnitte subnivaler Vegetation mit dem Vorherrschen von Riedgras, Steinbrech, Gebirgstulpen usw. größere Flächen ein. Sie vermischen sich mit den Steintrümmern, die von Flechten bewachsen sind. Durch die lange Dauer der Schneedecke in diesen Abschnitten und das Gefrieren des Bodens bilden sich hier nivale und kryogene Mikroformen des Reliefs, wie Nivationsnischen und -terrassen, Rasenschälen, Solifluktionsterrassen und Streifenböden. Über 2900 m bildet der gesamte Hang ein gewaltiges, deformiertes Kar, in dem nival-glaziale Prozesse überwiegen und Schneeflecken den ganzen Sommer über liegenbleiben. Die Vegetation des linken Talhanges wird durch die natürlich und künstlich ausgelösten Lawinen sowie durch die intensive Beweidung schwer geschädigt.

Der rechte Talhang ist vom Lawinenschuttfächer des Kogutai-Dongusorun-Massivs ebenfalls lawinengefährdet. Hier gehen kleinere Lawinen in Erosionsrinnen nieder, die den gesamten Hang zerfurchen. In 2900 m Höhe lassen sich sowohl auf dem rechten als auch auf dem linken Hang Reste des pleistozänen Gletscherriegels verfolgen, der wahrscheinlich durch Lawinen zerstört wurde.

Der riesige obere Talkessel war in historischer Zeit von einem komplexen Gletscher ausgefüllt, der seine Speisung aus Lawinen von den Hängen des Berges Nakra und aus Karen, die im obersten Einzugsgebiet liegen, erhielt. Er war mit dem Gletscher Dongusorun während des historischen Stadiums vereint. Dabei blieb wahrscheinlich an der Oberfläche ein kleinerer Nunatak erhalten, d. h. eine Fels-Eisscheide zwischen der oberen und unteren Talstufe. Im 5. bis 10. Jh., in der Zeit der Klimaverbesserung, kam es vermutlich zum Zerfall des einheitlichen Gletschers, und im oberen Kessel bildete sich ein selbständiges Gletschersystem. Im Fernau-Maximum (17. Jh.) vereinigten sich die Gletscher von drei Karen. Nur der Gletscher von den nordöstlichen Hängen des Nakra hatte eine eigene Zunge. Er stieß auf den gegenüberliegenden Hang vor und schob sich bis zum Riegel auf 2656 m herab. In der Mitte des 19. Jh. hatten die Gletscher des oberen Talkessels eigenständige hohe Uferwälle, die von der Aktivität der Vergletscherung in dieser Zeit zeugen. Am Ende des 19. Jh. begann ihr Zurückschmelzen, das sich auch gegenwärtig fortsetzt. Das Ende des kleinen Gletschers, der vom Paß Dongusorun herabfließt, liegt heute in einer Höhe von 2950 m, wobei seine Mächtigkeit 20–25 m nicht überschreitet. Im Sommer wird er bei hohen Ablationswerten vollständig von Firn und saisonalem Schnee befreit.

Der Gletscher, der vom Kamm des Nakra-Ausläufers herunterfließt, zieht sich ebenfalls zurück. Seine untere Grenze liegt in einer Höhe von etwa 3050 m. Am unteren Gletscherende bildet sich aus seinen Moränenablagerungen ein typischer moränengespeister Steingletscher. Zwischen diesem und dem Gletscher entstand eine flache Rinne, die jahreszeitlich mit Schnee gefüllt ist.

Der Steingletscher selbst hat einen asymmetrischen Bau mit einem sanft geneigten inneren Hang, der sich zur Rinne hin absenkt, und einem steilen, äußeren Frontwall von 40–45 m Höhe. Im zentralen Teil stößt er gegen den jenseitigen Hang vor. An der unteren Front des Steingletschers entstand eine kleine Zunge mit einem selbständigen Wall von 25 m Höhe (Abb. 59). Die stadialen Wälle auf der Oberfläche des Steingletschers zeugen von seiner andauernden Aktivität. Aufgrund lichenometrischer Untersuchungen kann der Beginn der Bildung des Steingletschers in das Fernau-Maximum gestellt werden.

Das rezente Relief des oberen Talkessels ist der nivalen Destruktion, der Frostverwitterung und der solifluidalen Bodenbewegung ausgesetzt. Von den Hängen des oberen Kessels gehen jährlich zahlreiche Lawinen ab. An den Hangfüßen entwickelt sich in den kurzen Sommern eine dürftige Krautvegetation.

Der ehemalige linke Zufluß des Gletschers Dongusorun, der Gletscher Medweshi, liegt in einem kleineren Trogtal zwischen der Tscheget-Kette und einem Ausläufer des oberen Talkessels. Das Tal des Bärengletschers ist südostexponiert, wodurch ungünstige Bedingungen für die Schneeakkumulation und die Existenz des Gletschers gegeben sind. Im Spätpleistozän floß der Bärengletscher zum Dongusorun, der damals das gesamte Tal einnahm und eine Mächtigkeit von mehr als 1000 m hatte. Schon im historischen Stadium trennte sich der Medweshi vom Hauptstrom, und sein Ende lag am Rande der Mündungsstufe in einer Höhe von 3630 m (Abb. 75). Im Laufe des letzten Jahrtausends war ein allgemeiner Rückgang der Vergletscherung zu verzeichnen, obwohl der Gletscher im Fernau-Stadium noch einmal vorstieß. Auf seinem Talboden sind Ufer- und Endmoränen dieser Zeit in Höhen von 2650– 2800 m anzutreffen. Wie auch in anderen Tälern des Elbrusgebietes sind die Moränenwälle des Stadiums aus der Mitte des 19. Jh. am besten erhalten. Das Gletscherende lag damals in einer Höhe von 2780 m. Seitdem zieht sich der Gletscher mit kleineren Schwankungen zurück. Der Rückgang des Gletschers von seiner Grenze aus dem Jahre 1957 beträgt 150–200 m. Ein Bach fließt vom Medweshi-Gletscher direkt in den See Dongusorun.

Der Spiegel des Dongusorun-Sees liegt in einer Höhe von 2915 m. Er entstand aus dem Anstau des Medweshi-Baches und des Baches aus dem oberen Talkessel durch die linken Ufermoränenwälle des Gletschers Dongusorun (Abb. 76). Der See ist ein einzigartiges Naturobjekt. Er füllt eine längliche, übertiefte Senke aus, die sich unterhalb des Riegels zum oberen Talkessel bildete, und stellt einen typischen Gletscherstausee mit türkisblauem Wasser dar. Die Mündung des Bärenbaches bildet ein Delta.

Das Tal des Dongusorun verfügt über ausgezeichnete Rekreationsressourcen. Die Berghänge des Tscheget eignen sich zum Abfahrtslauf von Dezember bis April, und an den Hängen des Bärentales läuft man gar bis Juni Ski. Wanderrouten sind von der Waldwiese Tscheget zu den Gipfeln der gleichnamigen Kette und das Dongusorun-Tal hinauf zum Paß, am See und Gletscher entlang, markiert. Vom Dongusorun-Paß kann man Abfahrten im Frühjahr und sogar im Winter unternehmen, wenn man eine lawinenungefährliche Zeit wählt. Die steilen Fels- und Eiswände der Gipfel des Dongusorun und des Nakratau locken Alpinisten der höchsten Leistungsklasse an. Touristen aller Klassen und Altersgruppen wandern zum See Dongusorun. Für geowissenschaftliche Exkursionen ist es eines der interessantesten Täler.

5.6.
Jusengi

Der Fluß Jusengi mündet in 1862 m Höhe in den Baksan. An seiner Mündung existiert eine 200 m hohe Mündungsstufe mit drei Niveaus, und zwar bei 1950 m, 2050 m und 2160 m. Der Fluß ist in einer tiefen, schmalen Schlucht in das anstehende Gestein eingeschnitten, was insgesamt doch für die Jugendlichkeit des Reliefs spricht. Die Genese der Mündungsstufe entspricht der an der Irikmündung: tektonisch angelegt und glazial übertieft. In einer Höhe von etwa 2360 m zeichnet sich im Talprofil eine relativ ebene Oberfläche ab, die der Talboden des pleistozänen Gletschers gewesen sein könnte. Darauf folgt noch eine Stufe, die von Süden in Form einer Überschiebung begrenzt wird. Das Gesamtbild des hydrographischen Netzes des Jusengi-Tales mit gestreckten Gerinnebetten der Flüsse, scharfen Talbiegungen, mit dem Absetzen von Felsblöcken und dem Strukturrelief der Hänge auch im Hauptkamm spricht für seine tektonische Anlage.

Das Becken des Flusses Jusengi hat klare Konturen. Im Süden wird es vom Hauptkamm begrenzt, wo wir im Gipfel Jusengi (3846 m) den höchsten Punkt des Tales und im Betscho-Paß (3367 m) den niedrigsten Paß des Elbrusgebietes vor uns haben. Im Westen sind es die Hänge des Dongusorun-Massivs (4454 m), die das Jusengi-Tal abschirmen, und im Norden ist es der Abzweig Kogutai mit seinem gleichnamigen Gipfel (3819 m). Im Osten trennt dann ein Abzweig des Hauptkammes das Jusengi- vom Schchelda-Tal. Seine Gipfel liegen unter 3500 m (Abb.19).

Der pleistozäne Gletscher hat die Hauptformen des Blockreliefs herausgearbeitet und einen typischen Trog geformt. An den Hängen liegen die Trogschultern in Höhen von ungefähr 2800 m. Höher befinden sich die Karnischen, die am linken Hang in 2–3 Stufen auftreten. Im Pleistozän war das gesamte Tal des Jusengi mit Eis ausgefüllt. Im letzten Stadium des Spätpleistozäns lag der Gletscher wahrscheinlich noch auf der obersten Mündungsstufe am Talausgang.

Während des historischen Stadiums wurde der gesamte obere Talabschnitt von einem komplexen Gletscher ausgefüllt, der seine Eisströme von den Hängen des Dongusorun, des Jusengi, des Betscho und des Kogutai erhielt. Die Moräne dieses Gletschers hat sich nur im unteren Teil des Troges erhalten (Abb. 77). Der Gletscher des historischen Stadiums hatte eine geringe Mächtigkeit, die an der Zunge sicher nicht 30–50 m übertraf. Nach dem Rückschmelzen des Gletschers entwickelte sich in diesem Abschnitt ein klassischer Sander, der ausgewaschene Moränenablagerungen, gröbere Alluvionen und Feinsande enthält (Anhang, Abb. XI).

Im Fernau-Maximum schob sich der Jusengi-Gletscher bis in den Sander vor und blieb in einer Höhe von 2450–2470 m liegen. Er hat hier einen stark zerstörten Moränenwall im mittleren Teil des Sanders und ziemlich gut erhaltene Ufermoränen an den Flanken hinterlassen. Auf dem Moränenwall sind heute Periglazialerscheinungen, wie Thufure, zu sehen. Das Alter dieser Ablagerungen wurde geomorphologisch und lichenometrisch bestimmt.

Der in der Mitte des 19. Jh. erfolgte Gletschervorstoß läßt sich an den ausgezeichnet erhaltenen Ufermoränenwällen festmachen, deren Kämme den rezenten Gletscher um 50–100 m überragen. Sie schaffen eine klare Kontur der von den Hängen des Dongusorun, des Kogutai und des Betscho ineinanderfließenden Gletscher. Der von den Hängen des Jusengi herabfließende Gletscher hatte schon eigenständige Grenzen. Sein Endmoränenwall wurde durch einen gewaltigen Gletschersturz auf der stark geneigten Oberfläche des Hanges zerstört. Am Ende des 19. Jh. teilte sich der Gletscher unter dem Einfluß zunehmender Degradation endgültig in einzelne Ströme. Dieser Schrumpfungsprozeß setzt sich bis in die Gegenwart unvermindert fort.

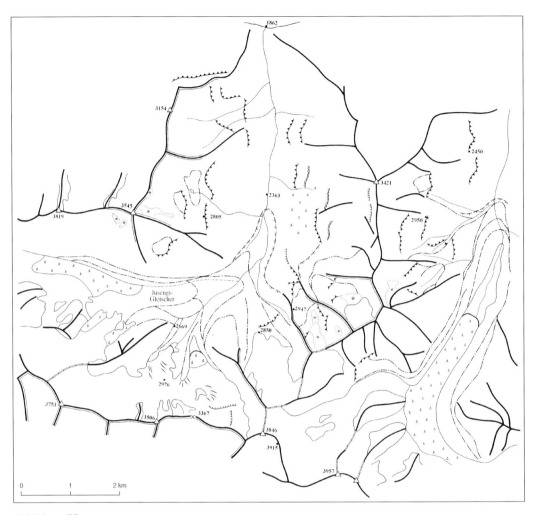

Abbildung 77
Glazialmorphologie des Jusengi-Tales (Zeichenerklärung s. Abb. 65)

Der Gletscher von den Hängen des Dongusorun hat noch die günstigsten Existenzbedingungen. Er wird nicht nur durch feste atmosphärische Niederschläge, sondern auch durch Eisströme vom Lee des Dongusorun-Gipfels gespeist. So bewahrt er bis in die Gegenwart hinein die Merkmale eines Talgletschers. Das Ende seiner Zunge ist auf etwa 1000 m mit einer Moränenhülle bedeckt, die eine Mächtigkeit von 10–15 m hat. Die Gletscher, die unterhalb des Betscho-Passes liegen, haben sich in zwei kleinere Eisströme geteilt. Trotz ihrer Lage im Lee des Hauptkammes und auf den Hängen nördlicher Exposition werden sie sehr schnell kürzer (25–40 m/Jahr). Die Zungen dieser Gletscher liegen in Höhen von 2700–2750 m.

Der Gletscher, der vom Gipfel Jusengi herabfließt, schrumpft ebenfalls. Sein Eisverlust entsteht durch Eisstürze, weil der Gletscher auf einem sehr steilen Hang liegt, und durch Lawinen, die direkt unter dem Gipfelkamm abreißen. Das führt zur mechanischen Ablation und schränkt die Gletscherspeisung erheblich ein. Im Fernau-Stadium, als der mittlere Teil des Gletschers die ebenere Oberfläche des Riegels einnahm, wurden vermutlich die Lawinen hier aufgehalten und dienten als zusätzlicher Materialzuschuß für den Gletscher.

Die unterschiedlich alten Moränenkomplexe des Gletschers Jusengi haben sich auch in den Karen der oberen Teile der Talflanken erhalten.

Unterhalb des Sanders des Jusengi-Tales zeigen die Hänge unterschiedliche Profile. Auf dem linken Hang mit östlicher Exposition beträgt unterhalb der Trogschulter in einer Höhe von 2800 m die Hangneigung mehr als 25–30°. Von hier gehen häufig springende Lawinen ab, die die gesamte Baumvegetation auf dem Hang bis zur Mündungsstufe vernichten. An diesem Hang gibt es viele kleine Wasserläufe, die ihren Anfang in den Karen nehmen.

Die rechte Talflanke des Jusengi weist Hänge mit westlicher und südwestlicher Exposition auf, weshalb hier der im Winter gefallene Schnee rasch abtaut und die Prozesse des Bodengefrierens schneller ablaufen können. Der Hang hat ein kompliziertes Profil, das durch die Längsstufen seines Strukturreliefs mit den quer zum Hang liegenden Kartreppen im oberen Teil hervorgerufen wird. Auch hier spielen sich nival-kryogene Prozesse ab, die das urprüngliche Relief überformen. Die unteren Begrenzungen der Kare sind durch zeitweilige Wasserläufe, Lawinen und Solifluktion zerstört. Unterhalb der Kare bildeten sich Blockmeere, Setzungsterrassen und nivale Mikroterrassen. Große Rutschungen, die im unteren Teil des Hanges vorkommen und heute mit Nadelhochwald bewachsen sind, konnten sich nach dem Rückzug der pleistozänen Gletscher entwickeln, als die Hänge vom Seitendruck des mächtigen Eisstromes entlastet waren.

Vom rechten Hang des Jusengi-Tales gehen ebenfalls große Lawinen ab, besonders nach intensiven Schneefällen. Die Hangstufen schaffen die Voraussetzungen für die Bildung von springenden Lawinen mit großer Zerstörungskraft. In der lawinengefährdeten Zone ist vorwiegend eine kleinwüchsige Krautvegetation mit einzelnen Flächen von Goldglänzendem Rhododendron *(Rhododendron aureum)* entwickelt. In einer Höhe von 2400–2550 m sind unter den Felsvorsprüngen im mittleren Teil des Hanges Birken *(Betula litwinowii)* anzutreffen, die den jährlich abgehenden Lawinen ausgesetzt sind. Die Stämme der Birken haben eine typisch säbelartig gebogene Form.

Vom Paß Betscho führt aus Swanetien ein Pfad in das Tal des Jusengi hinunter. Er überquert zunächst den Gletscher, geht dann auf dem rechten Moränenkamm des 19. Jh. weiter und entlang des Flusses bis auf eine Höhe von 2363 m. Hier schneidet sich der Fluß in den Ausbiß des anstehenden Gesteins ein, während der Pfad hangabwärts zur nächsten Stufe in einer Höhe von etwa 2400 m führt. Dort beginnt der Abstieg in das Baksantal über die Stufen des Mündungsteiles. In diesem Bereich steht Kiefernwald, dessen Alter mehr als 200 Jahre beträgt. Auf sehr steilem Hang, unter dem Schutz der alten Kiefern, tritt das zweite Stockwerk der Vegetation in Form von Ebereschen, Birken und Erlen in Erscheinung. An der Einmündung in den Fluß Baksan befindet sich ein Schwemmfächer proluvial-alluvialen Typs. Auf ihm steht das Gebäude des Alpinistenlagers „Baksan". Am linken Ufer des Baksan sind auf sanfter Neigung große, unsortierte und schwach gerundete Geschiebe zu finden. Hier hat das Tal des Baksan eine fast horizontale Oberfläche mit einer Breite von mehr als 500 m. Es ist anzunehmen, daß dies eine pleistozäne Bildung darstellt, die beim Ineinanderfließen der Gletscher Baksan und Jusengi entstand.

5.7.
Adylsu

Der Adylsu ist einer der großen rechten Nebenflüsse des Baksan. Er bildet sich aus dem Zusammenfluß zweier Flüsse, die ihren Anfang von den Gletschern Dshankuat und Baschkara nehmen. Talabwärts nimmt er mehrere Zuflüsse auf. Von rechts sind das nur kleinere Wasserläufe, die aus den mit saisonalem Schnee oder sommerlichen Schneeflecken erfüllten Karen stammen. Von links führen vor allem die aus den Gletschern Germogenow und Kaschkatasch kommenden Bäche dem Adylsu Wasser zu. Außerdem stürzen zahlreiche kleinerer Bäche, die durch das jahreszeitlich bedingte Tauen oder durch Grundwasseraustritte entstehen, die Hänge zum Adylsu hinab. Im unteren Drittel des Adylsu mündet der Fluß Schchelda ein, der den Bereich des größten Gletschers im Einzugsgebiet des Baksan entwässert. Die von Nordwest nach Nord drehende Abflußrichtung des Adylsu schafft bedeutende Unterschiede in der Exposition der Hänge, wirkt sich auf die Vegetation sowie auf die Bodenbildung und die Entwicklung der Hangprozesse aus.

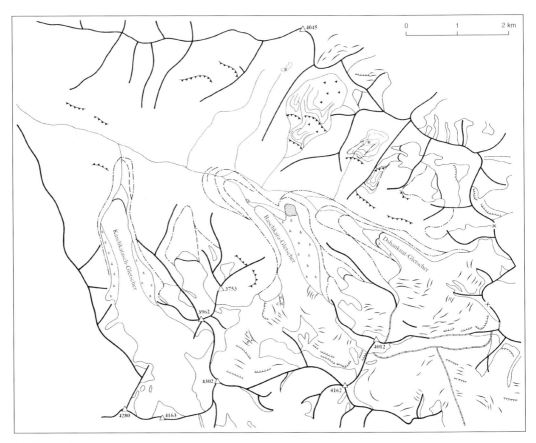

Abbildung 78
Glazialmorphologie des Adylsu-Tales (Zeichenerklärung s. Abb. 65)

Die Mündung des Adylsu in den Baksan befindet sich in einer Höhe von 1768 m. Hier weitet sich das Tal und bildet einen Schwemmfächer vom alluvialen Selityp. Der Baksan schneidet eine Terrasse an, die aus unsortierten und gerundeten Geschieben aufgebaut ist, die Bestandteile von Moränenablagerungen des Adylsu im Spätpleistozän sein könnten.

Das Relief des Adylsu-Tales ist typisch für die Hochgebirgszone des zentralen Kaukasus. Es wird durch alpine Bruchfaltenformen mit scharfgipfligen Kämmen der Wasserscheidenketten charakterisiert, wovon viele die Form von Karlingen aufweisen. Die steilhängigen Ketten sind durch Lawinen und Hangrutschungen herauspräpariert. Häufig haben sie einen stufenförmigen Bau, der durch primäre tektonische Bewegungen und Brüche bedingt ist und außerdem der Einwirkung pleistozäner Gletscher unterworfen war. Deshalb entstanden einige Trogschultern asymmetrisch. Auf den Talböden des Adylsu und seiner Zuflüsse sind Moränenablagerungen verschiedener Entwicklungsstufen der Vergletscherung erhalten geblieben.

Die höchsten Gipfel im Einzugsgebiet des Adylsu liegen in der Wasserscheidenzone der Hauptkette, wobei etliche mehr als 4000 m Höhe erreichen, wie Baschkara 4162 m, Ullukara 4302 m, Pik Kawkas 4270 m, oder die doppelgipflige Uschba mit 4697 m bzw. 4700 m (Anhang, Abb. IV u. V).

Im Einzugsgebiet des Adylsu gibt es 24 Gletscher mit einer Gesamtfläche von 20,4 km². Der am weitesten talaufwärts gelegene Gletscher Dshankuat hat eine Länge von 2,91 km und eine Fläche von ungefähr 2,98 km² (vgl. Kap. 3.4.).

Abbildung 79
Eisstausee des Baschkara-
Gletschers
(Foto: BAUME, 1989)

Der Gletscher Baschkara beginnt in einem Kessel, der von Gipfeln mit Höhen von etwa 4000 m umgeben ist. Die Länge des Gletschers Baschkara beträgt etwas mehr als 4,3 km, und er hat eine Fläche von 3,4 km^2. Er liegt im Schatten steil aufragender Wände und wird von festen Niederschlägen, Schneetreiben und Lawinen gespeist. Der Gletscher beginnt mit einigen steil abfallenden Eisströmen. Die Gletscherzunge des Baschkara hat in ihrem unteren Teil eine Breite von etwa 700 m. Noch Ende der 50er Jahre des 20. Jh. floß ihm von rechts der Gletscher Dshantugan zu, der heute schnell an Größe verliert und als eigenständiger Gletscher existiert.

An allen Gletschern im Einzugsgebiet des Adylsu haben sich Moränenablagerungen der Stadien des Fernau-Maximums und des vorigen Jahrhunderts gut erhalten. Die Höhe der Uferwälle erreicht 100 m. Sie lassen die Konturen der Gletscher fast bis zur Höhe der rezenten Schneegrenze rekonstruieren (Abb. 78). Die Moränenwälle sind aus unsortierten Geschieben kristalliner Gesteine aufgebaut, die hauptsächlich aus für den Hauptkamm typischen, grauen Graniten bestehen. An den Innenseiten der Moränenwälle sind kleine Erosionsfurchen ausgebildet, in denen das Regenwasser abfließt und die ihre Zerstörung bewirken. Ältere Moränen, etwa aus dem historischen Stadium, konnten bisher nicht nachgewiesen werden, da die intensiven Hangabtragungsprozesse im Adylsu-Tal diese wahrscheinlich vernichtet haben.

Die Gletschergrenzen des Fernau-Stadiums (14.–17. Jh.) wurden auf Grund geomorphologischer und geobotanischer Merkmale (Lichenometrie) bestimmt. In der Regel sind die Ufermoränen am besten erhalten. Die Endmoränenwälle sind durch Gerinnebett- oder Seliströme verwaschen. Nur in einzelnen Teilen sind sie am Gletscher Baschkara in 2250 m Höhe noch gut erkennbar. Im Fernau-Maximum flossen die Gletscher Baschkara, Dshankuat und Dshantugan zusammen und bildeten einen gemeinsamen Eisstrom, dessen seitliche Begrenzungen deutlich erhalten sind (Abb. 78). Nach dem Maximalvorstoß im 17. Jh. begann der Rückzug mit der Abtrennung des Gletschers Dshankuat. Während des Vorstoßstadiums der Gletscher in der Mitte des 19. Jh. blieb der Dshankuat ein selbständiger Talgletscher, der seine eigenen End- und Seitenmoränen bildete.

Ende des 19. Jh. bis Anfang des 20. Jh. wurde der Gletscher Baschkara von deutschen Wissenschaftlern untersucht. Fotos und Beobachtungsergebnisse wurden veröffentlicht (BURMESTER 1913/14). Damals, so kann man den Berichten entnehmen, begann der Rückzug des Gletschers, der vom Endmoränenwall des 19. Jh. abrückte und noch drei stadiale Moränen mit etwa gleichem Abstand zueinander bildete. Am frontalen Teil der Zunge betrug die Eisdicke mehr als 25–30 m. Am Rande erhielt sich Toteis, das von Moränenmaterial bedeckt war. Auf dem Gletscher wurden in den Jahren 1932–1933 glaziologische Beobachtungen durchgeführt,

Abbildung 80
Selimaterial im Flußbett des Adylsu, oberhalb des Sportlagers „Dshantugan"
(Foto: BAUME, 1989)

die Daten über die Geschwindigkeit der Eisbewegung lieferten. Sie betrug im mittleren Teil des Gletschers etwa 30 m/a und direkt unter der Wand des Baschkara-Gipfels mehr als 60 m/a.

Gegenwärtig ist der Achsenbereich der Oberfläche des Baschkara-Gletschers frei von einer Moränendecke, während er von der Seite des Dshankuat-Gletschers moränenbedeckt ist. Die Gletscherzunge ist übersät mit Auswaschungsrillen von Gletscherschmelzwässern, die auf dem Eis fließen oder in 50 m tiefe Gletschertöpfe stürzen. Während des Ablationsmaximums im Juli erreicht die Abschmelzintensität 10 bis 15 cm/Tag. Der Gletscher zieht sich langsam zurück und hinterläßt Toteis und Sander, die zeitweilig von kleineren Seen erfüllt sind. Der rezente Baschkara-Gletscher kalbt in einen Eisstausee, der durch die eigene Ufermoräne des 19. Jh. aufgestaut wird (Abb. 78 u. 79; Anhang, Abb. XII).

Vom Nordhang fließt ein typischer Talgletscher, der Kaschkatasch, ins Tal des Adylsu hinein. Er ist vom Weg zum Alpinistenlager „Dshantugan" zu sehen und liegt auf einem 50–60 m hohen Riegel in einer Umrahmung von hohen Ufermoränenwällen der Stadien des 19. Jh. Häufig gehen Eisstürze von dem hohen, steil aufragenden Eisrand ab. Der Gletscher Kaschkatasch hat eine Länge von 4,6 km und eine Fläche von etwa 2,5 km². Er verkürzt sich extrem rasch, im Mittel um 50–70 m im Jahr. In der Mitte des 19. Jh. reichte der Gletscher bis zum Bett des Flusses Adylsu hinunter und hinterließ

hohe Ufermoränen. Wahrscheinlich war hier sogar ein Eisaufbruch. Am Ende des 19. Jh. begann sein Rückzug. MERZBACHER (1912) zeichnete zu Beginn unseres Jahrhunderts eine Karte des Gletschers, dessen Ende in einer Höhe von 2800 m lag, während sich die Moränenablagerungen der Mitte des 19. Jh. noch in einer Höhe von etwa 2350 m befanden.

Ende des 19. Jh. setzte der bis heute in den meisten Fällen anhaltende Rückzug der Gletscher ein. Die freiwerdende Oberfläche begann sich allmählich mit einer Vegetationsdecke zu überziehen. Vor dem Gletscher Dshankuat ist in 2750–2600 m Höhe auf einem fluvioglazialen Sanderfeld aus Geröllen und Sanden eine schüttere Hochgebirgs-Kräutervegetation entwickelt. Flußabwärts treten an den Hängen der Moränenwälle und auf dem Talboden in Höhen von 2700–2550 m fragmentarisch subalpine Wiesen, Zwergbirke *(Betula nana)* und Weide *(Salix L.)* auf. Stellenweise ist auch Rhododendron anzutreffen, und zum Sommerausgang gibt es hier viele Pilze. Im unteren Hangbereich wachsen reichlich boreale Baumarten und Elemente der Hochgrasvegetation. An den Talhängen, an denen vor allem Lawinen, aber auch vereinzelt Steinschläge und Rutschungen auftreten, halten sich nur Büsche und Birkenkrummholz gemeinsam mit Eberesche, Erle und Weide. An den Hängen mit nördlicher Exposition, außerhalb der Lawinenherde, erstreckt sich bis 2400 m Höhe ein Kiefernwald. Auf den südlichen Hängen ist die Waldgrenze nicht durchgehend ausgebildet. Häufiger trifft man einzelne Kieferngruppen oder Pionierbäume, die sich bis in Höhen von 2500–2600 m verfolgen lassen.

Die Talhänge sind extrem lawinengefährdet. Im Winter gehen die Lawinen vorwiegend von trockenem, frisch gefallenem Schnee ab. An den südexponierten Hängen entstehen häufig auch Lawinen aus nassem Schnee, die sich infolge des Insolationsaufheizens oder der allgemeinen Wärmeadvektion entwickeln. In der Nähe des Sportlagers „Dshantugan" hat eine selten auftretende springende Lawine katastrophale Folgen gezeitigt. Fast alle Lawinen queren die Wege und Pfade. Deshalb ist dieses Tal im Winter außerordentlich gefährlich für Touristen und Alpinisten. Die Lawinen vernichten den Kiefernhochwald und schlagen an den Hängen „Wunden" von 500–800 m Breite. Die Lawinengefahr hält sich in der Regel von November bis Mai.

Im Adylsu-Tal treten häufig Schlammströme auf, und zwar im Juli und August, wenn das Tauen der Gletscher sein Maximum erreicht und gleichzeitig Sturzregen niedergehen. Im allgemeinen handelt es sich dabei um Starkregenseli oder glaziale Seli. Sie fließen auf dem Talboden und hinterlassen große Akkumulationsflächen aus Lockermaterial (Abb. 80). Eine potentielle Seligefahr birgt auch der See am Gletscher Baschkara, der durch den Moränenwall des 19. Jh. aufgestaut wird. Wenn der See überläuft und die Moränen bei intensiver Durchfeuchtung brechen, kann ein verheerender Selstrom wie der aus dem Jahre 1979 entstehen. Die Wahrscheinlichkeit der Wiederholung eines solchen Ereignisses wächst in dem Maße, wie der Baschkara-Gletscher zurückschmilzt und das Gletschereis im See taut.

Das Adylsu-Tal ist bei Alpinisten und Hochgebirgstouristen ungemein beliebt. Hier, im Kammbereich der Hochkaukasus-Kette, liegen die bekanntesten und am schwersten zugänglichen Gipfel des Kaukasus. Die Pässe sind für trainierte Reisende relativ leicht zu erreichen, wenn die Lage der Gletscherspalten bekannt ist und einige Fertigkeiten zu ihrer Überwindung vorhanden sind. Im Winter können im Adylsu-Tal „Helio-sky"-Skitouren unternommen werden, die auf dem Gletscherplateau des Dshantugan in fast 4000 m Höhe beginnen und über den Gletscher Dshankuat bis hin zur Seljonaja Gostiniza („Grünes Hotel") und weiter talabwärts führen. Alle Hochgebirgstouren sollten nur mit spezieller Ausrüstung und erst nach entsprechendem Training unternommen werden, und die Lawinenwarnungen im Wetterbericht sind unbedingt zu beachten. Im Sommer läßt es sich sehr angenehm auf dem Talboden wandern, wo man reiche alpine Wiesen sehen und reines Gebirgswasser aus Mineralquellen trinken kann, die direkt am Gerinnebett des Hauptflusses unterhalb des Gletschers Kaschkatasch entspringen. Von der Mündung des Flusses Adylsu in den Baksan bis zum Alpinistenlager „Elbrus" gibt es eine asphaltierte Straße, die von einem unbefestigten Sommerweg bis zum Lager „Dshantugan" hinauf abgelöst wird. Im Winter gehen auf diesem Weg nach Schneefällen jedoch oft kräftige Lawinen zu Tal, die Schneeanhäufungen von 5–7 m Höhe erzeugen. Der Lawinenschnee hält sich an den schattigen Stellen zum Teil bis zum Sommerende. Die größte Gefahr bildet der Lawinenabgang unterhalb des Alpinistenlagers „Schchelda". In diesem Lager ist eine Abteilung des Bergrettungsdienstes stationiert.

5.8.
Schchelda

Der Fluß Schchelda ist der größte linke Zufluß des Adylsu. Das Tal beginnt im Bereich des Gletschers Schchelda unter den Steilwänden der Hauptkette. Hier befinden sich die höchsten Bergspitzen, u. a. der Gipfel Schchelda, ein Grat mit einzelnen Spitzen von 4370 m, 4238 m und 4158 m Höhe, der Pik Schurowski mit 4012 m und der Tschatyntau mit 4412 m. Von hier aus schwenkt der Wasserscheidenkamm der Hauptkette unvermittelt nach Norden zum Pik Kawkas mit 4270 m Höhe (Abb. 19). Ein Abzweig des Hauptkammes trennt das Tal der Schchelda vom Tal des Kaschkatasch im Osten. Im Westen ist das Tal der Schchelda vom Jusengi-Tal durch einen Abzweig von der Hauptkette mit Höhen von 3500–3800 m getrennt.

Der Schchelda-Gipfel ist Teil eines Horstmassivs, das durch tektonische Bruchstörungen in einzelne Blöcke zerlegt wurde. An ihnen gehen Blattverschiebungen vor sich, die ein kompliziertes Muster von Felsspalten und Brüchen bilden. In diesem Teil der Hauptkette können die neotektonischen Bewegungen wahrschein-

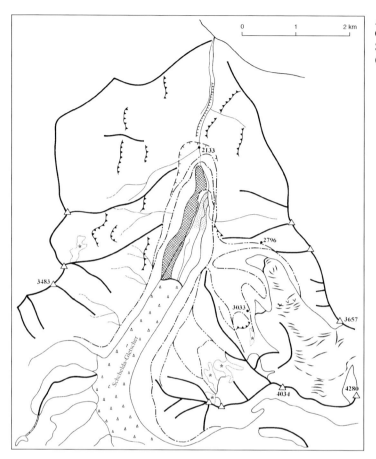

Abbildung 81
Glazialmorphologie des
Schchelda-Tales
(Zeichenerklärung s. Abb. 65)

lich ihre größten Ausmaße mit 7–10 mm im Jahr erreichen (BAŠENINA 1974).

Der größte Gletscher im Einzugsgebiet des Baksan ist der Schchelda-Gletscher mit einer Länge von 9,7 km und einer Fläche von ca. 5,6 km². Das Zungenende hat mit 2330 m die geringste Höhe aller Gletscher des Elbrusgebietes.

Der Schchelda-Gletscher ist ein kompliziert aufgebauter Talgletscher, der Nebengletscher vom Gipfel Aksu sowie vom Pik Schurowski und aus dem weiten Firnplateau der Uschba aufnimmt, das in einer Höhe von 4200 m unter dem Gipfel Tschatyntau liegt. Vom Uschba-Plateau zieht sich der Gletscher in einem engen, steilen Gletscherbruch herunter, unter dem die Oberfläche ein Stufenprofil aufweist.

Die Gletscheroberfläche ist etwa von der Grenze des Nährgebietes in einer Höhe von 2800 m bis zum Zungenende mit einem Moränenmantel bedeckt, dessen Mächtigkeit an einzelnen Stellen 2–3 m erreicht. Hieraus folgt, daß die Oberflächenablation auf dem Gletscher gegen Null tendiert. Das obere Trümmermaterial erwärmt sich durch die Einstrahlung, was in der Gegenwart sogar zur Bodenbildung auf der Gletscheroberfläche und zur Ansiedlung einzelner Exemplare von Kiefern, Zwergweiden, Netzweiden, Kriechweiden und Birken in einer Höhe von 2500–2550 m führte.

Die Bildungen der Obermoräne erklären die Besonderheiten der Ernährung des Gletschers. Auf der Haupteinnahmeseite stehen Schnee-Eisstürze von den Steilhängen der Gebirgsumrandung. In die Eislawinen sind Felstrümmer eingeschlossen, die sich bei der Eisbewegung auf der Gletscheroberfläche konzentrieren. Jedoch spielen bei der Akkumulation von Schuttmaterial gewaltige Felsstürze die größte Rolle, die in diesem Gebiet von der ortsansässigen Bevölkerung und Alpinisten immer wieder beobachtet wurden. Blöcke mit einem Durchmesser von 4–6 m haben sich auf der Gletscheroberfläche infolge des Bergsturzes von 1863 (DINNIK 1890) abgelagert. Sie rollten weit talabwärts und riefen ein verheerendes Hochwasser hervor, das sich in einen Selstrom verwandelte, der das Tal des Adylsu erreichte. Im Jahre 1957 wurde der bekannte georgische Alpinist M. CHRGIANI von einem Bergsturz vom linken Hang im mittleren Teil der Zunge des Schchelda-Gletschers überrascht und blieb wie durch ein Wunder am Leben. Er berichtete, daß ein riesiger Felsblock herabstürzte. Einzelne Bruchstücke mit einer Größe von 3–5 m rollten bis zur rechten Talflanke und dann gletscherabwärts über einige hundert Meter weit. Das Getöse der herabstürzenden Steine wurde bis in den Unterlauf des Tales getragen und blieb im Gedächtnis der Einwohner haften.

Das maximale Vorrücken des Gletschers während des Fernau-Stadiums wird durch einen Wall markiert, der in einer Entfernung von etwa 50–70 m vom Wall aus der Mitte des 19. Jh. in einer Höhe von 2150–2140 m liegt. Der Umstand, daß die Moränen nicht allzuweit voneinander entfernt sind, läßt sich mit dem ähnlichen Ausmaß der Vergletscherung und der langsamen Schrumpfung des Schchelda-Gletschers erklären, der auch in vergangenen Zeiten durch eine Moränenhülle bedeckt war. Der Moränenwall des Fernau-Stadiums ist bedeutend höher und wesentlich breiter als der Wall des 19. Jh. Er ist ebenfalls von Nadelwald bestanden, dessen Alter mehr als 150 Jahre beträgt. Ein großer Teil des Waldes ist von der ortsansässigen Bevölkerung abgeholzt worden, um unter dem Schutz des Walles einen Pferch für den Viehaustrieb zu bauen. Außerdem gehen von der linken Talflanke springende Lawinen auf dieses Areal nieder.

Das Gletscherende des Stadiums aus der Mitte des 19. Jh. befand sich in einer Höhe von 2160 m (Abb. 81). Am Ende des 19. Jh. besuchten die deutschen Wissenschaftler MERZBACHER, DINNIK, POGGENPOHL', DÉCHY und BURMESTER das Schchelda-Tal. In den Archiven der glaziologischen Annalen gibt es Fotos, die DÉCHY im Jahre 1886 aufgenommen hat (Abb. 39). Von BURMESTER (1913) stammt die erste Karte des Schchelda-Gletschers (Anhang, Faksimile 1). Im Jahre 1885 lag das Gletscherende in einer Höhe von etwa 2200 m. Der Gletscher hatte eine ziemlich steile Stirn, aber sein Rückzug war schon deutlich feststellbar. Am Gletscherende siedelte sich bereits Kiefernjungwuchs an. Die gesamte Eisoberfläche war von großen Blöcken grauer Granite bedeckt. Aus der rechten Seite floß ein Bach heraus, die Quelle des Flusses Schchelda. Vor der Gletscherfront bildete sich ein Moränenwall mit einer Höhe von 15 m aus großen Bruchstücken, die durch Schutt und Sand zementiert waren. Im Jahre 1931 besuchte S. P. SOLOV'ËV den Schchelda-Gletscher und stellte fest, daß diese Moräne kantige Geschiebe aus Granodioriten und kristallinen Schiefern unterschiedlicher Größe abgesetzt hatte. Insgesamt überwogen sehr große Bruchstücke. Die Moräne trug bereits jungen Kiefernwald mit einem Alter von 20–25 Jahren (SOLOV'ËV 1935). Zwischen den Moränenwällen der 30er Jahre unseres Jahrhunderts und demjenigen vom Ende des 19. Jh. bildete sich ein Sander, der aus Grobsand und Schottern aufgebaut ist und in dem einer der Stromfäden des Flusses Schchelda mäandriert.

Die Gletscheroberfläche weist sowohl im 19. Jh. als auch gegenwärtig außer dem Bergschrund an den oberen Talflanken und den Längsspalten, die durch oberflächige Wasserläufe ausgewaschen werden, kaum Spalten auf. In einer Höhe von 2600 m bildete sich auf der Gletscheroberfläche ein Wall, der kinematischen Wellen ähnelt. Allerdings ist auf der Karte des Jahres 1913 (BURMESTER) hier ebenfalls ein Wall eingetragen, der ein Auftragen des anstehenden Gesteins im Untergrundrelief annehmen läßt. Parallel zur rechten und linken Gletscherflanke erstrecken sich deutlich ausgebildete Kämme der Ufermoränen bis zu einer Höhe von etwa 2900 m. Sie können dem Fernau-Stadium (17. Jh.) zugeordnet werden. In der Mitte des 19. Jh. hatte der Gletscher annähernd dieselben Grenzen, da er sich durch geringe Schwankungsbeträge auszeichnet (Abb. 81). An der rechten Gletscherflanke, vor der Einmündung des Seitenbaches Bscheduch, liegen die Ufermoränen in zwei Höhenniveaus, die durch eine Rinne voneinander getrennt sind. Das untere, gletschernahe Niveau markiert exakt die Eisgrenze des 19. Jh. Im Bereich der Mündung des Gletschers Bscheduch sind die Moränenkämme des 19. Jh. zerstört, und es haben sich neue Wälle des rezenten Gletschers gebildet.

Abbildung 82
Das Schchelda-Tal mit der bewaldeten Endmoräne und der Ufermoräne des 19. Jh.
(Foto: BAUME, 1994)

Im Vorfeld des Gletschers Schchelda wachsen zwischen den Moränenwällen seit dem Ende des 19. Jh. Kiefern, deren Alter mit 100 Jahren bestimmt wurde (Abb. 82). Das Relief dieses Abschnittes mit Hügeln und Senken sowie mit Quellwasseraustritten spricht für die lange Erhaltung von Toteis. Zwischen dem Wall vom Ende des 19. Jh. und dem heutigen Gletscherende in einer Höhe von etwa 2330 m ist die gesamte Fläche mit grobblockigem, ungerundetem Moränenmaterial übersät, aus dem Formen, die an Längs- und Querwälle erinnern, gebildet worden sind. An einigen Stellen zwischen ihnen haben sich Reste kleinerer, ehemals oder noch mit Wasser gefüllter Senken erhalten. Die Gletscherschmelzwässer mäandrieren zwischen den Wällen. Am Ende des Sommers ist der Gletscherbach wegen des Tauens selbst am Gletscherrand nur schwer passierbar. Die Front des rezenten Gletschers ist relativ steil, und vor ihr bildet sich ein Wall aus Ablationsmoräne, die bereits durch einen Wasserlauf ausgewaschen wird.

Das Wasser bricht aus einem grottenähnlichen Gletschertor hervor, dessen Höhe sich von Jahr zu Jahr verändert und im Jahre 1994 3 m betrug. Der Austrittsort verändert sich ebenfalls ständig. Die Grotte befand sich in den 80er Jahren an der rechten Gletscherflanke und liegt heute im Zentrum. Vom Hang des Gletschers Bschedüch ging im Sommer 1994 ein Selstrom ab, der den Gletscherrand des Schchelda-Gletschers unterspülte. Er vernichtete die alte Grotte und veränderte das Relief des Gletschervorfeldes ganz erheblich.

Ein Bach, der vom linken Talhang aus einem deformierten Kar kommt, trennt die Moränenwälle des Fernau- und des historischen Stadiums. Der Wall des historischen Stadiums wird durch das Bachbett angeschnitten, was einen Blick in seinen Aufbau gestattet. Er wird von großen Blöcken grauer Granite und Granodiorite, die typisch für das Schchelda-Gebiet sind, gebildet. Sie weisen erste Anzeichen einer Rundung auf, sind nicht sortiert und durch Geröll und Grobsand zementiert. Der Wall befindet sich in einer Höhe von 2200 m.

Der spätpleistozäne Schchelda-Gletscher reichte wahrscheinlich bis zu den unteren Riegelkanten hinauf (Abb. 81). Das Hängetal des Baches, das den Moränenwall des pleistozänen Schchelda-Gletschers zerschneidet, wurde noch in historischer Zeit von einem Kar-Talgletscher eingenommen, der dann selbst in den Hauptgletscher mündete. Davon zeugen bis heute die Wälle der Ufermoränen an den Bachflanken und die hohe Stauchmoräne an seiner Mündung. Die Mündung des Baches liegt in einer Höhe von 2133 m.

Flußabwärts hat das Tal einen meridionalen Verlauf mit einem von Süd nach Nord gestreckten Gerinnebett. Es liegt auf einem tektonischen Bruch, der durch Gletscher weiter überprägt wurde. Deshalb ist hier eine markante Trogform der Hänge ausgebildet. Der Fluß fließt in einem schmalen Tal mit einem nicht ausgearbeiteten Längsprofil, mit Stromschnellen, die mit großen Blöcken verbaut sind.

Vom rezenten Endmoränenwall bis zur Mündung ist das Schchelda-Tal ein typischer Trog mit asymmetrischen Hängen. Am gesamten Bett des unteren Flußabschnittes zieht sich eine etwa 100 m hohe Terrasse hin, die sich am linken Ufer am besten erhalten hat. Sie wird durch gerundete, unsortierte Geschiebe verschiedener Größe gebildet, wobei die großen Durchmesser überwiegen. Diese Terrasse weist die allgemeinen Merkmale der spätpleistozänen Moräne des Gletschers Adylsu an der Mündung in das Baksantal auf.

Beim Eintritt der Schchelda in das Haupttal des Adylsu bildete sich eine Mündungsstufe mit einer Höhe von mehr als 50 m, in die sich der Fluß eingeschnitten hat. Am Einschnitt der Mündungsstufe ist zu sehen, daß sich auf dem anstehenden kristallinen Gestein eine alte Lockerserie aus unsortierten großen Geschieben mit Flußgeröllen, Schutt und Sand abgelagert hat. Hier war vermutlich der Halt oder der Aufstau des spätpleistozänen Schchelda-Gletschers. Zu dieser Annahme führen geomorphologische Besonderheiten dieser Ablagerungen und die Vegetation auf ihnen. Ein Großteil der Lockermaterialien wurde später, im vorigen Jahrhundert, durch Selströme aus dem Schchelda-Tal herausgetragen. Darüber gibt es Augenzeugenberichte, die von DINNIK (1890) festgehalten wurden.

Auf der beschriebenen Terrasse mit einer Breite bis zu 50 m wächst ein alter Kiefernwald. Die Kronen der Kiefern haben ein fahnenartiges Aussehen und sind ständig der Einwirkung von Lawinen ausgesetzt.

Der rechte Hang des Schchelda-Tales ist steil und hat den Charakter einer Verwerfung. Geradlinige erosive Wasserleiten, die auf tektonischen Spalten angelegt sind, stürzen den Hang hinab. Im Winter gehen hier häufig Lawinen nieder, deren Volumen jedoch gering ist, weil sich Schneesammler infolge der Jugendlichkeit des Reliefs noch nicht ausbilden konnten. Der linke, nicht ganz so steile Hang hat ein Stufenprofil, das durch die Trogschultern in Höhen von etwa 3000 m und 2500 m verstärkt wird. Zweifellos haben jedoch die großen Blockbewegungen das primäre Antlitz des Hanges vorausbestimmt. Die Karnischen, die über 3000 m hoch liegen, haben heute keine Gletscher mehr, sondern enthalten nur noch Schneeflecken.

An diesen Hängen nehmen die Lawinen ihren Ursprung. Durch den Stufencharakter des Reliefs erreichen sie eine hohe Geschwindigkeit und Zerstörungskraft. Der Kiefernwald hat sich auf diesem Hang nur in seinem unteren Teil unter dem Schutz von Felsvorsprüngen erhalten. Im Jahre 1987 ging hier eine sehr große Lawine zu Tal und vernichtete den Wald, in dem einzelne Kiefern ein Alter von 350–370 Jahren hatten. Der Kiefernwald wird heute durch Birkenknieholz ersetzt, in dem Lawinen ebenfalls schon ihre Spuren hinterlassen haben.

Im Tal der Schchelda schlängelt sich ein Pfad von den Alpinistenlagern „Schchelda" und „Elbrus" bis zum Gletscher hinauf, auf dem jährlich Tausende von Touristen emporsteigen. Durch dieses Tal führt auch der Weg auf die Gipfel Schchelda und Uschba. Somit bietet das Schchelda-Tal ausgezeichnete Rekreationsbedingungen.

6. Der Nationalpark „Elbrusgebiet"

OLGA N. VOLODIČEVA

Im Jahre 1986 wurde der Nationalpark „Elbrusgebiet" gegründet. Seine Gesamtfläche beträgt 100 400 ha, wovon ein beträchtlicher Teil nördlich der Elbrusregion im Einzugsgebiet der Malka liegt. Etwa 30 % des Nationalparks werden landwirtschaftlich genutzt. Der Zeitraum 1960 bis 1980 war durch eine intensive Erschließung für den Tourismus gekennzeichnet – ein Einfluß, der sich auf alle Naturräume des Elbrusgebietes ausweitete. Die große räumliche Differenziertheit der natürlichen Bedingungen und Ressourcen sowie die wichtigsten Nutzungsformen bestimmen auch die Hauptaufgaben, die sich die Parkverwaltung stellt:

– Erhaltung bzw. Renaturierung der natürlichen Umwelt,
– Erhaltung bzw. Schaffung von historischen und Kulturdenkmälern unter Berücksichtigung von Traditionen und Bräuchen der ortsansässigen Bevölkerung,
– Entwicklung von Tourismus und Alpinismus in umweltverträglichen Formen,
– Aufklärungs- und Öffentlichkeitsarbeit mit Hilfe von Museen, Ausstellungen, Exkursionen u. ä. zur Theorie und Praxis des Naturschutzes sowie zum kulturellen Erbe der balkarischen Region,
– Ausarbeitung und Anwendung wissenschaftlicher Methoden zum Schutz und zur Erhaltung der natürlichen Umwelt.

Eine wichtige Grundlage für die Erfüllung dieser Aufgaben bildet die Gliederung des Nationalparks in verschiedene funktionale Zonen. Eine solche funktionale Gliederung berücksichtigt die Naturraumtypen in ihrer natürlichen Ausstattung sowie ihre Stabilität gegenüber den verschiedenen anthropogenen Einflüssen und bezieht die jeweilige aktuelle Nutzung mit ein. Im Elbrusgebiet, das zum größten Teil von glazial-nivalen Landschaften eingenommen wird, spielen die Gletscher und der glaziale Formenschatz in der Rekreationsmotivation eine entscheidende Rolle. Praktisch sind alle Erholungsaktivitäten im Elbrusgebiet auf glazial-nivale Erscheinungen mit ihren kognitiven und attraktiven Elementen ausgerichtet.

Von BIČEKUEVA (1987) wurden vier Typen funktionaler Zonen in Nationalparks aufgestellt:

– Naturschutzzone,
– Rekreationszone,
– Pufferzone,
– Landwirtschaftszone.

Für den Nationalpark „Elbrusgebiet" ergeben sich daraus folgende funktionale Zonen und Subzonen (Abb. 83, Tab. 21):

1. Zone der Natur- und Landschaftsschutzgebiete:
   – Waldwiesen,
   – Waldgebiete auf lawinengefährdeten Hängen,
   – subnivale Gebiete,
   – Gletschergebiete.

2. Zone der gesteuerten Rekreation:
   – Talwanderrouten,
   – Touristenzentren,
   – Hochgebirgswanderrouten, Skiwanderrouten.

3. Zone der ungesteuerten Rekreation:
   – alpinistische Kletterrouten,
   – Hochgebirgswanderrouten an schwer zugänglichen Hängen und in Gletschernähe.

Der Nationalpark „Elbrusgebiet"

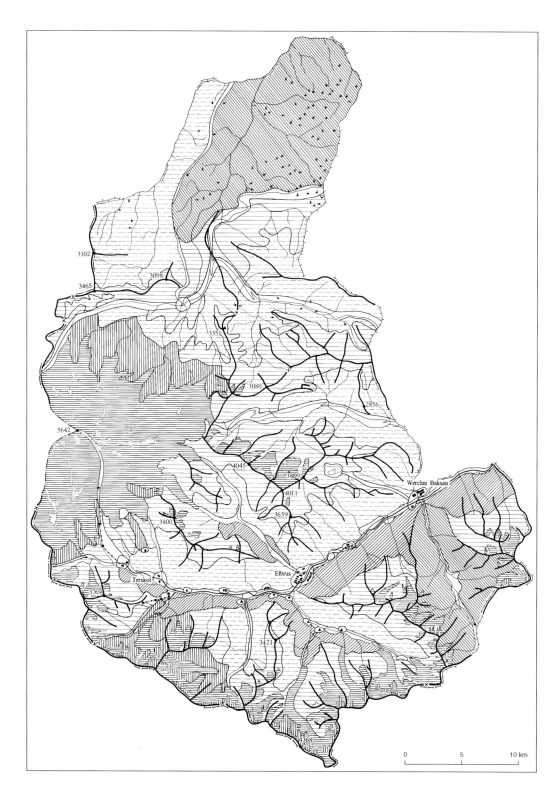

Der Nationalpark „Elbrusgebiet" 155

4. Zone der landwirtschaftlichen Nutzung und Siedlungen:
   - Wiesen und Weiden,
   - bebaute Flächen, Siedlungen.

Die Zone der Natur- und Landschaftsschutzgebiete umfaßt Flächen, in denen jegliche wirtschaftliche Nutzung verboten ist. Die wenigen Wanderrouten führen über festgelegte Pfade. In der Waldwiesen-Subzone sind die wertvollen alten Kiefernbestände eingeschlossen, wie beispielsweise im Adyrsu-Tal. Hauptaufgabe in dieser Subzone sind die Erhaltung und der Schutz der Umwelt im Naturzustand. Dadurch können auch die notwendigen wissenschaftlichen Untersuchungen zur Kontrolle der Wälder oder zum Vergleich mit Waldgebieten, die unter Erholungsnutzung stehen, durchgeführt werden. Außerdem werden hier die entsprechenden Wildtierbestände erfaßt und untersucht.

Die Subzone der Wälder auf lawinengefährdeten Hängen steht unter besonderem Schutz, da jeder anthropogene Eingriff die Lawinengefahr erhöhen würde oder unkontrollierbare Hangprozesse auslösen könnte.

Die subnivalen Gebiete, die in der subnivalen Höhenstufe, oft in unmittelbarer Nähe zu den Gletschern liegen, sind ebenfalls besonders zu schützen. Eine massive Rekreationsnutzung würde auch hier Hangprozesse aktivieren, die bis hin zu Katastrophen führen können (Seli). Die Gletscher selbst sind als typischste Naturerscheinung im Nationalpark schützenswert. Sie machen letztlich die Einmaligkeit der Landschaften im Elbrusgebiet aus.

Die Ausgliederung von zwei Rekreationszonen, einer gesteuerten und einer ungesteuerten, entspricht der realen Situation. Eine zahlenmäßige Kontrolle der Besucher des Nationalparks ist nur dort möglich, wo Hotels, Alpinisten- oder Touristenlager existieren. Die vielen Camper und die Anzahl von in letzter Zeit stark zunehmenden Händlern sind schwer erfaßbar. Eine derartige Unterscheidung zwischen gesteuerter und ungesteuerter Rekreation ist auch bei den verschiedenen Wander-, Kletter- und Skirouten erforderlich. Zur gesteuerten Rekreation gehört z. B. das limitierte Bebauen von Flächen für touristische Zwecke.

Die Subzone der Wiesen- und Weidenutzung nimmt mit 30 % gegenwärtig eine relativ große Fläche im Nationalpark ein. Dabei handelt es sich größtenteils um alpine und subalpine Wiesen, die zwar oftmals weitab von den Hauptwegen und Siedlungsgebieten liegen, aber intensiv beweidet werden. Die Siedlungen und anderweitig bebaute Flächen befinden sich in den Talsohlen oder auf den unteren Hangabschnitten.

Erhaltung und Schutz von Flora und Fauna lassen sich am besten in den Naturschutzgebieten der ersten funktionalen Zone realisieren. Aber auch in den anderen Zonen steht der Arten- und Biotopschutz an vorderster Stelle.

Einschneidende Maßnahmen sind dagegen bei der Beweidung notwendig, da sich an vie-

Abbildung 83
Nationalpark „Elbrusgebiet"

- Gletschergebiet
- Subnivales Gebiet
- Waldgebiet auf steilen, lawinengefährdeten Hängen
- Waldwiese
- Touristenzentrum
- Talwanderroute
- Zone ungesteuerter Rekreation
- Bebaute Fläche und Siedlung
- Wiese und Weide
- Grenze des Nationalparks
- Gebirgskamm
- Paß
- Fluß
- See
- Mineralquelle
- Gletscherlage 1993
- • 5642 Höhe in HN
- Alpinistenlager, wissenschaftliche Station
- Siedlung
- Straße, Weg
- Seilbahn, Sessellift

Funktionale Zone	Subzone	Landschaftshöhenstufe	Nutzungsform	Maßnahmen des Naturschutzes
1	2	3	4	5
1. Zone der Natur- und Landschaftsschutzgebiete	Waldwiesen, Waldgebiete auf lawinengefährdeten Hängen, subnivale Gebiete, Gletschergebiete	Gebirgsnadelwaldstufe, Gebirgswiesenstufe, subnivale Stufe, nival-glaziale Stufe		Lawinenverbauung, Bodenverfestigung, Aufforstung, Campingverbot, Müllbehälter
2. Zone der gesteuerten Rekreation	Talwanderrouten, Touristenzentren, Hochgebirgswanderrouten und Skiwanderrouten	Gebirgsnadelwaldstufe, Gebirgswiesenstufe	Tourismus, Alpinismus, Hotels sowie Alpinisten- und Touristenlager, Straßen und Wege, Viehweide, Mähwiese	Naturlehrpfade, Wegemarkierung
3. Zone der ungesteuerten Rekreation	alpinistische Kletterrouten, Hochgebirgswanderrouten an schwer zugänglichen Berghängen und in Gletschernähe	Gebirgswiesenstufe, nival-glaziale Stufe	ungesteuerter Tourismus und Alpinismus, Camping	Einrichtung von Campingplätzen, Wegemarkierung
4. Zone der landwirtschaftlichen Nutzung und Siedlungen	Wiesen und Weiden, bebaute Flächen und Siedlungen	Gebirgswiesensteppenstufe, Gebirgswiesenstufe	Viehweide, Mähwiese, Stallungen, Wohngebäude	widerstandsfähigere Grasarten, Aufforstungen, Einrichtung von Nichtweideflächen, Beweidungsnormen, Hangbefestigung

Tabelle 21
Funktionale Gliederung des Nationalparks „Elbrusgebiet"

len Stellen bereits die Folgen einer Überweidung zeigen. Nach Vernichtung der schützenden Vegetationsdecke setzen rasch Hangprozesse wie Solifluktion, Rasenschälen, Rutschungen oder gar Lawinentätigkeit ein. Die als Viehweide genutzte Wiesenfläche hat in den letzten Jahren wesentlich zugenommen. Vor 1990 weideten im Baksantal praktisch keine Rinder. Danach nahm, sicher bedingt durch die gesellschaftliche Umgestaltung, die Haltung von Rindern enorm zu. Heute weidet das Vieh in den Talbereichen bis in Höhen der Waldwiese Asau (2350 m). Dadurch werden vor allem der Waldunterwuchs und die Rasendecke zerstört, was am gegenüber der Ortschaft Terskol liegenden Tscheget-Hang bereits zu verstärkten Lawinenabgängen führte.

Die Bedingungen für einen Ausbau des Tourismus sind im Nationalpark zwar gegeben, jedoch muß dabei dem regulierenden Faktor mehr Aufmerksamkeit geschenkt werden. Bis zum Jahre 1990 nahm der Touristenstrom ständig zu. Es wurden neue Hotels, Alpinistenlager, Zeltplätze u. a. errichtet, wodurch sich die Belastung der Landschaft erhöhte. Die Anzahl der Erholungsuchenden betrug im Winter mehr als 5000, und im Sommer stieg sie auf über 7000. Damit wurden die für den Nationalpark vorgegebenen Grenzen von 5000 bzw. 7000 Touristen pro Jahr überschritten. Die kräftige Zunahme des individuellen Fahrzeugverkehrs im Elbrusgebiet führte zur Degradation der Naturräume entlang der Verkehrstrassen. Es wurden Erkrankungen an den Kiefernbeständen sowie die Anreicherung von Schadstoffen in den Früchten des Sanddorns und anderen Beeren nachgewiesen.

Ein weiteres Problem ist die Abfallbeseitigung. Vor allem auf den viel begangenen Touristenrouten häuft sich Müll, auf den Camping- und Biwakplätzen entstehen wilde Müllkippen. Trotz einzelner Aktionen der Nationalparkverwaltung und Alpinistikverbände zur „Säuberung der Berge" ist das Problem jedoch nicht gelöst.

Seit 1991 ist der Zustrom von Touristen besonders im Sommer bedeutend geringer geworden; eine Tatsache, die der schwierigen politischen Gesamtsituation geschuldet ist. Bereits 1992 wurden einige Hotels und Touristenstationen geschlossen. Eine Atempause für die Landschaft ist damit gegeben.

Die Arbeit im Nationalpark muß auf wissenschaftlicher Grundlage erfolgen. Die vorhandenen wissenschaftlichen Einrichtungen im Elbrusgebiet, die auf den verschiedensten Gebieten tätig sind, müssen noch stärker mit einbezogen werden. Dabei sollte man sich die Erfahrungen ähnlicher Nationalparks, beispielsweise in den Alpen, zunutze machen. Eine wichtige Aufgabe wäre die Aufklärung und Information der Bevölkerung über die Arbeit und die Verhaltensregeln im Nationalpark sowie über die Ergebnisse der wissenschaftlichen Untersuchungen. Die Anlage von Lehrpfaden und die Durchführung von Aufklärungsveranstaltungen zu den ökologischen Problemen im Nationalpark wären erste Schritte für die Erhaltung und den Schutz der einmaligen Landschaften des Elbrusgebietes.

Literaturverzeichnis

ABICH, H. (1871):
Issledovanie sovremennych i drevnich lednikov Kavkaza.
In: Sbornik svedenij s Kavkaza. Bd. 1. Tiflis, 85–126.

ABICH, H. (1875):
Geologische Beobachtungen auf Reisen im Kaukasus im Jahre 1873.
Moskau.

ABICH, H. (1878–1887):
Geologische Forschungen in den Kaukasischen Ländern.
T. 1–3. Wien.

ABICH, H. (1886):
Aus kaukasischen Ländern.
Reisebriefe von HERMANN ABICH [herausgegeben von dessen Witwe]. Wien.

AG Boden (1995):
Bodenkundliche Kartieranleitung.
Hannover.

AL'TBERG, V. JA. (1928):
O sostojanii lednikov Èl'brusa i glavnogo kavkazskogo chrebta v bassejne reki Baksan v period 1925–1927 gg.
Izvestija GGI, 22: 79–89.

ANDREEV, JU. B., u. I. B. SEJNOVA (1984):
Model'no-statističeskij podchod k razrabotke prognoza livnevych selej na primere vysokogornogo Central'nogo Kavkaza.
Vestnik MGU, serija 5, Geografija, H. 4: 86–92.

ASLANIŠVILI, I. A. (1946):
Al'pinizm v Gruzii. Tiflis.

BAŠENINA, N. V., u. a. (1974):
Kratkij geomorfologičeskij očerk Priėl'brus'ja. Moskva.

BAŽEV, A. B. (1987):
Resursnoe značenie lednikov Bol'šogo Kavkaza. In: Transformacija gornych èkosistem Bol'šogo Kavkaza pod vlijaniem chozjajstvennoj dejatel'nosti.
Moskva, 8–20.

BAUME, O., u. J. MARCINEK (1995):
Die Gletscher des Elbrusgebietes.
Zeitschrift für den Erdkundeunterricht, H. 6: 230–236; H. 7/8: 294–299.

BAUME, O., u. V. POPOVNIN (1994):
Langzeituntersuchungen zur Budgetentwicklung des Repräsentativgletschers Dshankuat im zentralen Kaukasus.
Petermanns Geographische Mitteilungen, 138: 273–286.

BERRI, B. L., GOLUBEV, G. N., u. a. (1974):
Vnešnij massoėnergoobmen, stroenie i režim lednikov i priledinikovych territorij èksperimental'nogo bassejna Džankuat na Kavkaze.
In: Sklonovye processy. Moskva, 113–133.

BIČEKUEVA, S. CH. (1987):
Nival'no-gljacial'nye uslovija rekreacionnogo osvoenija gor Kabardino-Balkarii.
Moskva [Diss. MGU, Geogr. Fak.].

BOROVIK, V. I., u. V. I. KRAVCOVA (1970):
Katalog lednikov SSSR. Bd. 8, Teil 5: Bassejny rek Malki i Baksana.
Leningrad.

BREUSTE, J. (1982):
Deutsch-russische Wissenschaftsbeziehungen und die Beteiligung Deutscher an der geographischen Erforschung Kaukasiens im 19. und beginnenden 20. Jahrhundert.
Dissertation A, Halle 1982.

Breuste, J. (1986):
Der Beitrag Hermann Abichs zur geowissenschaftlichen Erforschung Kaukasiens im 19. Jahrhundert.
Petermanns Geographische Mitteilungen, **130**: 101–107.

Brown, R. G. (1963):
Smoothing forecasting and prediction of discrete time series.
New York.

Bruchanda, V. I. (1976):
Kamennye gletčery Kavkaza i Pamiro-Alaja i ich svjaz' s pul'sacijami lednikov.
Materialy gljaciologičeskich issledovanij. Chronika, obsuždenija, H. 27: 63–70.

Budyko, M. I. (1980):
Klimat v prošlom i buduščem.
Leningrad.

Bülow, K. v. (1930):
Gedanken zur postdiluvialen Klimageschichte in Mitteleuropa.
Geologische Rundschau, **21**: 97–109.

Burmester, H. (1913):
Rezent-glaziale Untersuchungen und photogrammetrische Aufnahmen im Baksanquellgebiet (Kaukasus).
Zschr. f. Gletscherkunde, **8**: 1–41.

Buš, N. A. (1914):
O sostojanii lednikov severnogo sklona Kavkaza v 1907, 1909, 1911, 1913 gg.
Izvestija Rossijskogo geografičeskogo obščestva, Bd. 50, H. 9.

Čistjakov, V. F. (1981):
O dvojnych maksimumach vekovych ciklov i dolgosročnom prognoze solnečnoj aktivnosti.
Solnečnye dannye, H. 9: 108–110.

Čižov, O. P. (1982):
Rezul'taty analiza mnogoletnich rjadov izmerenij balansa massa lednikov.
Materialy gljaciologičeskich issledovanij. Chronika, obsuždenija, H. 42: 170–177.

Déchy, M. v. (1905–1907):
Kaukasus – Reisen und Forschungen im kaukasischen Hochgebirge. Berlin.

Demčenko, M. A. (1957):
K istorii fiziko-geografičeskich i osobenno gljaciologičeskich issledovanij Bol'šogo Kavkaza. Trudy Geografičeskogo fakul'teta CHGU, Bd. 3.

Dinnik, N. Ja. (1884):
Gory i uščel'ja Terskoj oblasti.
Zapiski / Kavkazskij otdel Rossijskogo geografičeskogo obščestva, Bd. 13, H.1. Tiflis.

Dinnik, N. Ja. (1980):
Sovremennye i drevnie ledniki Kavkaza.
Zapiski / Kavkazskij otdel Rossijskogo geografičeskogo obščestva, Bd. 14, H. 1. Tiflis, 282–417.

Distel, L. (1912):
Studienreise im zentralen Kaukasus.
Mitt. d. Geogr. Ges. München, Bd. VII.

Distel, L. (1914):
Ergebnisse einer Studienreise in den zentralen Kaukasus.
Abh. des Hamburgischen Kolonialinstituts, Reihe C, Bd. XXII.

Djurgerov, M. B., u. V. V. Popovnin (1988):
Reconstruction of mass-balance, spatial position and liquid discharge of Džankuat Glacier since the second half of the 19th century.
Data of Glaciological Studies, chronicle discussion No. 40, Russian translate series b7, Rotterdam, 111–126.

Dokučaev, V. V. (1899):
K učeniju o zonach prirody. Moskva.

Dokukin, M. D. (1985):
Formirovanie gljacial'nych selevych očagov pri degradacii lednikov Priėl'brus'ja.
Materialy gljaciologičeskich issledovanij. Chronika, obsuždenija, H. 53: 52–71.

Dokukin, M. D. (1987):
Kamennye gletčery kak očagi formirovanija seli.
Trudy VGI, H. 70. Nal'čik, 33–42.

Dolgušin, A. (1900):
Čerez Svanetiju k Ėl'brusu.
In: Sbornik materialov dlja opisanija mestnosti i plemën Kavkaza, H. 28. Tiflis.

Dolgušin, L. D., u. G. B. Osipova (1989):
Ledniki. Moskva.

Dubjanskij, V. V. (1912):
Ėl'brus i dolina Baksana.
Protokoly zasedanij Obščestva estestvoispytatelej pri Varšavskom universitete za 1911 g., Bd. 23, H. 1/2. Varšava.

Dubjanskij, V. V. (1914):
K geologii Ėl'brusa.
Dnevnik XIII s"ezda russkich estestvoispytatelej i vračej v gorode Tiflis. Tiflis.

FEDINA, A. E. (1917):
Landšaftnaja struktura Priėl'brus'ja. Moskva.
FEDINA, A. E., AVESSALOMOVA, I. A., u. M. N. PETRUŠINA (1984):
Special'naja učebnaja landšaftnaja praktika v Priėl'brus'e. Moskva.
FROLOV, JA. I. (1934):
Rezul'taty issledovanija lednikov letom 1929 g. Issledovanie lednikov SSSR, H. 1.
FROLOV, JA. I. (1935):
Iz nabljudenij oledenenija Ėl'brusskogo rajona. Pobeždënnye veršiny, 178–189.
FLEJŠMAN, S. M., u. a. (1972):
Selevye javlenija v Kabardino-Balkarii. Ėrozija počv i ruslovye processy, H. 2: 108–115.
FLEJŠMAN, S. M., u. V. F. PEROV (1986):
Seli. Moskva.
FRIDLAND, V. M. (1953):
Burye lesnye počvy Kavkaza. Počvovedenie, 12: 29–44.
FRIDLAND, V. M. (1984):
Struktury počvennogo pokrova mira. Moskva.

GERASIMOV, I. P. [Hrsg.] (1966):
Kavkaz. Moskva.
GERASIMOV, V. A. (1967):
Selevye potoki v rajone goroda Tyrnyauza 1.8.1960 g., 14.8.1961 g. i 31.7.1962 g. Trudy Vysokogornogo geofizičeskogo instituta AN SSSR, H. 6: 198–205.
GERASIMOV, V. A. (1968):
Katastrofičeskie seli v doline Baksana. Priroda, H. 12: 114–115.
GERASIMOV, V. A. (1974):
O seljach na severnom sklone Central'nogo i Vostočnogo Kavkaza. Trudy Vysokogornogo geofizičeskogo instituta AN SSSR, H. 27: 63–74.
GERASIMOV, V. A. (1980):
Selevye potoki 10 i 11 avgusta 1977 g. v bassejne reki Gerchožansu (Severnyj Kavkaz) i uslovija ich obrazovanija. Selevye potoki, 4: 68–76.
GERASIMOVA, M. I. (1987):
Geografija počv SSSR. Moskva.
GIRS, A. A. (1971):
Mnogoletnie kolebanija atmosfernoj cirkuljacii i dolgosročnye gidrometeorologičeskie prognozy. Leningrad.

GOLODKOVSKAJA, N. A. (1985):
Izmenenija lednikov Kavkaza za „Malyj lednikovyj period" i XX vek. Materialy gljaciologičeskich issledovanij. Chronika, obsuždenija, H. 52: 72–80.
GOLUBEV, G. N., u. a. (1978):
Lednik Džankuat. Leningrad.
GROSVAL'D, M. G., u. V. M. KOTLJAKOV (1978):
Predstojaščie izmenenia klimata i sud'ba lednikov. Izvestija AN SSSR, H. 6: 21–32.

HEYBROCK, W. (1935):
Aus den Ergebnissen einer Studienreise in den zentralen Kaukasus. Zeitschr. f. Gletscherkunde, 12: 284–297.

IVANKOV, P. A. (1959):
Oledenenie Bol'šogo Kavkaza i ego dinamika za gody 1880–1946. Izvestija Vsesojuznogo geografičeskogo obščestva, H. 91: 220–235.
IVANOV, M. A. (1902):
V uščel'e reki Baksana. Izvestija Kavkazskogo otdela Rossijskogo geografičeskogo obščestva, 15: 7–20.

KAURIČEV, I. S., u. a. (1989):
Počvovedenie. Moskva.
KESSLER, A. (1986):
Untersuchungen über Klimaveränderungen auf dem südamerikanischen Altiplano. Göttinger Geogr. Abh., 81: 184–189.
KLEBELSBERG, R. v. (1949):
Handbuch der Gletscherkunde und Glaziologie. Wien.
KNIŽNIKOV, JU. F. (1966):
Nekotorye dannye o dviženii lednikov Ėl'brusa po materialam nazemnych stereofotogrammetričeskich s"ëmok. Materialy 3-ej Zakavkazskoj naučnoj konferencii po izučeniju snežnogo pokrova, snežnych lavin i gornych lednikov Kavkaza, H. 20: 10–25.
KORONOVSKIJ, N. V., u. E. E. MILANOVSKIJ (1958):
Novye dannye o geologičeskom stroenii i istorii formirovanija vulkana Ėl'brus. Informacionnyj sbornik o rabotach Geografičeskogo fakul'teta MGU po MGG, H. 2.
KORONOVSKIJ, N. V., u. L. M. RUDAKOV (1962):
O vozraste poslednich izverženij Ėl'brusa. Izvestija vuzov. Geol. i razvedka, H. 8.

KORONOVSKIJ, N. V. (1985):
Ėl'brus dejstvujuščij vulkan?
Priroda, H. 8: 42–52.

KORSUN, A. V., u. A. V. EVCEEV (1982):
Ledniki kak indikatory technogennogo vozdejstvija na gornye geosistemy.
Gornye geosistemy, 214–216.

KORSUN, A. V., u. V. I. SOLOMATIN (1988):
Geochimija l'da i ocenka technogennogo zagrjaznenija.
Issledovanie ustojčivosti geosistem severa, 153–165.

KOTLJAKOV, V. M. (1968):
Snežnyj pokrov zemli i ledniki. Leningrad.

KOTLJAKOV, V. M. [Hrsg.] (1984):
Gljaciologičeskij slovar'. Leningrad.

KOTLJAKOV, V. M. (1986):
Balans massy, kolebanija lednikov i lednikovyj stok – central'nye problemy gljaciologii. Vestnik AN SSSR, H. 8: 87–96.

KOTLJAKOV, V. M. (1994):
Mir snega i l'da. Moskva.

KOVALËV, P. V. (1950):
O selevom potoke v doline Adyr-Su.
Pobeždënnye veršiny, 274–285.

KOVALËV, P. V. (1955):
Nekotorye čerty oledenenija doliny Baksana.
Soobščenija Akademii nauk Gruzinskoj SSR, Bd. 16, H. 6.

KOVALËV, P. V. (1955):
Seli v bassejne reki Baksan.
Priroda, H. 2: 92–95.

KOVALËV, P. V. (1957):
Geomorfologičeskie issledovanija v Central'nom Kavkaze (bassejn reki Baksan).
Char'kov.

KOVALËV, P. V. (1961):
O selevych javlenijach v 1959–1960 gg. v bassejnach Čegeta, Urucha i Baksana.
Izvestija Char'kovskogo otdela Vsesojuznogo geografičeskogo obščestva, H. 1: 22–23.

KOVALËV, P. V. (1961):
Sovremennoe oledenenie bassejna reki Baksan.
Materialy Kavkazskoj ekspedicii po programme MGG, Bd. 3.

KOVALËV, P. V., u. a. (1970):
Seli v bassejne reki Baksan v 1967 g.
Izvestija Char'kovskogo otdela Vsesojuznogo geografičeskogo obščestva, H. 7: 36–42.

KRAVCOVA, V. I., u. V. G. LOSEVA (1968):
Izmenenija oledenenija Ėl'brusa za 100 let.
In: Uspechi Sovetskoj gljaciologii. Frunze, 262–270.

KRASNOSLOBODCEV, I. S. (1971):
O kamennych gletčerach Bol'šogo Kavkaza.
Vestnik MGU, serija V, geografija, H. 1: 95–97.

KRAVCOVA, V. I. (1966):
K metodike opredelenija diferencial'noj abljacii na lednikach.
Informacionnyj sbornik o rabotach Geografičeskogo fakul'teta MGU, H. 12.

LABUTINA, I. A. (1967):
Obščegeografičeskie karty oledenenija v atlase lednikov El'brusa.
Materialy gljaciologičeskich issledovanij. Chronika, obsuždenija, H. 13.

LJUBOMIROVA, K. S. (1964):
Vlijanie ėkspozicii i krutizny sklona na tajanie l'da lednikov Ėl'brusa za sčët prjamoj solnečnoj radiacii.
Materialy gljaciologičeskich issledovanij. Chronika, obsuždenija, H. 10.

LOSEVA, I. A. (1964):
Značenie letnich snegopadov kak faktora akkumuljacii i abljacii lednikov Ėl'brusa.
Materialy gljaciologičeskich issledovanij. Chronika, obsuždenija, H. 10.

MARCINEK, J. (1984):
Gletscher der Erde. Leipzig.

MARCINEK, J., NITZ, B., u. O. BAUME (1990):
Gebirgsbau und Vergletscherung des Kaukasus. Geographische Berichte, **35**: 242–252.

MATJUCHIN, G. D. (1960):
Klimatičeskie dannye po vysotnym pojasam južnogo sklona Ėl'brusa.
Informacionnyj sbornik o rabotach po Meždunarodnomu geofizičeskomu godu, H. 5: 160–170.

MERZBACHER, G. (1901):
Aus den Hochregionen des Kaukasus.
Bd. 1. Leipzig.

MJAGKOV, S. M. (1967):
Karta lavin i gljaciomorfologičeskaja karta.
Materialy gljaciologičeskich issledovanij. Chronika, obsuždenija, H. 13.

MÜCKENHAUSEN, E. (1993):
Die Bodenkunde und ihre geologischen, geomorphologischen, mineralogischen und petrologischen Grundlagen. Frankfurt/M.

NIKOLAEVA, G. M. (1987):
Struktura vodnogo balansa vysotnych pojasov Kabardino-Balkarskoj Respubliki.
In: Transformacija gornych èkosistem Bol'šogo Kavkaza pod vlijaniem chozjajstvennoj dejatel'nosti. Moskva, 31–40.

OLEJNIKOV, A. D. (1983):
Tipy zim i charakter lavinnoj dejatel'nosti.
Materialy gljaciologičeskich issledovanij. Chronika, obsuždenija, H. 47: 98–103.

OLEJNIKOV, A. D., u. V. G. CHODAKOV (1987):
Tipizacija zim po veduščim faktoram lavinoobrazovanija v uslovijach Bol'šogo Kavkaza.
Trudy II Vsesojuznogo soveščanija po lavinam, 110–117.

OLEJNIKOV, A. D., u. N. A. VOLODIČEVA (1988):
Zimy povyšennoj lavinnoj opasnosti na Bol'šom Kavkaze.
Snežnyj pokrov i laviny, 118–125.

OLEJNIKOV, A. D., u. N. A. VOLODIČEVA (1989):
Koèfficient anomalij osadkov kak pokazatel' massovogo lavinoobrazovanija i schoda katastrofičeskich lavin.
Trudy III Vsesojuznogo soveščanija po lavinam, 128–134.

OLEJNIKOV, A. D., u. A. A. ISAEV (1990):
Dolgosročnye prognozy lavinnoj dejatel'nosti na Bol'šom Kavkaze i ich opravdyvaemost'.
Materialy gljaciologičeskich issledovanij. Chronika, obsuždenija, H. 69: 35–42.

OLEJNIKOV, A. D., ZOLOTARËV, E. A, VOLODIČEVA, N. A., u. E. M. MIRONOVA (1990):
Primenenie čislennogo modelirovanija dlja opisanija dviženija snežnych lavin.
Materialy gljaciologičeskich issledovanij. Chronika, obsuždenija, H. 69: 19–24.

OREŠNIKOVA, E. I. (1936):
Ledniki Èl'brusskogo rajona po issledovanijam 1932–1938 gg.
Kavkaz – trudy lednikovych èkspedicij, H. 5.

PASTUCHOV, A. V. (1899):
Voschoždenie na Èl'brus v 1896.
Zemlevedenie, H. 1–2.

PASTUCHOV, A. V. (1899):
Soobščenie o voschoždenii na Èl'brus 13 ijulja 1890.
Zapiski / Kavkazskij otdel Rossijskogo geografičeskogo obščestva, Bd. 15.

PENCK, A., u. E. BRÜCKNER (1901–1909):
Die Alpen im Eiszeitalter.
3 Bde. Leipzig.

PEROV, V. F. (1989):
Selevye javlenija na territorii SSSR.
Moskva.

PODOZËRSKIJ, K. I. (1911):
Ledniki Kavkazskogo chrebta.
Zapiski / Kavkazskij otdel Rossijskogo geografičeskogo obščestva, Bd. 29, H. 1.

POPOVNIN, V. V. (1987):
Problema dolgosročnogo prognozirovanija èvoljucii gornogo oledenenija i variant eë rešenija dlja lednika Džankuat.
In: Ocenka i dolgosročnyj prognoz izmenenija prirody gor. Moskva, 128–145.

POPOVNIN, V. V. (1993):
O prognoze èvoljucii lednika Džankuat.
Materialy gljaciologičeskich issledovanij. Chronika, obsuždenija, H. 76: 25–36.

PRASOLOV, L. I. (1929):
Burozëmy Kryma i Kavkaza.
Priroda, H. 5.

RAMANN, E. (1905):
Bodenkunde. Berlin.

REINHARD, A. v. (1914):
Beiträge zur Kenntnis der Eiszeit im Kaukasus.
Geogr. Abh., N. F., Veröff. d. Geogr. Inst. an d. Univ. Berlin, H. 2.

REINHARD, A. v. (1925/1926):
Glazialmorphologische Studien im westlichen und zentralen Kaukasus.
Zeitschr. f. Gletscherkunde, **14**: 81–148, 216–235.

RENGARTEN, V. P. (1915):
Ob issledovanii lednikovogo perioda v doline Baksana.
Izvestija Rossijskogo geografičeskogo obščestva, Bd. 51, H. 10.

ROMAŠKEVIČ, A. I. (1987):
Gorno-lugovye počvy – processy, èvoljucija, transformacija.
In: KOTLJAKOV, V. M. [Hrsg.]: Transformacija gornych èkosistem Bol'šogo Kavkaza. Moskva, 40–50.

RUBCOV, E. A. (1969):
K voprosu o vozmožnosti prognozirovanija selevych potokov na Severnom Kavkaze.
Materialy Kavkazskoj èkspedicii po programme MGD, Bd. 7: 85–87.

SACHAROV, S. A. (1913):
Glavnye momenty v počvoobrazovanii gornych stran. Moskva.
SACHAROV, S. A. (1914):
K charakteristike vysokogornych počv Kavkaza.
Izvestija Meževogo instituta SPB, Nr. 5, Moskva.
ŠČERBAKOVA, E. M. (1960):
Rol' perigljacial'nych processov v obrazovanii rel'efa severnogo sklona Bol'šogo Kavkaza.
In: MARKOV, K. K., u. A. I. POPOV: Perigljacial'nye javlenija na territorii SSSR. Moskva, 231–248.
ŠČERBAKOVA, E. M. (1973):
Drevnee oledenenie Bol'šogo Kavkaza. Moskva.
SCHLESINGER, M. E. (1986):
CO_2- induced changes in seasonal snow cover simulated by the OSU coupled atmosphere.
Ocean General Cirulation Model "Snow Watch 85". Report GD-18. World Data Center for Glaciology, Boulder, 249–270.
SEJNOVA, I. B. (1967):
Selevye potoki v Kabardino-Balkarii.
Trudy Vysokogornogo geofizičeskogo instituta AN SSSR, H. 6: 175–183.
SEJNOVA, I. B. (1992):
Selevye potoki Baksanskoj doliny.
In: Prirodopol'zovanie Priėl'brus'ja. Moskva, 85–106.
SEMMEL, A. (1993):
Grundzüge der Bodengeographie. Stuttgart.
SEREBRJANNYJ, L. R., u. a. (1984):
Kolebanija lednikov i processy morenonakoplenija na Central'nom Kavkaze. Moskva.
SIDOROVA, T. L. (1992):
Charakteristika klimata Priėl'brus'ja.
In: Prirodopol'zovanie Priėl'brus'ja. Moskva, 24–35.
SOLOV'ĖV, S. P. (1933):
O sostojanii lednikov Ėl'brusskogo rajona i k voprosu o pričine ich otstupanija.
Izvestija Geografičeskogo obščestva, Bd. 65, H. 2.
SOLOV'ĖV, S. P. (1935):
Ėkskursija po Ėl'brusskomu rajonu. Pjatigorsk.

SOLOV'ĖV, S. P. (1937):
Izučenie lednikov Severnogo Kavkaza za 25 let (1907–1932).
Izvestija Geografičeskogo obščestva, Bd. 69, H. 3.
SYSOEV, V. M. (1900):
Ėl'brus.
Izvestija Obščestva ljubitelej izučenija Kubanskoj oblasti, H. 2.

TEPCOV, V. JA. (1892):
Po istokam Kubani i Tereka.
Sbornik materialov opisanija mestnostej i plemën Kavkaza, H. 14.
TJULINA, T. JU. (1989):
Tendencii sovremennych kolebanij lednikov Al'p.
Materialy gljaciologičeskich issledovanij. Chronika, obsužděnija, H. 67: 169–175.
TRĖŠKINA, E. S. (1966):
Ėvoljucija oledenenija Ėl'brusa i kolebanija klimatičeskich uslovij.
Materialy 3-ej Zakavkazskoj naučnoj konferencii po izučeniju snežnogo pokrova, lavin i gornych lednikov Kavkaza, H. 20: 43–54.
TURMANINA, V. I. (1971):
Issledovanija ėvoljucii lednika Džankuat fitoindikacionnymi metodami.
Materialy gljaciologičeskich issledovanij. Chronika, obsužděnija, H. 18: 106–109.
TUŠINSKIJ, G. K. (1962):
Gljaciologičeskie issledovanija na Ėl'bruse v period MGG.
Materialy gljaciologičeskich issledovanij. Chronika, obsužděnija, H. 4.
TUŠINSKIJ, G. K. [Hrsg.] (1968):
Oledenenie Ėl'brusa.
Moskva.
TUŠINSKIJ, G. K., u. a. (1971):
Karta lavinoopasnych rajonov Sovetskogo Sojuza.
Moskva.

VINNIKOV, L. P., u. I. A. LABUTINA (1987):
Izmenenie lednika Kjukjurtlju na Ėl'bruse za četvert' veka.
Materialy gljaciologičeskich issledovanij. Chronika, obsužděnija, H. 60: 147–152.
VOLODIČEVA, N. A., u. a. (1967):
Avalanches of USSR.
Hokkaido-University, Sapporo.

VOLODIČEVA, N. A., KRAVCOVA, V. I., u.
E. S. TREŠKINA (1967):
Karty tektoničeskoj struktury lednikov.
Materialy gljaciologičeskich issledovanij.
Chronika, obsuždenija, H. 13: 162–168.

VOLODIČEVA, N. A., AKIF'EVA, K. V., u.
N. L. KONDAKOVA (1971):
Karta lavinoopasnych rajonov SSSR
(Kamčatka, Kuril'skie ostrova, Karpaty,
Sachalin). Moskva.

VOLODIČEVA, N. A., u. a. (1971):
Region of Elbrus. Moscow.

VOLODIČEVA, N. A., TUŠINSKIJ, G. K.,
u. a. (1976):
Laviny Sovetskogo Sojuza i ich vlijanie
na formirovanie prirodno-territorial'nych
kompleksov.
Doklady k polevomu simpoziumu
po vysokogornoj geoèkologii, 10–13.

VOLODIČEVA, N. A., BENKEVIČ, V. V.,
u. a. (1983):
Izučenije izmenenij oledenenija El'brusa
za poslednie 25 let.
Materialy gljaciologičeskich issledovanij.
Chronika, obsuždenija, H. 47: 130–137.

VOLODIČEVA, N. A., u. A. D. OLEJNIKOV (1985):
Dinamika lavinnoj dejatel'nosti na Kavkaze
v svjazi s izmeneniem klimata v XX stoletii.
Materialy gljaciologičeskich issledovanij.
Chronika, obsuždenija, H. 53: 128–133.

VOLODIČEVA, N. A., VOJTKOVSKIJ, K. F.,
u. a. (1990):
Sovremennye tendencii razvitija
lednikovoj sistemy El'brusa.
Materialy gljaciologičeskich issledovanij.
Chronika, obsuždenija, H. 67: 73–80.

VOLOŠINA, A. P. (1968):
Klimatičeskie uslovija gljacial'noj zony
Bol'šogo Kavkaza.
In: Oledenenie El'brusa. Moskva, 69–80.

WILHELM, F. (1975):
Schnee- und Gletscherkunde.
Berlin/New York.

WOLDSTEDT, P. (1962):
Über die Gliederung des Quartärs.
Eiszeitalter und Gegenwart,
H. 13: 115–124.

ZAPOROŽČENKO, E. V. (1985):
Neobyčnyj sel' na r. Kullumkol-Su.
Meteorologija i gidrologija, H. 12: 102–108.

ZOLOTARËV, E. A., u. E. M. MIRONOVA (1990):
Primenenie čislennogo modelirovanija dlja
opisanija dviženija snežnych lavin.
Materialy gljaciologičeskich issledovanij.
Chronika, obsuždenija, H. 69: 19–24.

ZONN, S. V. (1950):
Gorno-lesnye počvy Severo-zapadnogo
Kavkaza. Moskva–Leningrad.

Abbildungsverzeichnis

Abb. 1:
Orographische Gliederung des
Kaukasus   12
Abb. 2:
Schematische Darstellung des
Elbrusgebietes (oberes Baksantal)   13
Abb. 3:
Der Gletscher des Baksan   16
Abb. 4:
Blick zum Gletscher Großer Asau von
den Hängen des Terskol-Tales 1886   17
Abb. 5:
Stirn des Großen Asau-Gletschers 1884   17
Abb. 6:
Forschergruppe auf dem Gletscher
Großer Asau 1884   18
Abb. 7:
Blick zum Elbrus von den Hängen
des Terskol-Tales 1884   18
Abb. 8:
Dongusorun-Massiv (4454 m) von
oberhalb Asau 1884   19
Abb. 9:
Zunge des Großen Asau-Gletschers 1911   20
Abb. 10:
Geologisches Profil der Nord-
abdachung des zentralen Kaukasus   26
Abb. 11:
Kabardino-Balkarien: Geologie   27
Abb. 12:
Geologie des Elbrusmassivs   29
Abb. 13:
Geologisches Profil durch
das Elbrusmassiv   29
Abb. 14:
Erstarrungsformen mittelpleistozäner
Lava im oberen Garabaschi-Tal   30

Abb. 15:
Holozäne Lavaströme am Gletscher
Kleiner Asau (Elbrussüdhang)   31
Abb. 16:
Schema der Höhengliederung der
Böden im zentralen Kaukasus   34
Abb. 17:
Bodenprofil „Akademiehütte" im
oberen Baksantal   36
Abb. 18:
Verteilung der festen Niederschläge
im zentralen Kaukasus   41
Abb. 19:
Die Gletscher des Elbrusgebietes   43
Abb. 20:
Das oberste Baksantal mit den
Gletschern Großer Asau, Kleiner
Asau und Garabaschi 1986   45
Abb. 21:
Typischer Kar-Wandgletscher der
Hauptkette (Asauski) 1990   45
Abb. 22:
Wandgletscher „7" am Dongu-
sorungipfel; vorn der Talgletscher
Dongusorun mit mächtiger Deck-
moräne 1990   46
Abb. 23:
Der Irik-Talgletscher 1986   46
Abb. 24:
Kegelberggletscher am
Elbrussüdhang 1990   47
Abb. 25:
Kegelberggletscher Garabaschi und
Terskol am Elbrussüdhang 1990   47
Abb. 26:
Landschaftsprofil durch
die Kreidekette   49

Abb. 27:
    Landschaftsprofil durch das
    Baksantal in der Felsenkette   50
Abb. 28:
    Landschaftsprofil durch das obere
    Baksantal   51
Abb. 29:
    Landschaftsprofil durch das oberste
    Baksantal unterhalb des Elbrus-
    massivs   52
Abb. 30:
    Die Gletscher des Elbrusmassivs   63
Abb. 31:
    Mittlere jährliche Ablation
    am Elbrus   63
Abb. 32:
    Zonen der Eisbildung am Elbrus   64
Abb. 33:
    Mittlere tägliche Gletscherbewegung
    am Elbrus   65
Abb. 34 a:
    Schwankungen der Elbrusgletscher
    im Zeitraum 1887–1957   66
Abb. 34 b:
    Schwankungen der Elbrusgletscher
    im Zeitraum 1957–1987   67
Abb. 35:
    Dynamik der Gletscherzunge
    des Großen Asau seit 1850   68
Abb. 36:
    Rückgang des Großen Asau und
    seiner Nebengletscher seit Mitte
    bzw. Ende des vorigen Jahrhunderts   69
Abb. 37:
    Der Große Asau-Gletscher
    a) 1957, b) 1973 und c) 1992   70
Abb. 38:
    Ufermoräne des Garabaschi-
    Gletschers aus dem 19. Jh.   79
Abb. 39:
    Der Schchelda-Gletscher 1886   80
Abb. 40:
    Der Schchelda-Gletscher 1989   81
Abb. 41:
    Das Dshankuat-Gletscherbecken 1990   86
Abb. 42:
    Morphologisch-tektonische Struktur
    des Dshankuat-Gletschers   87
Abb. 43:
    Gegenwärtige Eismächtigkeiten des
    Dshankuat-Gletschers und seine
    Dynamik in den letzten 300 Jahren   89

Abb. 44:
    Mittlere Geschwindigkeit an der
    Oberfläche der Dshankuat-Gletscher-
    zunge im Zeitraum 1.8.–31.8.1990   89
Abb. 45:
    Erhöhungs- bzw. Absenkungs-
    bereiche der Gletscheroberfläche
    des Dshankuats
    a) 1968–1974, b) 1974–1984   92
Abb. 46:
    Veränderung der Gletscherzunge des
    Dshankuats 1968–1984   93
Abb. 47:
    Akkumulation, Ablation und Massen-
    bilanz des Dshankuat-Gletschers
    1968–1984 sowie determinierende
    meteorologische Daten der Repräsen-
    tativstation Terskol im Elbrusgebiet   94
Abb. 48:
    Der Dshankuat-Gletscher 1932   96
Abb. 49:
    Schwankungen der Mittelwerte der
    Massenbilanz ausgewählter Gletscher
    des atlantischen Sektors Eurasiens   99
Abb. 50:
    Rekonstruierte, gemessene und
    prognostizierte Mittelwerte der
    Massenbilanz des Dshankuat-Glet-
    schers für den Zeitraum 1872–2025   100
Abb. 51:
    Lawinengrößen entsprechend ihrer
    Laufstrecke   103
Abb. 52:
    Lawinenschäden in Terskol 1976   104
Abb. 53:
    Alljährlich niedergehende Lawine
    am Tscheget-Hang   104
Abb. 54:
    „Hauslawine" der Station Asau 1989
    vom Tscheget-Hang   105
Abb. 55:
    Seli im Einzugsgebiet des Baksan   109
Abb. 56:
    Abraumhalde des Wolfram-
    Molybdän-Bergbaus als Ausgangs-
    punkt anthropogener Seli   111
Abb. 57:
    Selstrom, der 1968 auf die Stadt
    Tyrnyaus niederging   111
Abb. 58:
    Selstrom auf das Alpinistenlager
    „Dshailyk" im oberen Adyrsu-Tal 1984   112

Abb. 59:
  Steingletscher im oberen
  Dongusorun-Tal 1973 — 115
Abb. 60:
  Steingletscher im Elbrusgebiet — 116
Abb. 61:
  Steingletscher am Oberlauf des
  Islamtschat-Baches im Einzugsgebiet
  der Malka — 117
Abb. 62:
  Aufgegrabenes Profil eines Thufurs — 118
Abb. 63:
  Solifluktionserscheinungen auf
  Moränenmaterial der Garabaschi-
  Ufermoräne — 119
Abb. 64:
  Solifluktionsprozesse — 119
Abb. 65:
  Glazialmorphologie der Täler
  des Großen und Kleinen Asau-
  Gletschers — 122
Abb. 66:
  Thermokarsterscheinungen im
  Moränenvorfeld des Großen Asau-
  Gletschers — 125
Abb. 67:
  Das Akkumulationsgebiet des
  Gletschers Großer Asau im Chotju-
  Tau-Becken — 126
Abb. 68:
  Moränenablagerungen an der linken
  Flanke des Gletschers Garabaschi — 128
Abb. 69:
  Selikegel des Garabaschi beim
  Eintritt in das Baksantal — 129
Abb. 70:
  Das Elbrusmassiv mit dem
  Terskol-Gletscher 1986 — 131
Abb. 71:
  Glazialmorphologie des Terskol-Tales — 132
Abb. 72:
  Glazialmorphologie des Irik- und
  Iriktschat-Tales — 134
Abb. 73:
  Das obere Irik-Tal mit gut sichtbarer
  Ufermoräne des historischen Sta-
  diums und der glazialen Terrasse — 135
Abb. 74:
  Erdpyramiden im unteren Irik-Tal — 136
Abb. 75:
  Glazialmorphologie des Dongusorun-
  Tales — 138

Abb. 76:
  Dongusorun-See mit Ufermoräne
  und rezenter Zunge des Dongusorun-
  Gletschers — 139
Abb. 77:
  Glazialmorphologie des Jusengi-Tales — 142
Abb. 78:
  Glazialmorphologie des Adylsu-Tales — 144
Abb. 79:
  Eisstausee des Baschkara-Gletschers — 145
Abb. 80:
  Selimaterial im Flußbett des Adylsu,
  oberhalb des Sportlagers „Dshantugan" — 146
Abb. 81:
  Glazialmorphologie des Schchelda-
  Tales — 148
Abb. 82:
  Das Schchelda-Tal mit der bewalde-
  ten Endmoräne und der Ufermoräne
  des 19. Jh. — 150
Abb. 83:
  Nationalpark „Elbrusgebiet" — 154

Anhang

  Blick auf das Elbrusmassiv mit den
  Gletschern Kleiner Asau, Garabaschi
  und Terskol — 181
Faksimile 1:
  Der Große Asau-Gletscher — 182
Faksimile 2:
  Der Schchelda-Gletscher — 183
Abb. I:
  Wissenschaftliche Lehr- und For-
  schungsstation Asau der Moskauer
  Staatlichen Universität — 184
Abb. II:
  Typische Trogtalform des obersten
  Baksantales unterhalb der Station
  Asau — 184
Abb. III:
  Satellitenbild des Elbrusmassivs vom
  22. 8. 1988 — 185
Abb. IV:
  Blick auf die Hauptkette des
  zentralen Kaukasus vom Elbrus-
  südhang mit dem Dongusorun-Gipfel
  (4454 m) und dem Wandgletscher „7"
  sowie der doppelgipfligen Uschba
  (4700 m) — 186

Abbildungsverzeichnis

Abb. V:
Der aus kristallinen Gesteinen der Hauptkette aufgebaute Doppelgipfel der Uschba (4700 m)   186

Abb. VI:
Schutzhütte „Prijut-11" (4050 m) auf dem Elbrussüdhang   186

Abb. VII:
Der Talgletscher Großer Asau mit moränenbedeckter Gletscherzunge   187

Abb. VIII:
Das Terskol-Tal   187

Abb. IX:
Der vom Südosthang des Elbrus herabfließende Talgletscher Irik mit gut ausgeprägter Mittelmoräne   187

Abb. X:
Der Gipfel Dongusorun (4454 m)   188

Abb. XI:
Blick in das Jusengi-Tal mit der breiten Sanderfläche   188

Abb. XII:
Satellitenbild vom Baschkara-Gletscher im oberen Adylsu-Tal   189

Abb. XIII:
Asau-Tal oberhalb der Station Asau   189

Abb. XIV:
Das von einem Selstrom 1984 zerstörte Alpinistenlager „Dshailyk" im oberen Adyrsu-Tal   190

Abb. XV:
Thufure auf einem ebeneren Abschnitt des Garabaschi-Hanges   190

Abb. XVI:
Subalpine Wiese im Narsan-Tal   190

Tabellenverzeichnis

Tab. 1:
Mittlere Korngrößenverteilung von
Moränenmaterial in den Tälern des
zentralen Kaukasus — 35

Tab. 2:
Parameter des Wasserhaushaltes
wichtiger Höhenstufen auf der Nordabdachung des zentralen Kaukasus — 39

Tab. 3:
Charakteristik der größten Gletscher
des Elbrusgebietes — 44

Tab. 4:
Geomorphologische Gletschertypen im
Einzugsgebiet des oberen Baksantals — 45

Tab. 5:
Landschaftshöhenstufen der Täler — 53

Tab. 6:
Landschaftshöhenstufen
der Gebirgshänge — 57

Tab. 7:
Gletscherverteilung in den Tälern
der größten Nebenflüsse im Einzugsgebiet des oberen Baksantals — 72

Tab. 8:
Gletscherexposition im Einzugsgebiet
des oberen Baksantals — 72

Tab. 9:
Vergletscherungen im Elbrusgebiet
seit dem Spätpleistozän — 78

Tab. 10:
Lage der Gletscherzungenenden der
größten Elbrusgletscher in den Jahren
1887, 1957 und 1987 — 81

Tab. 11:
Längen- und Flächenveränderungen
der größten Elbrusgletscher für die
Zeiträume 1887–1957 und 1957–1987 — 82

Tab. 12:
Volumen- und Höhenveränderungen
der größten Elbrusgletscher für die
Zeiträume 1887–1957 und 1957–1987 — 83

Tab. 13:
Mittlere Flächen- und Höhenveränderungen der größten Elbrusgletscher
nach verschiedenen Expositionen
für die Zeiträume 1887–1957 und
1957–1987 — 84

Tab. 14:
Ausgewählte Temperaturwerte in
Schnee-, Firn- und Eisschichten des
Dshankuat-Gletschers 1990 — 90

Tab. 15:
Entwicklung des Dshankuat-
Gletschers seit dem Fernau-Stadium — 91

Tab. 16:
Absenkung der Oberfläche des
Dshankuat-Gletschers 1968–1984 — 93

Tab. 17:
Ausgewählte Parameter der Massenbilanz des Dshankuat-Gletschers und
ihre Prognose für das Jahr 2025 — 99

Tab. 18:
Die winterliche Schneedecke
im Elbrusgebiet — 102

Tab. 19:
Verteilung der Koeffizienten für die
Niederschlagsanomalie K_m im Zeit-
raum 1967/68 bis 1979/80 — 106

Tab. 20:
Morphometrische Parameter der
Einzugsgebiete von Seli im Baksantal — 110

Tab. 21:
Funktionale Gliederung des
Nationalparks „Elbrusgebiet" — 156

Register

Abfluß 39 f., 52, 55, 97 f.
Abflußkoeffizient 39 f.
Abflußmenge 98, 107
Abflußrate 98
Abflußregime 39
Abflußrichtung 144
ABICH, H. 13, 15 f., 79, 96, 123, 126, 133
„Abich"-Stadium 20, 78 f., 96, 123, 134
Ablation 61 ff., 71, 75, 83, 91, 94 f., 97 ff.,
   126, 142, 148, 150
Ablationsfläche 44
Ablationsgebiet 46, 62, 127, 133
Ablationsmoräne 130
Ablationsperiode 62, 77
Ablationszone 37, 46, 88 ff.
Adylsu
   Fluß 24 f., 33, **73 f.**, 117, 144 ff.
   Gletscher 20, 71 f., 75, 77, 151
   Tal 21, 32, 42, **74 f.**, 76, 85, 94, 113,
      143 ff., 149, 151, 189
Adyrsu
   Fluß 25, 71, 109, 112
   Gletscher 21, 44, 75, 77
   Tal 32, 72, **75 f.**, 112, 136, 155, 190
Adyrsubaschi 25, 75
Akkumulation 65, 86, 91, 94 f., 97 ff.
Akkumulationsfläche 69, 83 f., 147
Akkumulationsform 59, 135
Akkumulationsgebiet 46, 50, 88, 92, 96, 126,
   133, 137
Akkumulationskegel 124
Akkumulationsleistung 71
Akkumulationsperiode 75
Akkumulationsphase 38
Akkumulationsprognose 98
Akkumulationsterrasse 54, 132 f.
Akkumulationszone 69, 88, 90 f., 111

Aksu 148
Albedo 62, 74, 83
Alpinistenlager 155, 157
   „Baksan" 143
   „Dshailyk" 112, 190
   „Dshantugan" 146 f.
   „Elbrus" 147, 151
   „Schchelda" 147, 151
AL'TBERG, V. JA. 22
Amanaus-Stadium 78
Andyrtschi 72, 76
Archys 79
Archys-Pause 79
Asau
   Fluß 29, 33, 40, 107, 121, 127
   Gletscher 19, 120, 123, 125 f., 133
   Schlucht 123
   Tal 29 f., 107, 189
   Waldwiese 110, 123, 125, 129, 153, 155 f.
Asau-Tscheget-Kara 23
Asauski 23, 43 ff., 123
ASLANIŠVILI, I. A. 15

Baksan
   Einzugsgebiet 42, 45, 61, **71 ff.**, 79,
      107 ff., 143, 148
   Fluß 11, 20, 25 f., 33, 39 f., 42, 51 f., 54,
      61, 73, 76, 101, 108, 113, 117, 121, 123,
      129, 133, 137, 141, 143 f., 147
   Gletscher 16, 20, 75, 129, 138, 143
   Tal („Wal Tjubele") 13 f., 20 ff., 28, 32 f.,
      36, 40 f., 45, 49 ff., 54, 58 f., **71 ff.**, 77,
      79, 101, 103, 105, 108, 110 ff., 121, 123,
      129 f., 132 f., 136 f., 143, 151, 155, 184
Baschkara
   Gipfel 144, 146
   Gletscher 23, 44, 46, 74, 143, 145 ff., 189

BASTIAN, A. 16
Bergbraunerde 35, 53, 56, 58
Bergsturz 23, 33, 54, 58, 77, 113 f., 131 f., 149
Besengi 99
Betscho
  Berg 141
  Paß 15, 73, 141 ff.
Birdshalytschiran 44, 81 ff.
Bitjuktjube 81 ff., 85
Blockmeer 118, 127, 143
Boden **33 ff.**, 40 f., 48, 53 ff., 58 f., 110
Bodenbildung 33, **34 f.**, 49, 58 f., 132, 144, 148
Bodenentwicklung 34, **35 f.**
Bodenfeuchte 40, 59
Bodengefrornis (-gefrieren) 118, 135, 139, 143
Bodengliederung 34
Bodenmächtigkeit 51 f., 54 f., 58
Bodenprofil 36
Bodentyp 35, 58
BOECK, K. 16
Braunerde 35 f., 53, 56
Braunerde-Ranker 56, 58
BRÜCKNER, E. 21
BRUGSCH, H. 16
Bscheduch 149 f.
Budgetentwicklung 98, 100
BURMESTER, H. 13, 20 ff., 69, 145, 149, 183
BUŠ, N. A. 22, 130
BUSCH, R. 21
Bylym 18, 108

CHAŠIROV, K. 15
Chotju-Tau
  Becken 125 f.
  Plateau 19, 62, 68, 84
  Rücken 19, 25
CREDNER, H. 16

Dauerfrostboden 118
Daun-Stadium 78
DÉCHY, M. v. 13, 17 ff., 23, 80, 130, 149
Deckmoräne 46, 48, 62, 74, 76, 80 f., 86, 88 f., 94, 124 f., 138
Degradation 61, 73, 75 f., 81, 83, 92, 97 f., 100, 108, 110, 113, 125 f., 130, 142
DINNIK, N. JA. 18 ff., 149, 151
DISTEL, L. 13, 16, 21 ff.
DOLGUŠIN, A. A. 20
Dongusorun
  Bach, Fluß 25, 73, 133, 137
  Berg, Massiv 19, 137 f., 141
  Gipfel 25, 73, 141 f., 186, 188
  Gletscher 21, 44, 46, 48, 71 f., 91, 114, 137 ff., 142
  Paß 15, 73, 137, 140 f.
  See 137, 139 ff.
  Tal 113, 115, **137 ff.**
Dshailykbaschi 25, 75
Dshankuat
  Becken **85 f.**, 96
  Gletscher 23 f., 37, 44, 48, 66, 74, 79, **85 ff.**, 143, 145 ff.
Dshantugan 145, 147
Dshantugan-Tschiran 23
Dshapyrtala 72, 76
Dshikiugankes
  Gletscher 43 f., 69, 71, 82, 133
  Gletscherplateau 44, 62, 81 ff.
DUBJANSKIJ, V. V. 20 f., 107

Egesen-Stadium 78
Eisabbau 32
Eisabbruch 85, 88
Eisabnahme 125
Eisaufbruch 146
Eisbedeckung 61
Eisbewegung 64, 89, 146, 149
Eisbewegungsgeschwindigkeit 125
Eisbildung 24, 41 f., 61 f., 64, 67, 69
Eisbildungstyp 62
Eisblock 71, 125
Eisdatierung 97
Eisdichte 87, 88
Eisdicke 64, 85, 129, 146
Eiserneuerung 97
Eisfeld 19, 61 f., 126, 133
Eisfläche 16, 83, 89, 125, 133
Eisfließen 125
Eisgrenze 150
Eishalt 79, 96, 128
Eishaushalt 85, 98
Eiskappe (-kalotte) 44, 85, 137
Eiskern 114
Eiskonzentrationsgebiet 88
Eiskörper 114, 124
Eiskristall 87, 88
Eislawine 149
Eismächtigkeit 23, 64, 68, 77, 85, 87 ff., 96, 124, 127, 129, 188
Eismasse 118, 125, 131
Eisneubildung 62
Eisoberfläche 90, 124, 149
Eisoszillation 32, 69, 80, 124
Eispfeiler 46, 88

Eisrand 125, 146
Eisrückgang 79
Eisscheide 44, 92, 121, 127, 130, 133, 140
Eisschicht 42, 62, 90 f.
Eisschmelze 107
Eisstärke 88 f.
Eisstausee 46, 68, 71, 137, 145, 146
Eisstrom 76, 87 f., 90, 129 ff., 133, 137, 141 ff., 145
Eisstromnetz 77
Eisstruktur 24, 91
Eissturz 130, 138, 142, 146, 148
Eistemperatur 90 f.
Eisverlust 85, 142
Eisvolumen 85, 124
Eisvorstoß (-vorschub) 32, 78 f.
Eiszement 114
Elbrus
  Berg 11, 14 ff., 18 ff., 25, 27 f., 30 ff., 41 f., 44, 50, 61 ff., 67, 71, 78 ff., 82 ff., 121, 126 f., 131, 133, 136, 187
  Eiskappe (-kalotte) 44
  Fundament 130
  Gipfel 19 f., 61, 64, 69, 82, 85, 127
  Gletschersystem **61 ff.**, 74 f., 77, 83, 140
  Ostgipfel 130, 133
  Siedlung 32, 41, 54, 133, 135
  Vulkan 11, 20, 25, 27, **28 ff.**, 32 ff., 61, 71
  Westgipfel 19, 84
Elbrusausbruch 83
Elbrusbesteigung 18
Elbrusgletscher (-verletscherung) 13, 18 ff., 30, 42 ff., 61 f., 64 ff., 69, 71, 73 ff., 79, **80 ff.**
Elbrushang 15, 18 ff., 22, 25 f., 28, 32, 37 f., 61 f., 64, 74, 123, 130
Elbruskomplex 28
Elbrusmassiv 23, 25, 29, 31, 43, 52, 54, 63, 73, 131, 181, 185
Elbrusnordhang 30
Elbrussattel 37
Elbrussüdhang 20, 22, 31, 47, 85, 119
Elbrusvulkan 28
EMANUEL, G. A. 15
Endmoräne 16, 19 f., 32, 35, 75, 79, 86, 96, 100, 123, 130 f., 136 ff., 140, 145, 150
Endmoränenwall 36, 94 f., 123, 134, 141, 145, 151
ENGELHARDT, M. v. 15
Erdpyramide 136

FËDOROV, E. K. 23
Feinschutt 119, 125

Felsenkette („Skalisty chrebet") 25, 28, 50 ff., 55, 58 f., 108
Fernau-Maximum 97, 131, 134 f., 140 f., 145
Fernau-Stadium 32, 75, 78 f., 91, 95 ff., 113 ff., 122 f., 127 f., 130 f., 135, 139 f., 143, 145, 149 f.
Firn 88, 90, 118, 140
Firnansammlung 133
Firnbecken 75, 85, 88, 93 f.
Firnbildung 61
Firneis 88
Firnfeld 28, 61, 121, 127
Firngebiet 37, 84
Firnkammer 76
Firnlinie 39, 44, 46, 59, 64, 75, 79, 88, 93, 99
Firnmulde 74 ff.
Firnplateau 42, 92, 94, 148
Firntemperatur 90
Fließerdegürtel 127 f.
Forschungsstation „Ledowaja basa" (Eisbasis) 37 f., 84, 127 f., 130 f.
FRESHFIELD, D. W. 18
FROLOV, JA. I. 22, 96, 130
Frontalniederschlag 38
Frontwall 115, 140
Frühjahrsniederschlag 65
Fumarole 11, 20, 31
funktionale Zone 153, 155 f.

Garabaschi
  Bach, Fluß 25, 30, 123, 127 ff.
  Berg 129, 190
  Eisstrom 127
  Gletscher 19 f., 22, 43 ff., 47, 62, 71, 79, 81 ff., 119, 123, 127 ff., 181
  Plateau 50
  Schlucht 128 f.
  Tal 29 f., 32, 71, 107, **127 ff.**
Gebirgslaubwaldstufe 56, 58
Gebirgsnadelwaldstufe 57 f., 156
Gebirgspodsol 35
Gebirgssteppenstufe 55 f.
Gebirgsvergletscherung 32, 74, 76
Gebirgswald- und -wiesensteppenstufe 55 f.
Gebirgswiesenboden 34 f.
Gebirgswiesensteppe 35, 58
Gebirgswiesensteppenstufe 55 f., 156
Gebirgswiesenstufe 35, 39, 57 f., 156
Geologie **25 ff.**
GERASIMOV, A. P. 21
Gerchoshan
  Gletscher 72

Fluß 76 f.
Tal 76 f., 113
Germogenow 143
Gesteinsrohboden 35, 59
Gesteinsschutt 112, 114, 119 f.
Glazialmorphologie **121 ff.**
Gletscher **42 ff.**, **61 ff.**
   Flächenänderung 65, 69, 76, 79 f., 82 ff.,
      94, 96, 98, 100
   Höhenänderung 69, 82 ff., 95, 124, 130, 137
   Längenänderung 82, 84, 133
   Volumenänderung 65, 69, 82 f., 85,
      96 ff., 103
Gletscherabfluß 91, 97 ff.
Gletscheratlas 23
Gletscherbach 71, 121, 150
Gletscherbecken 85 f., 88, 91, 96
Gletscherbewegung 62, 65, 68, 86, **89 ff.**
Gletscherbildung 61, 64, 74
Gletscherbruch 22, 43, 46, 62, 64, 68, 86 ff.,
   124 ff., 133, 148
Gletscherdynamik 13, 19 ff., 22, 64, 66, 68,
   89, 91, **95 ff.**
Gletschereis 62, 74, 88, 91, 147
Gletscherende 20, 68 f., 71, 84 f., 96, 123 ff.,
   130, 140, 149, 150
Gletscherentwicklung 75, 92, 97
Gletscherexposition 44, 46, 72, 76, 82 ff., 86,
   130 ff., 137, 142
Gletscherfläche 37, 42, 72, 80, 82, 94, 97,
   124, 126 f.
Gletscherflanke 149 f.
Gletscherforschung **15 ff.**, 24
Gletscherfront 75, 85, 94 f., 123 f., 149
Gletschergrenze 94, 123, 127, 131, 135 f., 145
Gletscherhalt 21, 123
Gletscherkatalog 21, 71, 113
Gletscherkomplex 121, 123, 127
Gletscherlage 86, 155
Gletschermächtigkeit 42, 64, 80, 85 f, **88 f.**,
   96 f., 126, 133, 137, 140 f.,
Gletschermasse 96, 108
Gletschermonitoring 24, **85 ff.**
Gletscheroberfläche 30, 46, 62, 69, 82 ff.,
   88 f., 94 f., 127, 130, 133, 148 f.
Gletscherplateau 44, 62, 81 ff., 147
Gletscherpolierung 134
Gletscherprognose **98 ff.**
Gletscherrand 89, 123, 127, 130, 135, 150
Gletscherregime 42, 73 f., 95, 98
Gletscherregression (-rückgang, -rückzug)
   22, 64 f., 75 f., 79 f., 83

Gletscherschliff 32, 96, 123
Gletscherschmelzwasser 33, 146, 150
Gletscherschramme 32, 127
Gletscherschwankung 22, 66 ff., 73, **77 ff.**,
   95 f., 99, 125, 133, 140, 149
Gletscherspeisung 39, 69, 74, 97, 100, 142
Gletscherstau 125, 129
Gletscherstausee 109, 129, 140, 189
Gletscherstirn 20, 80, 96, 100, 125
Gletscherstrom 19, 62, 124
Gletschersturz 141
Gletschertisch 48
Gletschertopf 146
Gletschertor 81, 150
Gletschertyp 21, 44 f., 73
Gletschervolumen 80, 108
Gletschervorstoß (-vorschub) 16, 21, 68, 77 f.,
   84, 128, 141
Gletscherzunge 16, 18, 20 ff., 43, 61, 64, 68 f.,
   71, 73 f., 76, 80 f., 84, 87, 89 f., 93 f., 124 f.,
   127, 130, 133, 135, 137 ff., 145 f.
Gletscherzustand 92, 97
Globaltemperatur 107
Golez-Denudation 128
GOLOMBIEVSKIJ, M. K. 20
Gonatschchir-Stadium 78
Großer Aletschgletscher 99
Großer Asau 11, 16 ff., 25, 30, 32, 43 ff., 48,
   62, 64, 68 ff., 75, 79 ff., 107, **121 ff.**, 129,
   183, 187
Großer Kogutai 44, 73
Großer Makulan 110, 113
Grundmoräne 35, 68, 125 ff.
Grundwasser 40, 143
Gschnitz-Stadium 78
GVOZDECKIJ, N. A. 23

Hang-Steingletscher 116
Hangablagerung 32, 36
Hangabtragungsprozeß 55, 72, 85, 116, 145
Hangbecken 111
Hangbefestigung 156
Hangexposition 38, 41, 61 f., 117, 133
Hangform 19, 108
Hangfuß 33, 55, 58, 110, 114, 120, 124 f.,
   129, 131, 134, 140
Hanggley 56, 58
Hangneigung 54, 58, 62, 83, 118 f., 129, 143
Hangprofil 32, 108, 131 f.
Hangprozeß 123 f., 127, 132, 135 f., 144, 155
Hangrutschung 33, 128, 136, 144
Hangschutt 33, 117

Hangsediment 34, 36
Hangseli 108, 110 ff.
Hangstufe 26, 143
Hangsturz 33, 128
Hangtyp 115 f.
Hauptkette („Glawny chrebet") 11, 19, 25 f.,
   32, 34, 39, 42 f., 45 f., 49, 54, 58 f., 61, 71,
   73 ff., 79, 82, 85, 108, 113 f., 116 f., 123,
   137 f., 144, 147 f., 184, 186, 189
HAXTHAUSEN, A. v. 15
HEKATAIOS VON MILET 11
HERODOT 11
HEYBROCK, W. 22 f.
Hintereisferner 99
historisches Stadium 31 f., 78, 113, 122 f.,
   129 ff., 135 f., 139 ff., 145, 150
Hochwasser 149
Höhengliederung 33 f., 48
Höhenstufe 33, 39 f., 48 f., 51, 54 f., 59, 139
   alpine **35**, 40, 48, 118
   glazial-nivale 39 f.
   glaziale 118
   montane 40
   nival-glaziale 35, 39, 57, 59, 156
   nivale 118
   subalpine **35**, 118, 120
   subnivale 155
Höhenstufengrenze 48
holozäne Vergletscherung 77 f., 95, 122 f.
HUMBOLDT, A. v. 48
Hydrologie **36 ff.**

Infiltration 62
Infiltrationseigenschaften 40
Infiltrationseisbildung 69
Infiltrationseiskern 114
Infiltrationsschicht 62
Infiltrationszone 62
Innenmoräne 68, 71, 124
Insolationsaufheizen (-erwärmung) 42, 147
Internationales Geophysikalisches Jahr (IGJ)
   14, 23 f., 64, 80, 124, 127, 133, 137
Internationales Hydrologisches Dezennium
   (IHD) 14, 23 f., 42, 91, 93 f.
Irik
   Gipfel 25
   Gletscher 11, 20 ff., 43 f., 46, 62, 69, 71 ff.,
      81 ff., 120, 130, 133, 135 f., 187
   Fluß 25, 133, 136
   Tal 32, **133 ff.**
Iriktschat
   Fluß 136

Gletscher 11, 44, 69, 71, 81 ff., 136, 137
Paß 28
Tal **133 ff.**
Iriktschatkala 133
Islamtschat
   Bach 117
   Tal 115

Jahresmitteltemperatur 37, 90
Jahresniederschlag 53, 56
Jalbus 13
Junom 75
Jusengi
   Bach, Fluß 25, 32, 73, 141
   Gipfel 141 f.
   Gletscher 20 f., 44, 71, 141 ff.
   Tal 32, 73, 136, **141 ff.**, 147, 188

Kabardino-Balkarien 13, 27, 107
Kammeis 118, 124, 128
Kar-Steingletscher 115
Kar-Talgletscher 44 f., 74, 76 f., 114, 137, 150
Kar-Wandgletscher 43 ff., 73 ff., 86
Karatschaul 44, 81 ff.
Kargletscher 39, 43 ff., 74 ff., 86, 114 f.,
   117, 134
Kasbek
   Berg 11, 18, 71
   Gletscher 99
Kasbekgebiet 22, 71
Kaschkatasch 44, 74 f., 143, 146 f.
Kastanosem 53, 55 f.
Kegelberggletscher 43 f., 47, 71, 187
Kesgenbaschi 25
Kestanty 72, 76 f.
kinematische Welle 84, 125, 149
Kjukjurtlju
   Gletscher 28, 81 ff., 85
   Wand 28
Kjunnjumak 137
KLAPPROTH, H. J. 15
KLEBELSBERG, R. v. 21
Kleiner Asau 19, 21 ff., 25, 30 ff., 43 ff., 47,
   65, 69, 71, 81 ff., **121 ff.**, 181
Kleiner Kogutai 44, 73
Kleiner Makulan 110, 113
Klima **36 ff.**, 51 ff., 58 f, 73, 95, 113
Klimaänderung 66, 106
Klimaoptimum 78
Klimarauheit 38 f.
Klimaschwankung 61, 106, 125
Klimastabilität 106

Klimaszenarium 100
Klimaverbesserung 140
KNIŽNIKOV, JU. F. 24, 62
KOCH, K. 15
Koeffizient der Niederschlagsanomalie (K_m) 105 f.
Koeffizient der Flußspeisung 40
Kogutai 43, 73, 141
Kogutaibaschi 138
Kogutai-Dongusorun-Massiv 139
Koiawgan 86
KOLENATI, F. A. 15
Kongelation 62
Kongelationseis 88
Kongelationszone 62
Korngrößenverteilung 35
Korngrößenzusammensetzung 129
KORONOVSKIJ, N. V. 24
KOSOV, B. F. 23
KOVALĔV, P. V. 23, 68, 89, 107, 124
Kreidekette („Melowy chrebet") 25, 28, 49 ff., 55, 59, 108
kryogene Phänomene **118 ff.**
Kuban 28, 61
Kubasanty 72, **73,** 111, 113
Kubasantytschsu 25, 32
Kullukol 75
Kuma-Manytsch-Senke 11
KUPFFER, A. TH. 15
Kurmytschi
   Gletscher 72, 76
   Kette 74
KUŠEV, S. L. 23
Kyrtyk
   Fluß 25 f., 32, 107, 112, 117, 123
   Gletscher 72, **73**
Kysburun 51

Lampashiko 110, 113
Landschaft 14, 16, 48 ff., 54, 59, 85, 128
Landschaftsgliederung **48 ff.,** 59
Landschaftshaushalt 54, 59
Landschaftshöhenstufe 48, 53, 55 ff., 156
Landschaftsprofil 49 ff.
Landschaftsschutz 156
Landschaftsschutzgebiet 153, 155
Landschaftsstruktur 48, 59
Landschaftstyp 50, 52
Landwirtschaftszone 153
Lawine 23, 33, 42, 54, 58 f., 77, 86, 88, 95, **101 ff.,** 113 f., 116, 120, 123 f., 132 f., 135 ff., 142 ff., 151, 155

Lawinenabgang 101, 103, 105 f., 138, 147, 157
Lawinenablagerung 33, 35, 131, 135, 187
Lawinenbahn 117
Lawinenbildung (-entstehung) 42, 103, 106
Lawineneinzugsgebiet 101
Lawinenforschung 23 f.
Lawinenfrequenz 107
Lawinengefahr (-gefährdung) 58, 101, 103, 105 ff., 124, 139, 143, 147, 153, 155
Lawinengröße 103
Lawinenherd 147
Lawinenhügel 135
Lawinenkanal 103
Lawinenkatalog 24
Lawinenkatastrophe 42, 101, 103 f., 106 f.
Lawinenkegel (-fächer) 54, 86, 88, 103, 114 f., 131, 138
Lawinenprognose 106
Lawinenregime 101
Lawinenruhe 133
Lawinensammelbecken 101
Lawinenschaden 104, 106
Lawinenschnee 114, 147
Lawinenschutt 139
Lawinentätigkeit 84, **101 ff.,** 120
Lawinentyp 101, 103
Lawinenverbau 156
Lawinenwarnungen 147
Lawinenzerstörung 103
Lehr- und Forschungsstation „Asau" 14, 23 f., 33, 41, 101, 103, 105, 123, 184, 189
Leksyr 74, 92
LENZ, H. F. E. 15
Limmerngletscher 99
Lufttemperatur 20, 37 f., 41, 64, 67, 97, 101 f.

MAIER, A. 15
Maili 71
Malka
   Einzugsgebiet 42, 44, 61, 117, 153
   Fluß 15, 43
   Tal 30
Massenbilanz 24, 42, 65, 74 f., 79, **91 ff.,** 97 ff.
Maximalstadium 77 f.
Medweshi („Bären-")
   Bach 140 f.
   Gletscher 137, 140
   Tal 141
MERZBACHER, G. 13, 17 f., 21, 23, 146, 149
Mikeltschiran 44, 71, 81 ff.

Mikrorelief (-form) 41, 46, 87 f., 114 f., 118 ff., 124, 139, 143
MILANOVSKIJ, E. E. 24
Mingi-Tau 13
Mittelmoräne 35, 84, 131, 134, 187
Monatsmitteltemperatur 53, 56, 58 f., 101
Mont Blanc 11
Moräne 19, 23, 31, 33, 40, 48, 59, 86, 96, 114, 123 ff., 127, 130 f., 141, 145, 147, 149, 151, 189
Moränenablagerung 23, 32, 54, 77, 81, 87, 115, 117, 123, 128, 131, 135 ff., 144 ff.
Moränendecke (-bedeckung) 40, 46, 48, 68, 72 ff., 77, 80, 89, 94, 109, 124, 146
Moränenhülle 125, 137, 142, 149
Moränenkamm 117, 143, 150
Moränenkomplex 32, 71, 76, 126, 128, 132, 134, 136, 143
Moränenmächtigkeit 33, 48, 68, 72, 124 f., 142, 148
Moränenmaterial 21 f., 31, 33 ff., 58 f., 71 f., 76 f., 90, 96, 112 f., 115, 117, 119 f., 124, 128 f., 131, 133 f., 136, 146, 150
Moränenwall 20, 75 f., 123 f., 127, 130 f., 134, 137, 140 f., 145 ff., 149 f.
morphologisch-tektonische Struktur **86 ff.**
morphologisch-tektonische Zone 87, 90, 94, 97
Mündungsstufe 86, 135 f., 140 f., 143, 151
MÜNSTER, S. 15
MUŠKETOV, I. V. 18

Nachttemperatur 41
Nährgebiet 19, 67, 69, 71, 75, 83 f., 126, 130, 133, 137 f., 148
Nakra 137, 140
Nakratau 137, 141
Narsan-Tal 190
Nationalpark „Elbrusgebiet" 59, **153 ff.**
Naturbedingungen **25 ff.**
Naturschutz 58 f., 153
Naturschutzgebiet 153, 155
Naturschutzzone 153
Nejtrino 113
Niederschlag 38 ff., 52, 54 f., 58, 66, 71, 86, 95, 100 ff., 105 ff.
 extremer 106
 fester 38 f., 41, 142, 145
 flüssiger 38 f., 107
 winterlicher 97, 100, 106 f.
Niederschlagsanomalie 105 f.
Niederschlagsdefizit 37
Niederschlagshöhe 109

Niederschlagsmaximum 51, 54 f.
Niederschlagsmenge 38, 40, 49, 54, 101, 105
Niederschlagsregime 110
Niederschlagssumme 106, 108
Niederschlagszunahme 42
Nivation 118, 120
Nivationsnische 139
Nivationsprozeß 118, 120
Nivationsterrasse 139
NOVICKIJ, V. O. 20, 68
Nowy krugosor („Neuer Rundblick") 128

Oberboden 34 ff.
Oberflächenabfluß 40, 108
Obermoräne 68, 124, 138, 148
Ogiven 62, 133
OLJUNIN, V. N. 23
OREŠNIKOVA, E. I. 22, 123
Orographie **25 ff.**
Orubaschi 25, 75
Oschchomacho 13

PAFFENGOL'C, K. N. 21
PALLAS, P. S. 13, 15
PARROT, G. F. 15
PASTUCHOV, A. V. 19 f., 81
Pastuchow-Felsen 30, 69, 121, 127
PASTUCHOV-Karte 20 ff., 73, 79 f., 115, 117, 126, 133
PENCK, A. 21
Periglazialerscheinungen 141
Periglazialgebiet 76 f.
Periglazialzone 24
Permafrost 114, 118
Pik Kawkas 25, 144, 147
Pik Schurowski 147 f.
PODOZËRSKIJ, K. I. 21, 80
Podsol 35, 53, 56, 58
Podsol-Braunerde 35
Podsolierung 35, 36
POGGENPOL', N. V. 20, 149
POPOV, M. N. 22
Prozeß
 glazial-nivaler 33, 139
 glazialer 33
 kryogener 13, 41 f., 85, **101 ff.**, 124, 126 ff., 135 f.
 nival-glazialer 42
 nival-kryogener 143
 periglazialer 13, 34, 85, **101, 118**
Pschekisch-Tyrnyaus-Bruchzone 26

Pufferzone 153
Pulsation 126, 129
pulsierender Gletscher 73, 125 f.

RADDE, G. 16
Ranker 56
Rasenschälen 33, 139, 155
Regelation 62
REINHARD, A. v. 21 ff., 78 f.
Rekreation 112, 141, 151, 153, 155,
  gesteuerte 153, 155
  ungesteuerte 153, 155
Rekreationszone 153, 155
Relief 23, 28, **31 ff.**, 34, 37 f., 41, 48, 55, 59, 64, 74, 78, 85, 88, 96, 108, 113, 115, 118, 121, 130, 135, 137, 141, 143 f., 150 f.
  alpines 101
  alpinotypes 77
  glazial-nivales 08
  kryogenes 33, 118, 120
  nival-kryogenes 127
  rezentes 77 f., 95, 140
Reliefform 61, 113 f., 125, 133
Reliefzerschneidung 74, 101, 113
Rendzina 56, 58
RENGARTEN, V. P. 22
RICHTHOFEN, F. v. 16
RICKMERS, W. R. 16 f.
RITTER, C. 15
ROSEN, G. 15
ROSSIKOV, K. N. 18

Sabalyksu 72, 76 f.
Sagajewski 112
Sajukowo 51, 55, 108, 110, 113
SALICHANOV, M. C. 23
Sander 141, 143, 146, 149, 188
Sarenn 99
Schchelda
  Gipfel 25, 147, 151
  Fluß 123, 143, 147, 149, 151
  Gletscher 21, 43 f., 46, 48, 74, 79 ff., 147 ff., 183
  Tal 32, 141, **147 ff.**
Schichtfluten 33
Schlamm-Stein-Seli 111, 135
Schlammakkumulation 108 f.
Schlammstrom 24, 30, 33, 35, 54, 58 f., 77, **107 ff.**, 129, 147
Schlammstromablagerung 33, 54
Schlammstromgefährdung 24
Schlammstromkegel 52, 54, 129

Schmelzwasser 28, 46, 71, 74, 86, 97, 108, 113 f., 127 ff., 135
Schmiermoräne 32
Schnee 20, 33, 38 f., **41 f.**, 46, 48, 62, 65, 75, 78, 86, 88, 90, 95, 103 f., 107, 120, 130, 133, 140, 143, 147, 151
Schnee-Eissturz 138, 148
Schnee-Firn-Schicht 42, 67
Schneeakkumulation
  (-anhäufung, -ansammlung) 19, 37, 40, 42, 61, 95, 101, 107, 130, 133, 139 f., 147
Schneearmut 113
Schneedecke (-bedeckung) 23, 38, **40 ff.**, 52, 54 f., 58, 61 f., 101 f., 107, 114, 139
  beständige 38, 41, 54
  episodische 41
  ganzjährige 41
  saisonale 61
Schneefälle 38, 41 f., 101, 103 f., 107, 132, 143, 147
Schneefeld 19, 61
Schneefläche 120
Schneefleck 39, 109, 114, 118 ff., 127, 130, 132, 134, 143, 151
  begrabener 120
  übersommernder 32, 128, 131, 139
Schneegestöber 103 f., 128
Schneegrenzdepression 22, 79, 96, 99
Schneegrenze 16, 22, 41 f., 59, 77 f., 118, 145
Schneehöhe 41 f., 58, 61
Schneelast 139
Schneelawine 54, 59, 131 f.
Schneemächtigkeit 38, 40 ff., 61 f., 65, 95, 101 ff.
Schneemasse 20, 103 f., 118
Schneemenge 38, 42, 61 f., 65, 74, 97, 100, 104, 106 f., 120
Schneeschicht 42, 90, 101, 103
Schneeschmelze 103, 107, 129
Schneetemperatur 90
Schneetransport 38
Schneetreiben 41 f., 133, 145
Schneeumlagerung 61, 74
Schneewächte (-wehe) 42, 101, 130
Schutt 112 f., 124, 131, 149, 151
Schutt- und Deluvialablagerung 55, 58
Schutt-Ranker 56
Schuttdecke 114, 124
Schuttfächer 132, 139
Schutthalde 55, 58, 86, 131
Schutthang 58, 85
Schuttmasse 107, 109, 114

Schuttmaterial 114, 120, 149
Schuttschleppe 33, 115 ff.
Schuttseli 111
Schutzhütte „Prijut-11" 22, 30, 42, 69, 121, 127, 186
Schwarze Berge („Tschornyje gory") 25, 28, 55
ŠČUKIN, I. S. 22
Seitenkette („Bokowoi chrebet") 11, 20, 25 f., 28, 32, 41 f., 50, 52, 54, 58, 73, 76, 79, 86, 108, 113 f., 117, 121, 132
Seitenmoräne 20, 35, 48, 77, 86, 123 f., 137, 139, 145
Sel (Seli, Selstrom) 24, 33 f., 71, 75, **107 ff.**, 114, 123 f., 129 f., 132, 138, 145 ff., 149 ff., 155, 190
    anthropogener 109 ff.
    diskordanter 111
    einfacher 110
    glazialer 71, 108 f., 112, 129, 147
    kombinierter 108, 110
    limnogener 109
    nivaler 109 f.
    seismischer 109
    vulkanogener 109
Seliabgang 109, 111
Seliablagerung 33, 123, 130 f. 187
Selibecken 108 ff.
Selibildung 42, 108
Seligefahr (-gefährdung) 77, 110, 147
Selikatalog 24
Selirichtungskanal 112 f.
Selischwemmfächer 129, 136
Selityp 110, 144
Seljonaja gostiniza („Grünes Hotel") 147
SELLA, V. 17
Selstrombett 111 f.
Shanchoteko 51
Sieben 46, 138, 186
Solifluktion (solifluidal) 33 ff., 58, 109, 114, 119, 124, 126 ff., 135, 140, 143, 155
Solifluktionsprozeß 118, 131, 134
Solifluktionsterrasse 33, 118 f., 128, 139
Solifluktionsgirlande 118 f.
SOLOV'ËV, S. P. 22, 130, 149
Spätglazial 133
Spätpleistozän **77 ff.**, 138, 140 f., 144
springende Lawine 143, 147, 149
Starkregenseli 107, 110, 147
Station „Stary krugosor" (Alter Rundblick) 22 f., 30
Station Pjatigorsk 97

Stauchmoräne 150
Stauchmoränenwall 68
Staugley 58
Stein-Medaillon 129
Steingletscher 33, 74, 76, 86, **113 ff.**, 130, 132, 134, 136 f., 140
    alter 115 ff.
    embryonaler 115 ff.
    junger 115 ff.
Steinnetz 33, 119
Steinpflaster 118
Steinpolygon 128 f.
Steinring 119
Steinschlag 33, 77
Steppen- und Wiesensteppenstufe 52 f.
Steppenstufe 49, 53 ff.
Storglaciären 99
Streifenboden 124, 139
Strombettseli 108, 111 f.
Strukturboden 35, 119
Sturzregen 38, 40, 108 f., 147
Sublimationsschicht 62
Swanetien 137, 143
Syltransu 107, 113
SYSOEV, V. M. 21

Tagestemperatur 38, 62
Talgletscher 39, 43 ff., 48, 71, 73 ff., 79 f., 86, 91, 114, 124, 133, 136, 138, 142, 145 f., 148, 187
Tanais 11
Tartu 15
Teberda 78 f.
Tegenekli 32, 110, 123
Tektonik **25 ff.**
Temperatur 31, 37 ff., 48, 54, 65, 88, 90 f., 100, 107, 114, 124
Temperaturregime 37, **89 ff.**
Temperaturschwankung 38, 91
Temperatursturz 103
Terek 25
Terskol
    Fluß 25, 131, 133
    Gipfel 37
    Gletscher 18 ff., 22, 43 f., 47, 71, 81 ff., 123, 127, 130 f., 133, 181, 187
    Siedlung 23, 37, 54, 101, 103 ff., 132, 155
    Station 37 ff., 41, 94, 97, 101 f., 106, 108
    Tal 17 f., 29 f., 32, **130 ff.**, 187
Terskolak 131, 133
Thermokarst 114, 120, 124 ff., 128
Thermokarsttrichter 114, 120

thixotroper Boden 124, 128
Thufur 33, 118 f., 129, 135, 141, 190
Tjutjusu
   Fluß 113
   Gletscher 44, 71
   Tal 72, **76**, 77
Toteis 22, 69, 71, 74, 84 f., 87, 113, 120, 123 f., 126 ff., 135, 146, 150
Tschalaat 74
Tschatyntau 147 f.
Tscheget
   Berg 140 f.
   Hang 32, 104 f., 157
   Massiv 50, 54, 58, 137, 139, 184
   Waldwiese („Tschegetskaja poljana") 138, 141
Tschegetkara 75
Tschelmas 72, 76
Tscherek 71
Tschernosem 53, 56
Tschiper-Asau 11, 19 f., 23, 25, 43 f., 123
Tschungurtschattschiran 44, 81 ff.
TUŠINSKIJ, G. K. 23, 62, 77 ff., 82, 101
Tyrnyaus 28, 32, 54, 59, 108, 110 ff.

Ufermoräne 75, 79, 81, 86, 96, 119, 127 ff., 133 ff., 138 ff., 145 f., 149 f.
Ullukara 144
Ullukol 44, 81 ff.
Ullumalienderku 81 ff.
Ullutschiran 44, 71, 81 ff.
UNGERN-STERNBERG, F. T. 20
Untereisrelief 86 f., **88 f.**, 125
Urusbijewo 23
Uschba 25, 144, 148, 151, 186

VARDANJANC, L. A. 22
Verdunstung 39
Vergletscherung 21, 32, 68, 73, **77 ff.**
   holozäne 78
   postpleistozäne 95
   rezente **113 ff.**
   spätglaziale 77 f.
   spätpleistozäne **77 ff.**, 95
Vergletscherungsstadium 32, 78, 130
Vergletscherungszentrum 71, 75 ff.
Verwitterungsschutt 46, 85
VIRCHOW, R. 16
VIŠNEVSKIJ, V. 15

WAGNER, E. 21

WAGNER, M. 15
Waldboden 33, 35
Waldgürtel **35 f.**
Waldkette („Lesisty chrebet") 25, 28, 55
Waldsteppenstufe 54 ff.
Waldstufe 39, 53 f.
   Buchen- 39
   Buchen-Eichen- 39
   Eichen-Hainbuchen- 39
   Kiefern-Birken- 39
WALTHER, J. 16
Wandgletscher 43 ff., 74 ff., 86, 114, 138, 186
Wasser 35, 40, 71, 91, 98, 107, 109, 127 ff., 132, 141, 143, 150
Wasser-Stein-Seli 68, 111, 129, 132, 135
Wasseräquivalent 95, 97, 99
Wasserfall 127 f., 136
Wasserführung 39, 108
Wasserhaushalt 39 f.
Wasserlauf 107, 110, 132, 136, 143, 149 f.
Wasserleite 131, 151
Wasserlinse 91
Wasserscheide 11, 25, 28, 30, 85, 132, 144, 147
Weidekette („Pastbischtschny chrebet") 25
Werchni Baksan 11, 23, 41, 107, 112 f.
Wiatau 86, 96
Wiesen- und Waldsteppenstufe 53 f., 56
Wiesensteppenstufe 53
Wiesentschernosem 58
WINKELMANN, O. 16
Wisjatschi 86, 96
World Glacier Monitoring Service (WGMS) 91

Zej 99
zentraler Kaukasus 11, **15 ff.**, 25 ff., **33 f.**, 35, 37, 39, 41 f., 61, 74, 85, 91, 95, 98 ff., 106, 108, 110, 113, 118, 144
Zirkulation
   atmosphärische 37, 65, 98, 100, 106
   meridionale 37, 106
   östliche 37, 98
   zonale 37, 65
Zone der gesteuerten Rekreation 153, 156
Zone der landwirtschaftlichen Nutzung und Siedlung 155, 156
Zone der Natur- und Landschaftsschutzgebiete 153, 155
Zone der ungesteuerten Rekreation 153, 155 f.
Zwergpodsol 35

Anhang

Blick auf das Elbrusmassiv mit den Gletschern Kleiner Asau, Garabaschi und Terskol
(Foto: OLEJNIKOV, 1994)

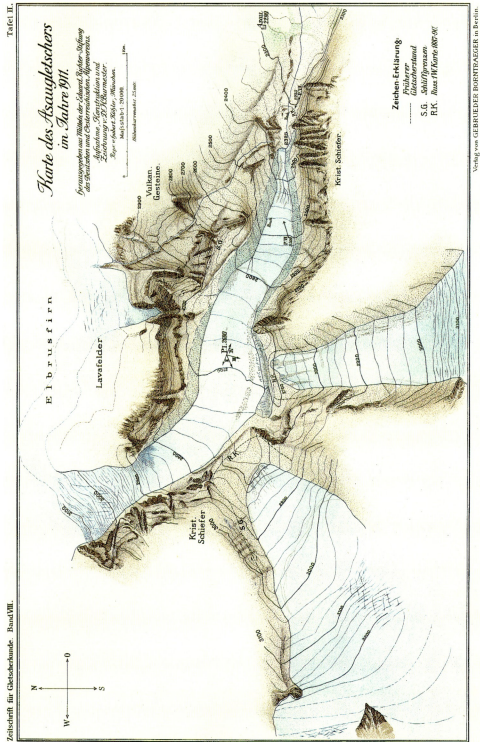

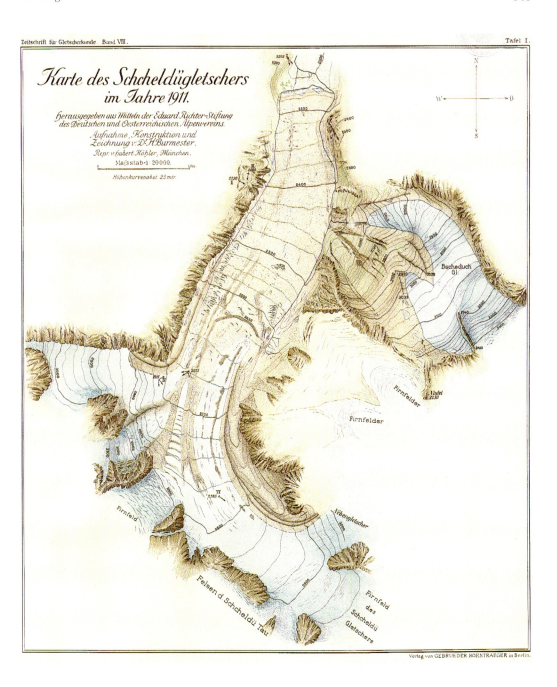

Faksimile 1 (links)
Der Große Asau-Gletscher (aus BURMESTER 1913; verkleinert)

Faksimile 2 (oben)
Der Schchelda-Gletscher (aus BURMESTER 1913; verkleinert)

Abbildung I
Wissenschaftliche Lehr- und Forschungsstation Asau der Moskauer Staatlichen Universität. Das mittlere Gebäude wurde im Februar 1993 von einer Lawine völlig zerstört (Foto: SCHULZ, 1990).

Abbildung II
Typische Trogtalform des obersten Baksantales unterhalb der Station Asau; rechte Talflanke mit Lawinenkegeln vom Tscheget-Massiv der Hauptkette (Foto: BAUME, 1992)

Abbildung III
Satellitenbild des Elbrusmassivs vom 22. 8. 1988
(Foto: Fundus der MGU)

Abbildung IV
Blick auf die Hauptkette des zentralen Kaukasus vom Elbrussüdhang mit dem Dongusorun-Gipfel (4454 m) und dem Wandgletscher „7" sowie der doppelgipfligen Uschba (4700 m);
Foto: BAUME, 1989

Abbildung V
Der aus kristallinen Gesteinen der Hauptkette aufgebaute Doppelgipfel der Uschba (4700 m);
Foto: BAUME, 1990

Abbildung VI
Schutzhütte „Prijut-11" (4050 m) auf dem Elbrussüdhang
(Foto: BAUME, 1991)

Abbildung VII
Der Talgletscher Großer Asau mit moränenbedeckter Gletscherzunge
(Foto: SCHULZ, 1992)

Abbildung VIII
Das Terskol-Tal; im Hintergrund der Kegelberggletscher Terskol, dessen Zunge über den vulkanischen Felsriegel hängt; seitlich einmündende Seli- und Lawinenablagerungen
(Foto: SCHULZ, 1992)

Abbildung IX
Der vom Südosthang des Elbrus herabfließende Talgletscher Irik mit gut ausgeprägter Mittelmoräne
(Foto: BAUME, 1993)

Abbildung X
Der Gipfel Dongusorun (4454 m); die Eiskappe hat eine Mächtigkeit von etwa 100 m (Foto: BAUME, 1990)

Abbildung XI
Blick in das Jusengi-Tal mit der breiten Sanderfläche
(Foto: BAUME, 1992)

Anhang 189

Abbildung XII
Satellitenbild vom Baschkara-Gletscher im oberen Adylsu-Tal; in der Bildmitte ein Gletscherstausee hinter der Moräne des 19. Jh. (Foto: Fundus der MGU)

Abbildung XIII
Asau-Tal oberhalb der Station Asau. In dieser Schlucht lag der Gletscher noch Anfang dieses Jahrhunderts; an der linken Talflanke Andesit-Dazit-Säulen holozäner Laven, rechts die kristallinen Gesteine der Hauptkette (Foto: BAUME, 1989).

Abbildung XIV
Das von einem Selstrom 1984 zerstörte Alpinistenlager „Dshailyk" im oberen Adyrsu-Tal
(Foto: BAUME, 1986)

Abbildung XV
Thufure auf einem ebeneren Abschnitt des Garabaschi-Hanges
(Foto: BAUME, 1993)

Abbildung XVI
Subalpine Wiese im Narsan-Tal
(Foto: BAUME, 1993)

Ergänzungshefte zu Petermanns Geographischen Mitteilungen

Eine der ältesten und interessantesten Reihen geographischer Fachliteratur. Seit 1860 sind insgesamt 292 Ergänzungshefte erschienen, die spezielle Themen behandeln und Beiträge liefern, deren Umfang über das in der Zeitschrift „Petermanns Geographische Mitteilungen" gebotene Maß hinausgeht.

Nr. 287:
Patagonien und Antarktis – Geofernerkundung mit ERS-1-Radarbildern
HERMANN GOSSMANN (Hrsg.)
1. Aufl. 1998, 184 Seiten,
ISBN 3–623–00758–7

Nr. 288:
Gletscher und Landschaften des Elbrusgebietes
OTFRIED BAUME u. JOACHIM MARCINEK (Hrsg.)
1. Aufl. 1998, 192 Seiten,
ISBN 3–623–00759–5

Nr. 289:
The Schirmacher Oasis, Queen Maud Land, East Antarctica, and its surroundings
PETER BORMANN u. DIEDRICH FRITZSCHE (Hrsg.)   1. Aufl. 1995, 448 Seiten,
ISBN 3–623–00760–9

Nr. 290:
Subsurface soil erosion phenomena in South Africa
Von HEINRICH R. BECKEDAHL
1. Aufl. 1998, ca. 176 Seiten,
ISBN 3–623–00769–2

Nr. 291:
**Stadtland USA:
Die Kulturlandschaft des American Way of Life**
Von LUTZ HOLZNER
1. Aufl. 1996, 142 Seiten,
ISBN 3–623–00762–5

Nr. 292:
Hundert Jahre Standortphänomen Kraftfahrzeug
Von GERHARD KEHRER
1. Auf. 1996, 104 Seiten,
ISBN 3–623–00764–1

Nr. 293:
The Franz Josef Land Archipelago – Remote Sensing and Cartography
ROBERT KOSTKA (Hrsg.)
1. Aufl. 1997, 112 Seiten,
ISBN 3–623–00765–X

Perthes GeographieKolleg

Diese neue Studienbuchreihe behandelt wichtige geographische Grundlagenthemen. Die Bücher dieser Reihe bestechen durch ihre Aktualität (Erscheinungsdaten ab 1994), ihre Kompetenz (ausschließlich von Hochschuldozenten verfaßt) und ihre gute Lesbarkeit (zahlreiche Abbildungen, Karten und Tabellen). Sie sind daher für Studenten und ihre Lehrer aller geo- und ökowissenschaftlichen Disziplinen eine unverzichtbare Informationsquelle für die Aus- und Weiterbildung.

Physische Geographie Deutschlands
HERBERT LIEDTKE und
JOACHIM MARCINEK (Hrsg.)
2. Auflage 1995, 560 Seiten,
ISBN 3–623–00840–0

Das Klima der Städte
Von FRITZ FEZER
1. Auflage 1995, 199 Seiten,
ISBN 3–623–00841–9

Das Wasser der Erde
Eine geographische Meeres- und Gewässerkunde
Von JOACHIM MARCINEK und
ERHARD ROSENKRANZ
2. Auflage 1996, 328 Seiten,
ISBN 3–623–00836–2

Naturressourcen der Erde und ihre Nutzung
Von HEINER BARSCH und KLAUS BÜRGER
2. Auflage 1996, 296 Seiten,
ISBN 3–623–00838–9

Geographie der Erholung und des Tourismus
Von BRUNO BENTHIEN
1. Auflage 1997, 192 Seiten,
ISBN 3–623–00845–1

Wirtschaftsgeographie Deutschlands
ELMAR KULKE (Hrsg.)
1. Auflage 1998, ca. 480 Seiten,
ISBN 3–623–00837–0

Agrargeographie Deutschlands
Von KARL ECKART
1. Auflage 1998, ca. 440 Seiten,
ISBN 3–623–00832–X

Allgemeine Agrargeographie
Von ADOLF ARNOLD
1. Auflage 1997, 248 Seiten,
ISBN 3–623–00846–X

Lehrbuch der Allgemeinen Physischen Geographie
MANFRED HENDL und HERBERT LIEDTKE (Hrsg.)
3. Auflage 1997, 866 Seiten,
ISBN 3–623–00839–7

Umweltplanung und -bewertung
Von EINHARD SCHMIDT-KALLERT, CHRISTIAN POSCHMANN und CHRISTOPH RIEBENSTAHL
1. Auflage 1998, 152 Seiten,
ISBN 3–623–00847–8

Landschaftsentwicklung in Mitteleuropa
Von HANS-RUDOLF BORK u. a.
1. Auflage 1998, ca. 220 Seiten,
ISBN 3–623–00849–4